宁夏地名文化精粹 2017

宁夏回族自治区民政厅
宁 夏 地 名 学 会　　编
民政部地名研究所

中国社会出版社
国家一级出版社·全国百佳图书出版单位

图书在版编目(CIP)数据

宁夏地名文化精粹. 2017 / 宁夏回族自治区民政厅,宁夏地名学会,民政部地名研究所编. —北京:中国社会出版社, 2018.11

ISBN 978 - 7 - 5087 - 5684 - 4

Ⅰ. ①宁… Ⅱ. ①宁… ②宁… ③民… Ⅲ. ①地名 - 文化 - 宁夏 Ⅳ. ①K924.3

中国版本图书馆 CIP 数据核字(2018)第 256991 号

书　　名: 宁夏地名文化精粹 2017
编　　者: 宁夏回族自治区民政厅　宁夏地名学会　民政部地名研究所

出 版 人: 浦善新
终 审 人: 尤永弘
责任编辑: 魏光洁

出版发行: 中国社会出版社　　　邮政编码: 100032
通联方式: 北京市西城区二龙路甲 33 号
电　　话: 编辑部:(010)58124851
邮购部:(010)58124848
销售部:(010)58124845
传　真:(010)58124856
网　　址: www.shcbs.com.cn
shcbs.mca.gov.cn
经　　销: 各地新华书店

中国社会出版社天猫旗舰店

印刷装订: 河北鸿祥信彩印刷有限公司
开　　本: 185mm × 260mm　1/16
印　　张: 15
字　　数: 250 千字
版　　次: 2018 年 11 月第 1 版
印　　次: 2018 年 11 月第 1 次印刷
定　　价: 50.00 元

中国社会出版社微信公众号

《宁夏地名文化精粹》编委会

《宁夏地名文化精粹 2017》编辑部

序一
弘扬地名文化精粹　留住地名的根与魂

中华民族在五千多年的文明发展进程中，创造了博大精深的文化。它积淀了中华民族最深沉的精神追求，包含着中华民族最根本的精神基因，代表着中华民族最独特的精神标志，是中华民族生生不息、发展壮大的丰厚滋养。中华文化虽历经朝代更迭、外族入侵而绵延数千年不绝，成为世界文明史上唯一没有中断的文化，已经融入中华民族的血脉，因此，传承与弘扬中华民族优秀文化传统已成为时代发展和民族复兴的迫切要求。

党的十八大以来，习近平总书记多次强调要传承和弘扬中华传统文化，他指出："中华文明源远流长，蕴育了中华民族的宝贵精神品格，培育了中国人民的崇高价值追求。自强不息、厚德载物的思想，支撑着中华民族生生不息、薪火相传。"2012 年 12 月 7 日至 11 日，习近平在广东考察工作时指出："我们决不可抛弃中华民族的优秀文化传统，恰恰相反，我们要很好传承和弘扬，因为这是我们民族的'根'与'魂'，丢了这个'根'与'魂'，就没有根基了。"习近平总书记借用"根"与"魂"，旨在强调传承和弘扬中华民族优秀文化传统对于国家发展和民族振兴的极端重要性。而地名文化又是中华传统文化的重要组成部分。

文化是民族的血脉，是人民的精神家园。我国幅员辽阔，历史悠久，地名浩如烟海。这些地名记载着中华民族对自然环境和人文环境特有的认识和思考方式，记录着中华民族在漫长的历史进程中创造的物质文明与精神文明成果，是中华民族悠久历史的见证，是中华文化形成、发展和传承的载体，是宝贵的文化遗产。

一个地名，就是一段历史的碎片；一个地名，就是一个地理的坐标；一个地名，就是一幅风情画卷。地名是一个地方历史、地理与文化相结合的重要因素之一，它不仅反映了当地的空间位置、自然地理、所属类型，更主要的是反映了当地的人文特征。地名不仅是简单的自然实体标记，更是不可或缺的历史记忆，它承载着普通人的幸福感和归属感，具有不可替代的文化价值。

随着现代化、城市化迅速发展，各种思想、文化相互激荡、交融，地名文化的保护与传承面临前所未有的挑战。在商业因素的裹挟下，我国不少地方的地名体系乱象丛生，除了动辄改名和“洋地名”泛滥成灾外，一地多名、一名多写、路牌混乱、有偿冠名等问题也异常突出。如此作为，折射出了一种文化不自信，也有损城市的文明形象，使得城市历史文化的传承和延续遭到了无情割裂。由此看来，我国各地都亟待打响一场旷日持久的地名文化保卫战！

《宁夏地名文化精粹》的出版正逢其时！正是文化自信的一种表现！通过这种宣传方式，各地将自己深厚、灿烂的文化挖掘、记录、展现出来，借此传承并弘扬地名文化，留住地名的“根”与“魂”，同时也会提高当地的社会认知度、知名度，传播当地的地域特色，弘扬中华优秀传统文化，为地方经济社会发展和文化旅游建设打造知名品牌，使之更好地为当今、为后世服务。我们在为城市筑起“物质大坝”的同时，更要筑起“文化大坝”。通过保护、宣传地名文化，对历史记忆和文化传统加以储蓄留存，强化当地地名文化的涵养功能，树立浓厚的地名自豪感、传统文化敬畏感，为公众打造风格独特的“精神的田园”。这也正是我们地名工作者的一份责任与担当！

习近平总书记指出：“我们要坚持道路自信、理论自信、制度自信，最根本的还有一个文化自信”。所谓“文化自信”，指的就是对本土优秀传统文化的自觉认同和积极传承。反映在地名上，一方面是对老地名展现足够的“尊重”，在城市发展过程中积极保护、自觉传承那些具有文化特色与内涵的老地名；一方面是对新地名表现出足够的“慎重”，防止产生一些没有文化根脉、不能被市民认同的新地名。各地地名工作者既要做好对存量地名的清理，又要抓好对增量地名的把关。当然，社会各方也应自觉增强文化自信，悉心爱护城市的记忆线索、文化传统，让各类新老地名都能成为一座城市的具体而微的“形象代言人”。

民政部地名研究所所长
中国地名学会会长　　王胜三

2017 年 11 月

序二

地名元素的集合　地名文化的精粹

“天威卷地过黄河，万里羌人尽汉歌。”如今，欣然见证《宁夏地名文化精粹》一书付梓发行。重读宋代大学者沈括当年挥笔而就的《凯歌五首》，更感受到宁夏这块神奇土地的气壮山河。宁夏是中国行政区划中五朵自治区金花中最小的一朵，但也是同样充满魅力而且姿态万千的一朵。宁夏历史的长卷，可以延展到智人活跃的万年之前。中国最古老的民族、被费孝通先生称为造血的民族——羌族，也在这块土地上留下了雪爪鸿泥。这些星星点点的文化仍然存在，有的伫立为历史遗址，有的化作抽象的语言，一如和大地、人类形影不离的地名。宁夏的地名有其独特性，背后的地名文化更是值得深入挖掘。本书以关照历史、映照未来为目标，让后辈能获得宁夏元素制成的文化钥匙，开启宁夏的地名文化之门。

宁夏的地名文化，离不开黄河文明。俗话说：天下黄河富宁夏，塞上明珠似江南。九曲黄河在宁夏斜穿而过，形成了西塞大漠中润泽的别样景观，造就了河、湖、峡、湿地等灿烂的水域文化。母亲河哺育了宁夏人的一世情，牵动着宁夏人的赤子心。很多地名都是关于黄河的历史演进和千年传颂，宁夏也因此获得“塞上江南”的美誉。如今，中华黄河楼、中华黄河坛、黄河文化园等新的地标正在崛起，黄河绘就的宁夏大地之壮美正汇聚着宁夏的文化之魂。

宁夏的地名文化，离不开丝路文明。丝绸之路是中西和平往来的通道，宁夏是古代丝绸之路上的重要驿站，民族聚居区成为各国文化融合的鲜活见证。固原市原州区开城镇（原南郊乡，于2003年7月25日撤销合并）小马庄村王涝坝的唐代史道德墓中出土的金覆面，造工细巧，构思别致，极具中亚风情。丝绸之路沿线上，著名的佛教石窟——须弥山石窟，一直被称为“宁夏敦煌”。宁夏，也是“一带一路”发展战略的重点发展区域，中国—阿拉伯国家博览会永久举办地设在宁夏银川。在共建丝路经济带中，宁夏提出了建设“黄金节点”的战略定位。古丝绸之路，给宁夏留下了大量的文化遗产。在新丝绸之路的征程上，宁夏是永远绕不开的历史、地理坐标。

宁夏的地名文化，离不开山的绵亘。宁夏有黄河的蜿蜒，丝路的悠远，更有坚屹的山形成纵向的高度。贺兰山和六盘山是宁夏的经典符号。岳飞曾壮言："驾长车，踏破贺兰山缺……待从头，收拾旧山河，朝天阙。"毛泽东主席曾吟诵："天高云淡，望断南飞雁。不到长城非好汉，屈指行程二万。六盘山上高峰，红旗漫卷西风。今日长缨在手，何时缚住苍龙？"宁夏的山虽不是最高，但却独有气势，如一匹匹骏马奔向宁夏平原。滚钟口、燕子梁、古琴台这些优美动听的地名，丰富着宁夏的地名文化内涵。

宁夏的地名文化，离不开地域精神。每一个地名，都是浓缩的历史。地名文化包含着地域精神，地域精神支撑着地名文化。"不到长城非好汉"是宁夏精神，其核心是"执着坚定、不畏艰难、艰苦奋斗、负重自强，咬定目标不放松；敢于创新、敢于胜利、敢争一流，让全区发展得更好、让群众生活得更好"。说到底，地名文化是接地气的文化，是促发展的文化。书写地名文化，有利于讲好宁夏的故事、传播宁夏的声音、弘扬宁夏的精神、增强宁夏的自信、展示宁夏的形象。

宁夏的地名文化，离不开红色底蕴。宁夏，取"大夏安宁"的意思。无数英雄豪杰，在这里金戈铁马；无数仁人志士，在这里浴血奋战；许多珍贵的红色文化印记，还在这里讲述着革命老区的故事。红军长征及三大主力胜利会师的将台堡、单家集红军遗址、盐池革命烈士纪念馆、六盘山长征纪念馆、豫海县回民自治政府成立大会旧址、下马关镇红军西征纪念园、预旺堡西征红军总指挥部旧址等，都是宁夏的红色文化圣地，形成了新时代宁夏地名文化的脊梁。

有多少地理实体的变迁，就有多少文化的震荡，也就有多少写不完的"离不开"。这是一本宁夏地名元素的集合，是宁夏地名文化的精粹，凝聚着历史巨人的智慧，凝聚着宁夏地名工作者万水千山的辛劳，更凝聚着地名写作者孤灯不眠的奉献。宁夏的地名工作日新月异，正在争取第二次全国地名普查更加骄人的成绩。业精于勤，行成于思。《宁夏地名文化精粹》的面世，是宁夏地名工作的重要成果之一，愿它成为宁夏回族自治区成立60周年的珍贵献礼！

宁夏回族自治区民政厅厅长
宁夏回族自治区政协人口资源环境委员会主任　杜正彬

2018年1月

目录
CONTENTS

地名探赜

学术争鸣

史海回眸

文化遗产

丝绸之路

红色记忆

文化长廊

塞上江南

舌尖宁夏

著名人物

方舆传真

地名普查

民政风采

宁夏以“户”为通名的自然村落来源考证

李鸣骥

地名作为历史、文化现象，不仅仅是一个地理坐标。历史地名往往折射出历史时期这个地名出现、存在和延续的一些因素，有其历史的、文化的、社会的、民族的等各方面的深刻意义。历史居住地名最能记录地名原创时期人们的生产生活环境。通过或地与人，或地与事，或地与物的单音字组词，构成了区域的文化特质和自然本底背景。我们在地方历史资料有限的情况下，往往可以通过探讨地区居住地名历史、文化演迁，追溯地名原创期人们的生活环境，对推定地方历史、文化发展具有重要的启示意义。

宁夏中部地区有一种数量不多的自然村落，以“序数词+百户”命名。这种地名命名方式独特但富有趣味，是什么时代传承下来的地名，不得而知。根据1983年宁夏回族自治区各县区地名志及2015年开始的全国第二次地名普查工作的部分数据的收集，宁夏以“户”为通名的自然村落主要集中在海原县、中卫市沙坡头区、中宁县、永宁县和贺兰县等县区。这其中，海原县与中宁县以“户”为通名的自然村落地名主要以“序数词+百户”为主；而永宁县与贺兰县主要以“姓氏+通名”和“序数词+户”为通名的命名方法，如纳家户、保家户、七户等。以海原县为例，这类自然村落地名主要集中于李旺镇、树台乡、李俊乡，名称为三百户、四百户、五百户、七百户、八百户、九百户等。

从中卫市沙坡头区、中宁县、海原县3个县(区)的此类地名来看，在3县(区)均有分布，但保存下来的寥寥无几，部分已经改为新地名，如恩和镇等。由于明代边防上实行“千户”制，所以这些地名是明代地名还是元代地名就众说纷纭，甚至出现如《乾隆宁夏新志》中宁夏府志卷五建置所述的：恩和堡，在县城东南110里,旧名“威武”,今俗称“四百户”的清代地名之说。当前正在进行的第二次全国地名普查的基础数据调查中,各县区地名数据库对这类地名解释各有不同,有元代、明代、清代多种解释。我们认为这些地名应该都是元代屯垦时遗留下来的地名,但宁夏地区元代历史文献对于屯垦庄户记载不详,尤其是宁夏地区没有大量的历史文献予以表明。考察这些地名在宁夏中南部和中卫市的地理空间分布,主要围绕元代安西王府、西安州,分布于黄河谷地、清水河河谷和园河、大黑水一带,说明这些农牧业屯垦是以西安州为中心开展的。西安州在元代时期是宁夏一个非常重要的经济、政治中心,紧邻开城王府,起着拱卫王府、农牧业屯垦、迭烈孙道的重要节点城镇的作用。至于“百户”,可从元代《国朝文类·卷41》的《经世大典序录·政典·屯田》中“军中屯田官吏并各屯百户,每岁年终比较,如种地不敷元额,所收子粒数少,牛只倒死瘦弱数多,及有隐匿物斛,定是责罚。若劝谕军人多收子粒,牛只肥盛不曾倒死,别无欺匿粮斛,约量给赏”,记载农牧业屯垦的奖惩措施来看,元代军屯或者民屯的最小管理单位应该为“百户”。因此,每个屯垦区予以“序数词+百户”命名在元代就成为可能。

另据明末清初著名学者顾祖禹著《读史方舆纪要》卷六十二载“陕西·宁夏镇·镇虏营”有堡曰:“五百户堡,在卫南三十里。永乐二十二年建。”考察其同期命名的周边卫堡名称如“石空寺营、枣园营、羚羊堡、回族墓堡”等专名,尤其像石空寺、枣园、回族墓等专名,历史久远,一定不是当时予以命名的。如石空寺地名来源于唐代始建的石空寺石窟;枣园在前所述及元朝《经世大典序录》中有“(营)[宁]夏营田司屯枣园、纳怜站、唐来渠尾立屯2100户,屯田1800顷。宁夏官屯鸣沙州置司,有屯田户900,屯田440顷”的记载,这说明枣园这一地名早在元代初年就已经存在了;回族墓地名已在中宁县地名中不复存在,但推测也应为元代伊斯兰传教士墓地,如同海原县南华山水冲寺拱北埋葬的伊斯兰教传教士安优卜一样。从元代历史文献来看,这些地名都是明代之前的旧地名。因此,五百户就不应当是永乐二十二年(1424)新有的地名,而应是元代以来就已经存在的地名,这些卫堡的地名专名就是由旧有地名来命名的,这也是明代命名宁夏卫堡名称的一大特点,最典型的如红寺堡等。永乐二十二年的1424年距离元朝灭亡的1368年不过56年,而且明代初年宁夏由于蒙古人的退出,人烟稀少,只可能有部分农业耕作区尚有村落存在,由村落旧有地名来命名新建的卫堡就顺理成章。因此，此类地名只有一个可能，即是由元代的屯垦单位随着历史的演变而逐渐演变成为村落地名。

另从目前各自然村落的人口、姓氏来看，这些自然村落的人口应该是以阿难答军队信仰伊斯兰教的色目人后裔为主，与永宁、贺兰的纳家户、保家户等色目人后裔村落相同，只不过可能是中卫市这一带为军屯户，并且农牧业并重，而以牧业为主。而永宁、贺兰应该为民屯户或后期从其他地方迁移至银川平原的，这些地名上生活的回族则是以灌渠农业为主的。

（作者单位：宁夏大学西部发展研究中心）

震湖与震湖乡

——因地震遗迹而得名的湖与政区

何彤慧

“震泽”可能是我国最古老的有“震”字的地名。我国最早的地理著述《尚书·禹贡》中有“淮海惟扬州。彭蠡既猪，阳鸟攸居。三江既入，震泽底定。筱簜既敷，厥草惟夭，厥木惟乔”的记述，意即“淮河与黄海之间是扬州，彭蠡泽已经汇集了深水，南方各岛可以安居。三条江水已经流入大海，震泽也获得了安定。小竹和大竹已经遍布各地，那里的草很茂盛，那里的树很高大”。《尚书·禹贡》被认为是记载大禹治水事迹的篇章，文中的“震泽”是今太湖的前身，现代地质学研究表明，太湖湖盆本是一巨大的陨石坑，随着构造运动和长江等的泥沙淤积，逐渐成为海边的潟湖，再后来成为长江三角洲平原上的内陆淡水湖。“震泽”之名已消失在历史长河中，但是在苏州市吴江区有个“震泽镇”，把这个古湖名完整地记录下来。

查阅古文辞典，“震”字最初指的是“雷电”，如果做方位词指“东方”，引申以后才是“颤动”抑或“地震”的意思。因此，古“震泽”一名未必是说地震形成此湖，更可能是指“东边的湖”或“容易打雷下雨的湖”。在资料有限的情况下，我们发现，宁夏西吉县的震湖和震湖乡可能是我国唯一一个因地震而得名的湖和行政区。

一、震湖与震湖乡的地名变迁

“震湖”一名在西吉县原本是对滥泥河流域于1920年海原大地震时形成的一系列堰塞湖的统称，属于成因命名方式，既好记又有科学意义，故此流传下来。党家岔堰是海原县30多个堰塞湖中最大的一个，当“震湖”一词作为专有名词时，指的就是党家岔堰塞湖。2003年，党家岔堰所在的苏堡乡更名为震湖乡。

原苏堡乡辖境原属甘肃省海原、隆德、静宁3县,1942年划归海原县设为蒙宣乡,沿用了所在地蒙宣堡的名字,随后几易其名,1982年更名为苏堡公社,1985年改为苏堡乡,至2003年以其标志性地物为名,更名为震湖乡。乡政府驻地苏家堡子依旧保留原名,即行政村依旧为苏堡村。

从“蒙宣”到“苏堡”再到“震湖”的变迁,体现了乡级政区地名命名从使用驻地老地名——使用驻地突出自然地物名的跨越,这一更名是基于发展乡域社会经济、弘扬地域文化、彰显地方特色的选择,是非常有价值的举措。

震湖乡东北距县城32千米,目前辖17个行政村和117个自然村民小组,总面积153.35平方千米。震湖乡境内目前共有8个堰塞湖,在当地被简称为“堰”或“水堰”,其中最大的党家岔堰水面东西宽600米,南北长3110米,平均水深2米,总容水量约为1600万立方米。

二、“震湖”的地名记忆与现状图景

“震湖”一名记载着发生在1920年的那场“寰球大震”。1920年12月16日20时05分53秒(农历庚申年十一月初七),一场震级为8.6级,震感波级大半个中国,震中海原县裂度为12级的极大地震,撼动了宁、甘、陕3省的黄土丘陵山地,颠簸了十几分钟。当邻近震中海原县的宁夏西吉、固原,以及甘肃会宁、静宁一带劫后余生的人们爬出废墟时,莫不惊呼道:“山走了!”

所谓“走掉的山”也即是地震诱发的黄土滑坡和崩塌体,数量最多的区域是西吉县西南部滥泥河流域,主要发育在河流右岸黄土斜坡地带,常由数个圈椅状、长舌状或蘑菇状单体滑坡首尾相接,形成巨型的滑坡体群。滑坡体前缘堵塞沟谷河道,形成一个个堰塞湖,众多滑坡体形成一系列堰塞湖群。“震湖”正是近百年前那场大地震的鲜活记录,“震湖”地名则是那场山崩地裂、黑水横流、山河改观的巨大灾害的记忆保留(袁丽侠,2005)。

今天的“震湖”面积比起20世纪60年代已严重缩小,而且由于干旱和植树造林等人为原因,来水量减少,耗水量增加,水位急剧下降。湖堰周边和湖心的滩地迅速增长,沼泽、草甸和柽柳林正在逐步替代那黝黑而神秘的湖水景色,原本散布于支岔沟道中的小水堰在一个个消失。人生百年终有尽,百岁的震湖又能走多久呢?

大武口地名文化景观特征分析

王 荣 许意如

大武口区隶属宁夏回族自治区石嘴山市,位于宁夏北部,银川平原北端,是石嘴山市政治、经济、文化、商贸和信息中心。大武口区早在新石器时代就有人类活动,春秋时为羌戎所居,长期为各族人民所占据,但相当一段时间内区域开发程度很有限。至明、清时期出现了"打硙口"这一地名,道光时期设立了"打硙口堡",为全县66座堡之一,并在民国时期形成了"大武口"这个地名。20世纪50年代以前,大武口是一片野草丛生、黄羊出没的沙漠干沙河戈壁,人称"鸣沙梁子"。[①] 大武口发展起来是在20世纪60年代中期之后,随着贺兰山煤田的开发重点由北部的石嘴山向石炭井、汝箕沟等矿区转移,1965年,贺兰山煤炭工业公司选定大武口为基地,大武口逐渐发展成为重要煤炭工业城市。

在独特的历史和地理环境下,大武口形成独具地域特色的地名文化景观,对大武口区各类地名文化景观特征进行分析,有利于大武口区作出科学的、整体的地名规划,使地名体系更加适应社会经济发展,提升城乡文化品位。

一、地名来源及类型

经过大武口区地名普查统计,得到4000余条地名,主要包括政区与类政区地名、群众自治组织地名、居民点地名、自然实体地名、交通运输及相关设施类地名,具有地名意义的水利、电力、通信设施类地名,具有纪念意义的纪念地、旅游景点类地名、宗教建筑物地名,具有地名意义的单位地名和地名标志与界限界碑

① 大武口人民政府:《大武口区情概览》,1989年,第5页。

等类型。结合地域文化和地名的统计分析,大武口区地名体现了很鲜明的地域特色。

二、大武口区地名文化景观特征分析

(一)多元地貌特色

大武口区地处宁夏北部平原与山地地貌区,西属贺兰山山地分区,东属银川平原分区中的洪积倾斜平原区。大武口区主要有平原、草丛、沙石滩、峡谷、冲沟、新冲积扇、洪积台地、陡坎、沙丘等多种地貌形态。在这样的地形地貌基础上,形成了山、峰、沟、疙瘩、槽、湾、梁、台、顶、洼、曲子等类型的地名,这些地名如实记录着大武口区真实的地形特征。在大武口区的政区与类政区地名中,有白芨沟街道、沟口街道两处地名是由显示地形地貌文化的专名与通名组合而成。非行政区域有西沟、西沟台、下峡子、榆树沟、张家窝等地名,此外还有归德沟、韭菜沟、白芨沟、涝坝沟、西大滩清真寺等60处纪念地与风景点地名。

大武口区以地形地貌来命名的地物中,陆地地形占的比重最大,直接体现了陆地地形特征,纪念地与风景点占的比重次之。大武口区这种将地形地貌文化融入地名的命名方式体现了其地域特色——以山地为主,兼有平原和冲积地貌。

(二)农垦开发的有序化、规模化

大武口区气候干旱,地表水资源贫乏,没有固定的较大常年地表水流,形成许多盐碱地。原来少人居住,中华人民共和国成立后大武口区渐渐发展起了农业。大规模的移民进入以后,工作居住、农垦开荒等活动对当地地名现状产生了重要影响。

与农垦相关的地名中,西大沟、陈台子湾和袁家大湾体现了早期移民对不同地形的开发,经过农田建设、农耕发展,建立起众多渠、农场、羊场、果园等,逐渐形成自己的农垦文化。在星海镇目前存在众多沟渠地名,而以顺序命名最为常见的,如渠有十六斗渠、十八斗渠、十九斗渠,沟有"五分沟"至"十三分沟",这些有序的设施地名体现了农垦开发活动是经过组织和规划的,还有反映农垦文化的"园区""家属区"等类似城镇地名的农村居民点。反映农垦开发组织有"组"和"队"命名的地名,以"组"作为通名的数量最多,其意思类似于"村""队",是为农村聚落点,主要形成于20世纪80年代和2000年之后,其中20世纪80年代以“组”命名的地名主要为移民搬迁而成。以“队”命名的农村居民点有长胜村一队、长胜村二队、长胜村五队、龙泉村一队、龙泉村二队、龙泉村三队,以“队”为通名的地名形成于包产到户时期。

(三)煤炭工矿业对社会生活影响深远

大武口区矿产资源丰富,种类多样,特色鲜明,太西煤储量达6.55亿吨,硅石、白云岩、铁矿石等分布广、储量足。随着煤炭工业的发展形成或迁入了大量的相关企事业单位,煤炭工矿业发展构成了大武口地名景观的基础。

大武口区有许多带有煤、矿字词的地名,直接反映煤炭的有榆树沟煤矿、大峰矿、白芨沟煤矿等。行政区域中,为适应大武口区城镇化发展需要,将历史上形成的“石炭沟”改名为“石炭井街道”。冶金路、冶金巷、冶炼路、有色路、工段巷、金工路、建设东街、金晶街等,都是因煤炭工业或相关服务企业而命名的道路。工矿业煤炭文化对于居民点也有较大影响,如太西花园、乌金小二楼、乌金小区、羊齿小区等,其中的乌金小区即源于太西煤有“乌金”之美称,羊齿小区则取羊齿煤矿之名。二矿农场四合院、矿务局供应处小区等13处居民点地名是受煤炭、工矿业发展影响而命名的地名。综上分析,煤炭文化对于大武口区的政区、城市建设及人们生活等多方面都产生了深刻的影响。

(四)体现了有组织大规模移民模式

随着20世纪70年代以后行政机关的迁入、煤炭工矿业的发展,形成了大规模的移民,大武口区人口聚居和膨胀主要集中在近半个世纪,工矿业移民和吊庄移民是两大重要的类型。“隆湖”这一地名出现于1983年大规模吊庄移民背景下,源自隆德县与潮湖区各取其中一个字而形成,在23年的发展中,建立了18个行政村,迁移农户7000多人。① 在隆湖地区附近还有许多地名是以隆湖为专名进行命名的,例如隆湖家园、隆湖大道等,这些地名都是因“隆湖”的迁入移植而来。大武口区内还有一些居民点也反映移民特征,如“新民”取“新的移民”新村之意,还有移民安置的居民点;沐恩新居是在实施中南部地区生态移民攻坚背景下,把中南地区极贫群众搬迁出来,有使搬迁移民感受到党和群众的恩情之意。

(五)祥瑞地名寄托人们的美好愿景

大武口区的地名中,祥瑞地名占据了很重要的比例。除了表达美好意愿外,

---

① 隆湖扶贫经济开发区《隆湖志》编委会:《隆湖志》,2003年,第1页。

还蕴含着更深邃的传统文化。政区和类政区地名中，锦林街道含有景色优美、如花似锦之意；长兴街道因希望街道能够长期兴旺而得名；青山街道寓意贺兰山四季常青之意。非行政区域地名中，有百花市场，寓意着市场繁荣。群众自治组织中有取红旗之意的红旗社区居民委员会，及取意“文明、祥和、团结”的团结社区居民委员会地名，寄托了人们的美好愿景。居民点地名中，祥瑞类地名更为广泛，大致有期望安居乐业、富裕发达、环境优美、人际关系和睦、健康长寿、文化兴盛、积极向上等寓意，寄托人们对于美好生活的向往。

大武口区内还有 143 处居民点，群众自治组织 26 处，交通道路设施 161 处，9 处风景点与纪念地，5 处建筑地名，633 个单位地名，以及星海湖这 1 处水系地形的命名与大武口区的祥瑞文化息息相关。祥瑞地名丰富了当地文化，有利于团结民心和促进社会稳定。

（六）地名彰显了明、清以降大武口重要的军事地位

大武口区西依贺兰山，具有藩篱关陇、屏障西疆之要，在贺兰山的沟谷、通道等咽喉之地曾经设置关城和军事要塞，常年建堡筑城、屯兵监守，形成了具有区域性特色的军事地名文化景观。

大武口区在明代史籍中被称为“打硙口”，为沟谷名（今大武口沟），意为“打凿石磨的山口”，此后的文献资料中还出现过“大硙口”“达武口”等名称。1943 年，时任宁夏建设厅长李翰园至此，认为“打硙口”名称不雅，遂改名为大武口，意为武士们在这里打过仗。大武口区至今保存着很多古代军事设施，如古代明长城、关隘、城堡、烽燧等，这些地名让人时刻联想到古代大武口地区的重要军事地位。大武口与军事有关的历史、文化地名有临山堡、石城子、北门关、北长城、西长城、头道关、二道关、三道关、营口子等 9 处，主要为军事设施的堡、城墙、关口等。此外，枣儿沟、韭菜口、大磴沟也都是与军事有关的地名。目前大武口区有长城街道办事处和长城路都是因靠近北长城而得名，体现了较好的指位性和文化性。

三、结论与讨论

地名文化景观是人类活动的地标印记，是区域文化的重要载体之一，能够反映出自然环境以及社会环境的历史变迁。大武口区地名文化景观具有鲜明的山地地貌特色，能够体现农垦文化、工矿业煤炭文化、移民文化、祥瑞文化、军事文化等，与其地名形成因素密切相关，由大武口区悠久的开发历史、复杂的地貌类型、丰富的矿产资源等人文和自然因素所决定。随着经济社会的不断发展，大武口区一些具有鲜明地域特色的地名有退化之势，地名命名乱象层出不穷，比如说地名命名“崇洋媚外”等现象。说明大武口区地名文化内涵的挖掘，地名的延续与保护，新地名的科学、合理命名对于地域文化的体现十分重要。

（作者系桂林理工大学旅游与风景园林学院副教授）

“庙台乡”和“省嵬村”名称考

张万静

地名是人类对地球上一定方位、范围的地理实体赋予的一种语言文字代号，或是给一定地域范围的具体标记，是一个地区民族兴衰、迁徙、拓展的见证，从人文地理学角度来讲，地名是一种文化遗产，是人类宝贵的文化财富。在石嘴山市惠农区庙台乡省嵬（xǐng wéi）村有一座古城遗址，20 世纪 60 年代和 70 年代的两次考古挖掘证实了这是我国北宋时期西夏的一座城池。“省嵬城”开始被考古学界和西夏研究领域一些专家学者所认知，《光明日报》《香港文汇报》记者先后对省嵬城的考古发现和价值进行了报道。2001 年 7 月 1 日，省嵬城址被宁夏回族自治区人民政府确定为自治区重点文物保护单位。2013 年 3 月 5 日，国务院核定省嵬城址为全国重点文物保护单位。近年来，“省嵬城”逐渐为世人所关注。而该遗址的出土地“庙台”和“省嵬”之名缘何而来，代表什么意思？常常被大家问起，带着这个问题，我们一起将与之相关的史料整理出来，考证一下这两个名称的由来。

一、“庙台”和“省嵬”探源

（一）庙台乡因庙得名

据《惠农县志》（1999）和《惠农区志》（2008）载述，庙台乡地处惠农区南片以东，南接平罗县宝丰镇，东临惠农区礼和乡，北连尾闸镇，地域面积为 49 平方千米，中华人民共和国成立初期为惠农二区七乡，1958 年属于宝丰公社管辖。1961 年成立庙台公社，1983 年改为庙台乡。初设乡时，政府驻地在现今省嵬六队李家庄。1954 年迁到寇家桥药王庙内（现庙台小学运动场），1964 年迁至原址西南 300 米处的寇家桥村一队、红（果子）礼（和）公路与官四渠交会处南侧（现乐土岭幸福大院），2004年8月迁至红礼公路原马家湾镇办公楼。辖区内有省嵬城遗址，南北纵横的黑龙沟，原政府驻地因有庙而得名“庙台”。

（二）省嵬村因城得名

笔者的老家省嵬村四队东南约1千米处有个土城，土城中间地势平坦，荒草丛生，笔者小时候常去玩，偶尔还能捡到圆形方孔的古钱币，听村里老人说这是“省悟（xǐngwù）”城，是古时候建的。我们村子具体名称叫“石嘴山市郊区庙台公社先锋大队”，但到20世纪80年代中期，全国开始普及办理身份证时，乡亲们的身份证上写着“石嘴山市惠农县庙台乡省悟村”。笔者对历史感兴趣大概是源于对“省嵬”土城多年来的探究。高考时，笔者选择了历史专业，毕业后先在媒体工作后又到宁夏社会科学院，在社科院更多地探究了西夏的历史，从中找到了许多关于省嵬城的史料。可以肯定地说，当时我们村子里乡亲们的身份证和《惠农县志》《惠农区志》上的“省悟”是不确切的，大概是方言发音或是认为“嵬”这个字不太好认读吧，确切地说“省悟”应为“省嵬”。

省嵬城是目前能够确定的4座西夏古城之一。另外3座西夏古城都分布在内蒙古自治区，分别是阿拉善盟额济纳旗境内的黑水城、阿拉善左旗吉兰泰镇附近西勃图城堡和鄂尔多斯市鄂托克旗境内的陶思图城堡。黑水城因出土西夏“黑水城文献”而闻名于世，近年来，成为额济纳旗著名的旅游景点。但是后两座古城因交通不便，一般人很少能到那里去一睹它们的风采。经过宁夏考古工作者和西夏研究专家学者的挖掘研究考证，省嵬城的文化价值和历史价值逐渐受到关注，先后被列为宁夏回族自治区重点文物保护单位和国家重点文物保护单位。

根据清代学者吴广成编著的《西夏书事》一书记载：“宋天圣二年（1024）春二月，夏国公德明作省嵬城于定州。定州省嵬山，在怀远西北百余里，土地膏腴，向为蕃族樵牧地。德明于山之西南麓筑城，以驭诸蕃，屏蔽兴州。”定州在唐代称为田州，西夏时更名为定州，也就在如今的银川北部地区。怀远镇即如今的宁夏银川，北宋天禧四年（1020），李德明从灵州（今宁夏灵武）迁到了兴庆府（今银川）并改名为兴州。迁都的充分依据是，怀远镇黄河绕其东南，西面及西北是连绵数百里的贺兰山，黄河和贺兰山构成的天然屏障为帮助党项人经略西北，建立西夏王朝提供了安全保障。李德明在兴州城西北百余里兴建省嵬城，其主要目的是为了控制在定州居住的党项人部族，同时也为兴州增加了一道军事防卫前沿堡垒。当时西夏国虽以党项、羌为主体民族，但是也有汉族、鲜卑、吐蕃、回纥、突厥、女真等民族。以驭诸蕃，做好“有文事必有武备”。当然，作为定州重镇，省嵬城也成为抗击黄河对岸辽、金势力的城堡。

元昊的祖上拓跋思恭曾为唐朝镇压黄巢农民起义军立下战功，被唐僖宗赐姓李，元昊的爷爷继迁、父德明受到祖上荫庇先后得到重用，德明被宋封为“夏国公”。桀骜不驯、胸怀大略的元昊不赞成父亲德明向宋称臣。德明对儿子说：“吾久用兵疲矣，吾族三十年衣锦绮，此宋恩也，不可负！”元昊顶撞道：“衣皮毛，事畜牧，蕃性祈便。英雄之生，当王耳，何锦绮为？”元昊的雄心壮志可见一斑。李德明用自己祖先嵬名氏（党项羌人的姓名）给建起的省嵬城取名，其用意可谓深远。省嵬城的建筑，不仅是党项羌人为了巩固自己北部防线，更是为割据称帝立国做准备。德明在向宋仁宗进献的表章中，追述先祖时说：“臣祖宗本出帝胄，当东晋之末运，创后魏之初基。”夏国大臣罗世昌撰写的《夏国世次》二十卷，追述拓跋氏的来历：“元魏衰微，居松州者因以旧姓为拓跋氏。”北宋明道元年（1032）十月，德明病逝后，元昊继承夏国公位，取得了党项政权的最高统治权后，首先去掉唐宋时期所赐给的李、赵姓氏，在正式称帝建国前，元昊改姓“嵬名氏”，自己更名曩霄，号“兀卒”（即天子的意思）。嵬，读音是 wéi，释义是山高大的样子，出自东汉许慎撰《说文解字》，常用词组如“嵬然不动”，形容高耸挺立，稳固而不为外力所动，亦作“岿然不动”。元昊继位之后，为了巩固后方，首先对在河湟地区投靠宋军的诸族部落势力进行了打击。

北宋宝元元年（1038）十月十一日，元昊在兴庆府（今银川市）南郊，祭坛登基，国号称大夏，改元天授礼法延祚。建立了以党项族为主体，包括汉、回纥等民族在内的封建割据政权，因其地处中原王朝北宋西北部，故史称西夏。此时，西夏所控制的领土“东尽黄河，西界玉门，南接萧关，北控大漠、方二万余里”，事实上已形成了与宋、辽三足鼎立的局面。至 1227 年被蒙古铁骑所灭，历时 190 年。

（三）志书中的省嵬城

关于省嵬城，史书记载不多，据《明一统志》《朔方道志》记载：“省嵬城河东废城，未详其始。”这里需要说明的是，大部分志书记载为“省嵬城河东废城”。实际上，省嵬城在黄河西，而不在黄河东，是什么原因使《朔方道志》记载的省嵬城在黄河东边呢？难道是历史上黄河数次改道，使其地理位置发生改变了吗？有专家对此进行了论证。

明清时期的志书中有对省嵬城的记载，《嘉靖宁夏新志·古迹》记载："省嵬城，河东废城，未详其始。"而清朝时宁夏的地方志《乾隆宁夏府志·古迹》载："省嵬城，在省嵬山下，西南去府一百四十里，西夏所筑。"那么省嵬山又在哪里？《乾隆宁夏府志·山川》的记载为："省嵬山，在府东一百四十里黄河东岸。旧有省嵬城横枕河滨，为防御要地。今属套地内。"《嘉靖宁夏新志·山川》载："省嵬山，城东北一百四十里，过黄河。"画石山即省嵬山，在今宁夏惠农区东南省嵬村附近。《水经注·河水》载："河水又东北历石崖山西，去北地五百里。山石之上，自然有文，尽若虎马之状，粲然成著，类似图焉，故亦谓之画石山也。"《清一统志·宁夏府一》载：省嵬山"画石山盖即省嵬山也，西夏于山下筑省嵬城，为防御要地"。清戴锡章《西夏纪》卷五载：（天圣二年）"春二月，德明作省嵬城于定州。定州省嵬山，在怀远西北百余里，土地膏腴，向为蕃族樵牧地。德明于山之西南麓筑城，以驭诸蕃。"《清一统志·宁夏府一》载：（省嵬城）"在平罗县东北省嵬山下，去宁夏一百四十里。"古城遗址尚存。

根据《石嘴山市文物志》（石嘴山文广局编，1985 年版）记载：《中国历史地理图集》（中华地图文学社出版，1974 年版）第六册宋辽金时期第 36 页至第 37 页的"西夏"境图上明确标出，省嵬城的地理位置在黄河故道东、黄河水道西。这段黄河改道时间，当在明朝嘉靖十九年（1540）至万历十年（1582）之间。如果黄河改道在 1540 年前，那么在该年编纂的《嘉靖宁夏新志》就不会在该志的卷一上写"省嵬城，河东废城"，在卷首的地图上把省嵬城的位置标在河东了。在《中国历史地理图集》第七册的"明时期图组编例"第二条介绍："两京十三布政使司地区基本上以公元 1582 年（万历十年）的行政区为准。"当时宁夏属陕西布政使司宁夏镇。在该册图集的第 54 页至第 55 页"陕西"境图上的黄河，已经改道为今天水道的样子了。大概由于这种原因加上其他原因，清道光年间编纂的《平罗纪略》载："据《宁夏府志》云，'省嵬城，在黄河东岸，今属套地'；又云'省嵬城，在省嵬山下，疑今宝丰（今平罗县宝丰镇）废县地也'。"这显然对省嵬城在"黄河东岸"的说法提出了疑义，同时也对《宁夏府志》的记载，给予了间接的否定。

二、省嵬城的考古发现

1965 年和 1972 年，宁夏考古所分别对省嵬城遗址进行过两次小规模试掘工作。在这两次试掘工作中共开探沟 330 多平方米，考古探明，省嵬城遗址现存城址略呈方形，城墙为黄土夯实，残墙高 2～4 米、基宽 13 米。北墙长 588 米、南墙长 587 米、东墙长 593 米、西墙长 590 米。南墙有一座城门，城门仅有一个门道，长 13 米，厚约 4 米。门洞两侧铺有一层长条石，其上有 4 个圆形石柱础。门道中有一石门槛，高出地面 0.3 米，石门槛两侧各有一个石门枕，上面有安门框的沟槽，遗址最高处是一座 4 米多高的烽火台。考古人员对南城门进行了清理，从一个石门道的填土中发掘出大量的木炭和烧结块。在填土中的遗物中，货币最多，有唐开元通宝、宋元丰通宝等 57 枚。两次发掘，除钱币外，还有罐、瓶、碟、碗等，这些瓷器均为西夏时烧制。出土的文物还有铜质透空饰牌一件，呈亚字形，正面有纹，背面有纽，长 6 厘米。该件文物当时被认为是一件饰牌或令牌，但现在有的学者认为是“景教”的象征物。出土的还有弩、机牙、铁斧、刀、钉等文物。重要的是，有一件弥足珍贵的瓷质秃发人头像，除头顶施褐色釉外，面部均施白色釉。1032 年 3 月，元昊颁布“剃发令”(《西夏书事》中记载，“元昊欲革银、夏旧俗，先自秃其发”)，元昊率先剃光头顶，并强令部族男子一律执行，限期三日，有不从者处死。一时党项部民争相秃发，所以这件文物是对史料的最好印证，更显得弥足珍贵。考古人员还发现，除南城门遗址发现少量的砖、瓦等建筑材料外，遗址中未见砖瓦，表明城内居民的住房绝大部分为土屋。省嵬城具有极高的军事价值和建筑艺术价值，是研究西夏国这段特殊历史、文化的一项很重要的实物资料。

三、省嵬城的毁弃

省嵬城的毁灭是地震，还是战争？考古学界和史学界还暂无定论，目前有两种说法。

一说是毁于地震。当地村里老人口口相传的一则民间传说支持此种说法：相传地震前 4 天，有一白胡子老道，左手提一篮枣子，右手提一篮梨，来到省嵬城，穿街而过，口中喊道：“枣梨、枣梨！”意即“早离、早离”。果然 4 天后发生了大地震,省嵬城化为废墟。据说,当时该城数千兵民中,只有跟随老道出城的一老一少未死。省嵬城究竟是如何毁掉的?是不是被地震震毁?目前尚无人在史书上找到答案。

宁夏是地震多发地区,在这千余年的历史中,有史料记载的强震就达4次之多。据《西夏书事》载:“宋理宗宝庆三年、西夏末帝宝义元年(1227年6月)……大地震,宫室多坏,王城夜哭……”这次地震导致西夏国都“宫室多坏”,这就是有据可查的“西夏末年的大地震”。据《明史·五行志》载:“明熹宗天启七年正月初一至二月初二(1627年2月16日至3月8日),宁夏各卫、营、屯、堡自正月己巳至二月己亥,凡百余震,大如雷,小如鼓如风,城垣、边墙(即今长城)、墩台悉圮。”省嵬城未能幸免。据《乾隆宁夏府志》载:“清乾隆四年十一月二十四日戌时(1739年1月30日)……宁夏地震,由北向南,地如奋跃,土皆坟起,平罗北新渠、宝丰二县多断裂,三县城垣、堤坝、屋舍尽倒,压死官民男妇五万余人。”这次大地震的危害性极大,使贺兰东麓红果子山坡明长城“错位”。1920年12月16日,发生在海原县的8.5级大地震,波及陕甘宁50多个县,27万余人遇难,全球有震感,史称“寰球大震”。国际饥饿救济协会的J. W. 霍尔在1922年的《国家地理杂志》上描述此次大地震:“山峰在夜幕下移动,山崩如瀑布般一泻而下,巨大的地裂吞没了房屋、驼队,村庄在一片起伏松软的土海中消失得无影无踪。”

另一说认为是毁于蒙古大军灭夏时的屠城和焚毁。1227年,蒙古军先攻下中兴府(今银川)后,又追杀至省嵬城。省嵬城军民奋力抵抗,终因寡不敌众,城池被攻破,省嵬城也被付之一炬,全部化为灰烬。因西夏背盟,主将木华黎含恨而死,成吉思汗不顾64岁高龄,坚持亲征西夏,因为西夏军民的英勇反抗,蒙古大军六征西夏未果。成吉思汗途中围猎受伤,高烧不退,在六盘山休养,但仍不退兵。7月,成吉思汗在清水县(今甘肃清水县)西江立下遗嘱:死后暂秘不发丧,夏主献城投降时,将他与中兴府内所有兵民全部杀掉。据《蒙古秘史》载:宋理宗宝庆三年夏(1227年8月25日),成吉思汗薨,葬于辇谷。不久,西夏末主李晛(xiàn)率李仲谔、嵬名令公等投降蒙古。蒙古军队为了防止夏主生变,遂遵照成吉思汗的遗嘱,将李晛杀死,并大肆屠城,西夏宫室、陵园被付之一炬。今天贺兰山下的西夏王陵遗址仍在诉说着这个王朝败落的悲歌。蒙古军队四处搜杀西夏民,连藏在山洞地窖中的百姓,都逐个搜出杀掉,有史料记载“夏民免死者百无一二，白骨蔽野”，一个有着近 200 年文明的西夏王朝，从此销声匿迹，西夏遗民亦不知所终。从省嵬城遗址考古出土的文物来看，能够留下西夏时期特色鲜明的物质文化遗存，说明省嵬古城的毁灭在西夏时期的可能性更大一些。

此外，也有学者考证，明朝洪武五年(1372)，分裂为瓦剌和鞑靼的蒙古残余势力不断南下侵扰，宁夏边患甚重，明王朝因为兵力不济，废了宁夏府，将百姓南迁至陕西，刻意在宁夏中北部造成无人区，作为缓冲地带。宁夏的灵州、鸣沙等城成为空城。如果省嵬城地震发生在此之前，那么，在这样一段无人居住的历史空当里，这个传说是如何传承下去的？如果是发生在此之后，那么明王朝在宁夏的当权者已经开始为宁夏写方志了，应该会有记载的。可是，有关的地方志对此均无记载。或许正是因为笼罩在省嵬城身上的这份扑朔迷离，才使得这座西夏古城的遗址充满了魅力。

（作者单位：宁夏回族自治区社会科学院地方志办公室）

地名刍议

汪学智

地名是人们在长期的生产生活中约定俗成的产物，是一个地方历史、文化积淀的结晶，也是一个地方第一窗口的第一符号。优秀的地名切合当地实际情况，恰如其分。有的地名朗朗上口，让人们很快记住了它；有的地名魅力无限，吸引着人们去探寻。总而言之，地名给一个地方打上了深深的烙印，勾起了人们对历史、文化的记忆，让你回味无穷。

保持地名稳定性，不能随意更改地名。国家颁布的《地名工作条例》规定，地名具有深厚的历史、文化积淀，因此，任何人不得随意更改地名。根据各地地名信息的反映，尤其是各地网友在网站上发表或者跟帖留言，更改地名的问题确实不少。最突出的是徽州改成了黄山市，引发了广大网友的争议。诚然，博大精深的徽州文化缔造出了“徽州”这个响当当的地名。安徽省就是由安庆和徽州两地的首字而命名的。至于徽商、徽班进京、徽州民居、徽州女人等特色的徽文化被海内外人们称道。现在改为黄山市，确实少了些徽文化的底蕴。

笔者有幸参加了某网站推出的“没有文化该有多可怕”的话题活动。在一次闲聊时，笔者给几个人一口气说了二十几个“州”地名。有一个观众回了一句：“你胡诌！”笔者顺口说道：“对了，中国就是有个湖州市，在浙江省北部，紧靠太湖而得名，是和苏州齐名的东方威尼斯水城。几千年以来，当地栽桑养蚕，缫丝织布，是著名的丝绸之府，江南鱼米之乡。民谚有‘苏（州）湖（州）熟，天下足’。湖州市还盛产湖笔，四大文房之宝有‘宣（州）纸、湖（州）笔、徽（州）墨、端（州）砚’。”

“州”地名朗朗上口。3000 多年来，在海内外我国一直被称为“赤县神州”。从《禹贡》九州到西汉初年的乃州，从隋唐设立的众多州到赵匡胤棒打四百军州。

北宋立国,加上西夏和契丹(辽国)的州,总数超过 500 州。古代“州”的行政区域或大或小,因朝代而异。隋唐至明清时,“州”相当于现在的地级市,每州管辖若干个县。目前,我国保留“州”地名的城市有广州、杭州、兰州、郑州、福州。地级市以上有 43 个叫“州”的地名,至于县区和乡镇叫“州”的地名就更多了。

和谐社会与和谐地名。太平盛世,一直是人民孜孜追求的。这期间,社会和谐,人们安居乐业,和睦相处,地名也随之带有和谐色彩。单从字面上分析,绝大部分地名和当地的自然经济、文化、民俗等各方面息息相关。某些朝代在边境上有安抚怀柔的绥靖治理,地名含义带有中性色彩,个别带有敌对色彩,例如,镇番(民勤)、平番(永登)、平虏(平罗)、镇虏(镇罗)、安东(丹东)、睦南关(友谊关),等等。

卫所地名。明朝时期,在沿海或边疆设立了许多卫所。“卫”是军政合一的单位,也是屯垦戍边的军事防区。大部分的“卫”相当于现在的军分区,有些“卫”相当于省军区。例如,天津卫、威海卫、建州中卫、沈阳中卫、宁夏中卫等历史地名。但时隔 600 多年,只有“宁夏中卫”这个带“卫”的地名保留了下来,成为地名学科的奇特现象。明初,在原应理州城址的基础上设立“宁夏中卫”,全名称“宁夏中卫都指挥使司”,直属陕西都司,宁夏镇(省级巡抚)间接管辖。中卫作为军事重镇,地位相当重要。

“中”字地名历史、文化底蕴深厚。中国、中华、中州、中原、中土这些地名涵盖了华夏 5000 多年的文明,是华夏民族的龙兴之地,处于伟大祖国的核心部位。“中国”“中华”都是对伟大祖国的直接简称。而这个“中”不仅仅是东西南北中的“中”,而是积淀了 5000 多年的华夏文明,映射出博大精深的中华传统文化。简言之,就是具有中和之道、中正之道、中庸之道。在甲骨文等金石文中,“中”的含义:正午时分,地面上立一木杆,不偏不倚,可能来自“圭”“表”等计时工具,有大圆满的和谐含义。此外,在河南省方言中,人们对一件事情或事物感到满意时就说:“中。”

各地带“中”字的地名。打开中国地图,目光移向我国大陆中部,在东经 100 度至东经 110 度之间,从北到南有一系列的“中”字地名:中卫、中宁、中阳、中牟、中方、中江、中川、中坝、汉中、巴中、阆中、资中、榆中、晋中、隆中。没有标在地图上的，例如，关中、新秦中、南中、闽中、黔中郡，等等。以上“中”字地名既有方位“中”的含义，更有“中和”“中正”的和谐含义。和谐哲理，蕴在其中。例如，中卫市，因卫所而得名，秀外慧中。

（作者系中国管理科学研究院学术委员会特约研究员）

中宁县团部郎村名质疑

叶光彩

中宁县境内长山头农场西侧米钵山下有个6户人家的小村，村名团部郎。团部郎，是个地名吗？没错，它确实是一个地名。中宁县内的文件、地图上，都是这样写的。

众所周知，团是军队的一级建制，一团三营，一营三连，无人不知。团部是团的指挥机关，团部后面加个郎字，三个字合起来作为一个地名，令人莫名其妙。

地名都有个讲究，或者说有个来历，比如甘肃酒泉市。据说汉武帝时，霍去病在这里击败匈奴，打了胜仗，汉武帝很高兴，赏给他几缸好酒。霍去病认为胜仗是大家打的，人人有份，这酒他不能一个人喝，于是把酒倒在泉水里，与大家同饮，从此这个地方就叫作酒泉。又如宁夏，是说1227年成吉思汗攻占兴庆府，灭了西夏，从此这个地方才叫宁夏。那么，“团部郎”是什么意思呢？

在《现代汉语词典》中，对“疃”的解释：“疃，tuǎn，村庄，多见于地名，如柳疃，在山东；刘疃，在河北。”商务印书馆1981年出版的《四角号码词典》这样解释：“疃，tuǎn，村庄，屯，多见于地名，如王家疃。”据此，“团”应当改为“疃”；其后的“部郎”二字，应作卜郎。卜郎是人对体积小、样子好的小物件的昵称，如牛卜郎（小牛）、卜郎鼓（小孩玩耍的小鼓），等等。问题出在读音上，普通话读“bǔ”的卜，宁夏方言读“be”，所以把“卜郎”写成了“部郎”。其实这不要紧，国家推广普通话，许多汉字的方言发音，如北、街、鞋、者等，都已经改成了普通话的读音。

行文至此，多说一句：或许同心县的王团，似乎也应当是王疃。

宁夏古地名产生、演变、发展之浅说

张玉梅

地名是人类社会发展的产物，是人类对地球上具有特定方位、特定范围的地理实体所赋予的语言文字代号。由于自然条件、经济、文化及发展历史的不同，地名具有明显的区域差异，形成独特的地名景观。因此，地名往往能反映该地区自然、经济、政治、文化等的历史状况。地名的产生有其自身的规律性，一般是先有自然地理景观名、军事设施名、民族聚落名，然后才有村民聚落名、人工建筑和人文地名。村民聚落名一般由点到面、由小到大、由简入繁、先俗后雅。总之，一个地方的名称，不管山河、堡寨、街巷、村落，有自古沿袭相传的，有当时定名的，也有因时演变的，但历代的政治、风俗、礼法、典章总虚虚实实地蕴含在其中。或与当地的地形、地貌、风物等自然条件关联，或与当时的人事沿革、思想信仰等有关。一个区域是在原始社会向奴隶社会发展过程中产生的，这一基本规律也贯穿在古代与现代地名的产生演变、建设和发展的全过程中。

1949 年前，全国共有 2016 个县，另有 21 个旗。这些城市、县、旗作为一种新兴的地理实体出现，伴随着城市同时出现的还有道路、河道、桥、营、塔寺庙的名称。

因此，阐述地名的起源、演变以及与地名相关的人文、自然、历史等概况，探寻地名所包含的这些内容具有重要意义，对宁夏回族自治区地名探究也是一件很有价值的事情。

一、宁夏各市县名称由来

银川：关于银川的由来有多种说法，本文采用“因矿产而命名”这一说法。石嘴山:因山之特征而命名,“山石突如嘴”。盐池:因产盐而得名。中卫:因明代的“卫(驻兵地点)”而得名。贺兰:因贺兰山而得名。固原:早在《诗经》中就把固原称之为大原,固原有“固我中原”的意思。因为“关中四塞”之一的萧关在固原,这里是通向关中和中原的门户,守住了此地,就巩固了中原。泾源:因泾河而得名,泾河的源头。西吉:相传是芨芨草的变音而得来。隆德:最早的隆德县城是在今西吉县将台乡南的火家集古城遗址,为北宋天禧元年(1017)修筑,当时称羊牧隆城。庆历三年(1043)在此设寨,取羊牧隆城和德顺军的“隆”“德”二字名隆德寨,是为隆德地名之始。彭阳:宋咸平六年(1003)在今县城置彭阳城(相当于县级军事设置),属镇戎军。彭阳之名由此始。海原:海原县建于清同治十三年(1874),当时名海城,1914 年因与辽宁省海城县同名,遂以海喇都原简化为今名海原县。平罗:明嘉靖三十年(1551),设平虏守御千户所。清初沿袭明代卫所制,雍正二年(1724)改置平虏所为平罗县,属甘肃省宁夏府。平罗县即为平虏之转音。原为平罗县辖地。1941 年设置惠农县时,划归惠农县。名字意思不言而喻。永宁:建于 1941 年 4 月,是当时的宁夏、宁朔两县分别划出一部分设置的。1972 年划归银川市管辖。中宁:1933 年析中卫县东部置中宁县,驻安宁堡,各取中卫、安宁两地中的一字命名。

二、以军事得名

地名军事要素包括长城、墩、堡、边壕、寨、营等要素,军事设施易于保存且标志性强,堡、墩为军事地名中比重最大的两个要素。以堡命名的聚落因先前军队在平坦之处筑城堡御敌,而后慢慢有人口居住,遂演变成居住地;烽火墩修建在地势较高之处,从远处便可见,具有较强的标志性,附近的聚落便以此为名。

军事设施对于聚落具有示范作用,历史上长期受战乱影响,社会不稳定,为保护自身生命财产,人们对聚落也模仿城堡筑城围之,形成了众多民间聚落的堡子,并以此为聚落名称,这也是军事对于聚落地名的影响。以军事要塞、军事设施命名的地名较早,如古城“浑怀障”(“浑怀”是自然形态,“障”是军事建筑)。今银川市辖域为明代九边重镇之一的宁夏镇属地,在宁夏卫等五卫辖区内,共有屯堡 30 余座,其名称大多沿用至今。该时期所筑堡寨,以屯长姓名为堡名,如贺兰县的丁义、李纲(今名立岗)、常信、虞祥、徐合、桂文、洪广、桃福(今姚伏)、周成(今周城)、杨和、金贵、潘昶、李俊等堡,以及平罗县的高荣等堡。以军事性质得名的屯堡由镇北堡、镇河堡、平羌堡(今平吉堡)、靖夷堡(今名靖夷堡)等。平罗是明朝西境的国防前哨,东、西、北三面临敌,因而在边境要道筑了一些堡寨,经常驻军守御,这些堡寨是以军威镇守命名的,如镇朔、威镇、惠威等堡。又如开城县的设立,开城县在宋朝时仅仅是镇戎州(军)(今固原市原州区)所属的一个山城小堡,名为开远堡。此堡地位的上升,与蒙古人看重地处六盘山深处的开远堡有关。

盐池县在历史上为农耕民族与游牧部落争夺的重要战场,修建军事设施、推行防御政策为数代统治者所提倡,明清时期尤甚。历史遗留下来的军事、政治地名是这一政治、军事中心地的传承的具体体现,军事地名主要集中在明清及抗战时期,如盐池县 2003 年区划调整之前有柳杨堡、惠安堡、萌城 3 个乡镇为军事类地名。

此外,诸如位于银川市城区东 12 千米、郊区掌镇乡境内的镇河堡。明代《嘉靖宁夏新志》载:“……黄河冰结,套虏乘夜长驱直抵永通桥,俟侵晨人畜出城,潜掠而还……迄嘉靖十五年,有晏海湖之失。十七年,都御史吴铠始委都指挥吕仲良城之,人以为便。”因镇守黄河而得名。双城门,因城楼下设双门而得名;陈家寨,民国年间,陈氏兄弟在今宁夏医学院及宁夏军区城区干部休养所筑寨聚居而得名;西花园,传为清代宁夏副都统、民国宁夏将军常连的别墅,因地处清代宁夏八旗兵驻防的“新满城”之西而得名,又称“将军楼”。固原县城北部的三营镇,原名万家川,因明孝宗弘治元年(1488)为御防火筛人(北方部族名)南扰关中,设固原三边总制府,并从固原府城向北,依次修筑了头营至八营等堡寨,县三营镇址位于第三营寨,古名三营。固原县城南部的什字路镇,因驻地在 312 国道、银平公路与华什公路的十字路口而得名。

三、因水得名

宁夏地名中,有很多堡名是以其境内的渠名、闸名而命名的。另据《朔方道志》记载:“平罗属查汉托护地方,滩地极多,惟苦无水,屡请修渠,雍正四年(1726)发帑(当时发来白银十六万两)命通智来宁督修。”工部侍郎通智到宁夏后,会同督臣岳钟琪,将青铜峡以下至平罗境内的黄河西岸地势,进行了详细踏勘，由宁夏道单畴书协助，于当年秋动工开惠农、昌润二渠。雍正七年(1729)夏，全部竣工。在大渠东筑长堤320余里，以防黄河泛涨冲刷渠堤。在大渠西疏通西河子旧淤350余里，以排唐、汉两渠余水和群湖积水。筑宝丰、新曲两县城，从固原、灵州、中卫、宁夏、宁朔等地招民垦种查汉托护滩地。当时奏请发来白银15万两，给移民建房、置耕畜农具等。另外，当时宁夏的民夫挖渠时，是用铁锹运土的，一锹土要经数人之手，才能转运到渠边上。后来通智创用背斗背运，工效猛为提高，节省了大量人力和时间，减轻了民夫的苦劳。为保证岁修工程质量，特采用大石，刻"准底"字样埋于惠农、昌润二渠各测水点处，让每年春工必须挖见此石，才算达到岁修标准。后来唐、汉等渠都效仿埋了"准底"石。这样一来，各干渠的岁修工程都能达到质量标准。由于侍郎通智对工程认真负责，善于调查研究，考虑周密，做了很多有益于人民的事。人们因感其功德，所以在惠农渠流域建堡建桥时都冠以"通"字，以作纪念。如贺兰县的通宁、通昶、通朔、通贵、通吉、通义等堡，平罗县的通福(今通伏)、通成、通平、通惠、通润等堡。又如贺兰县的通宁、通朔、通和、通泰、通春、通贵、通昶、通吉、通义等桥，平罗县的通福、通成、通平、通润(今黄渠桥)等桥。这些名称大多成为当地乡镇、村落名。

此外，如银川市郊区大新、红花、良田乡都以渠得名，永固乡则以桥得名；处在渠道转弯处的村落多称"湾"，如吴家湾子、柯家湾子、花牛湾、泉子湾等，均分布在不同台地和平原川地，反映出境地地形不整，是弯曲之地；靠近湖泊的村落则以湖泊名为专名，如西湖农场、夹马湖庄、大浪湖庄等；靠近渠首、渠尾的村落则称"渠口""稍"，如新渠口庄、双渠口、良渠稍、王家稍子等；在河、渠水淤而成滩地上的村落则称"滩"，如向家滩、沙滩庄、赵家沙滩等；靠近桥、闸的村落多以桥、闸名为专名，如下闸桥庄、永通桥庄、八里桥庄、三闸庄等。在惠农、昌润等渠流域，堡名因境内的渠名、闸名而命名的，如交济、六中、宝闸、南长渠、北长渠、东永惠、西永惠、正闸、双渠等堡和北长渠等寨子。另外，沿河堡、西河堡是因靠西河而得名，六羊堡是靠六羊河而得名，沿堤堡是因地处惠农渠和官四渠之中而得名，渠阳堡是因地处昌润渠之南而得名，渠口堡是因永惠、永润、西官、东官等渠在该处开口而得名，惠北堡是因位于通惠堡之北而得名。陶乐县(2003年撤销)以滩命名的有县境东南部台地上的什拉滩和分布在平原川地中的南滩、马太沟滩、中夹滩和红崖子乡的中滩等，反映出境地是近临大河之地。另有诸如陶乐县境东部鄂尔多斯台地、毛乌素沙地地质条件较差，资源比较贫乏，沙土中含水量很小，地下水缺乏，因而因水命名的地方多产生于此。如县境南部的深井、机井、双眼井、三眼井等，境地中部的庙庙湖、南泉、北泉等，这些地名均是以井、湖、泉的情况命名的，另外还有苦水沟、甘泉、甜水井等以水的质量命名的村落。

四、因地理、社会、物产因素等得名

宁夏乡村中，有的以山地为标志，以便于开展生产、交流活动，也以其命名，大块平坦的地形部位是人们生活、生产、居住的首选。从有的村落名称中可以显示其所处自然环境的地形地貌、相对位置、土地类型及资源利用等方面的许多特征，在土梁、土岗及洼涝地的村落多称"梁""岗""洼"，如南梁农场、小梁子、闻家岗子、杨家岗子、马家洼、洼涝庄等。清代因民间多动乱，乡民多于村落四周筑土墙，此类聚落俗称"寨子"，今双寨子、马家寨、杨家寨子等皆由此得名。还有的村落由一小聚落为中心，周围乡民依附于此建寨聚居，逐渐形成有一定规模的团体聚落，俗称"团庄"，今王家团庄、夏家团庄、中团庄等皆因此得名。部分村落冠以物产或植物为名，如位于中宁县县城的圆枣村，因所在地盛产红枣而得名，如位于陶乐的甘草坑、酸枣子坡、芨芨沟、红柳沟、冬青梁等。因羊圈而得名的聚落地名在盐池县广泛分布，其形成之初是因为在此地牧羊设有牧点、羊场，而后居住人口慢慢增多而形成聚落。最初定居者常以姓氏与圈复合而形成地名，如高家圈因高姓大户在清朝末年在此设羊场，后称高家圈；牛圈坑相传在清光绪年间此地杂草丛生，草原茂盛，草质优良，地形为四周山梁，中间低洼似坑，人们在此养牛，后渐成村落，沿用原名。

五、因古遗迹得名

有一些村落因寺、庙、台、墩等古建筑而得名，其中一些地名蕴含了百姓对平安、顺利的祈求。这些宗教信仰也反映到聚落地名之中，如盐池"太平庙"，因过去此处建有一座名为太平庙的庙宇，后成村名；"玉皇庙"因村旁有座玉皇庙旧址得名。再如银川大庙（因清代寺庙福宁寺俗称大庙而得名）、舟塔（中宁县城西，因境内有明代所建舟塔寺而得名）、关帝大队（因附近曾有关帝庙而得名）、石空（中宁县城西北部，因双龙山下有唐代始建的石空寺石窟而得名）、北寺庄、大寺庄、烟村墩、张家墩、高家闸墩(因西夏时李王渠经此设高家闸得名)、五里台、杨显台、芦花台、东华(中宁县城东部,因境内有清顺治年间在宁安堡东十华里处建有东华寺而得名)等。

六、因姓氏得名

宁夏乡村地名的产生是源于一种或几种地理要素,当新的地理要素以强势作用于人们的意识中时,地名就可能随主观意愿而发生变化或变迁,反映新的地理要素。冠以姓氏为名的地名大部分产生于清末民国初期,最先落居的居民村落名称以姓氏为专名的最多,如张家庄、李家庄、马家寨等。据统计,此类名称占全部村落名60%以上。诸如位于中卫市的“拓跋寨”,是由沙坡头旅游产业集团投资建设的党项民俗村——拓跋寨。村民多数姓拓跋,有西夏学专家考证是蒙元军队灭了西夏国后,西夏党项贵族拓跋一支逃难至此,隐姓埋名留下的遗民,寨名也因此得名。中宁县城西北的康滩,系黄河冲积平原,很早以前,姓康的人家在这里开荒造田,称为“康家滩”,简称“康滩”沿用至今。位于盐池县境内的徐大梁,原名闫记大梁,1951年北窑子徐全福搬迁到此建村得名。地名所处的自然环境并没有明显的变化,山梁还是原来的特征,由于人为因素造成了地名的变更。

吴忠城市的历史变迁

杨　锐

要说吴忠，就不得不先从宁夏讲起。

宁夏，一个少数民族聚居地，当您打开中国地图时，会发现它的位置就在中国的几何中心上。拥有如此得天独厚位置的宁夏，面积6.64万平方千米，辖5个地级市，22个县、市（区），是全国最大的回族聚居区，因得黄河水灌溉而形成了悠久的黄河文明。宁夏北部，即宁夏沿黄两岸平原，包括今银川、吴忠、中卫以及石嘴山4个地级市。其中，吴忠是宁夏的腹地，又是宁夏沿黄城市带的核心地段。

说起吴忠这座城市的“前世”和“今生”，身为吴忠人都有一番无尽的感慨。有人说吴忠是一座“村庄里的城市”，也有人说吴忠是“农户庄台子上建起的城市”。人们之所以有此印象，是因为在十几年前人们还能看到“城中村”的缘故。2008年之后，吴忠城市化进程飞速发展，城市街道穿越农村的村庄，不断向外延伸，被包裹在城中的村庄越来越多。吴忠城市发展如梦，醒来时，不仅城市街道长达10多里，满城店铺土平房不见了踪迹，“城中村”也被宽阔的马路、林立的高楼替代。充满活力的城市脉搏正在跳动，一些原有的村庄、地名在人们的记忆中正在淡去；有关吴忠城市迅速发展的话题，还在人们的茶余饭后继续着。

吴忠的城市建设是从一座土寨子“吴忠堡”发展起来的，虽说“吴忠堡”已有近500年的历史，但它却是一座新兴的年轻城市。时光倒退60年，年青一代想象不到，吴忠原来的城区面积非常之小，方圆不过1平方千米而已。吴忠真正称其为“城”，也只能从1950年1月设立县级吴忠市之后算起。

“吴忠”地名虽然出现较晚（大约是明代），但它却有着悠久的历史。早在3万年前这里就有人类居住，且早在1万年前，当地居民就已有了农耕文明的萌芽，具有建城的最佳条件。而历史事实已证明：吴忠是中央王朝在宁夏沿黄城市带城建历史最悠久、开发最早、历史文化积淀最深厚的城市。它的城市起源可以追溯到秦始皇嬴政三十三年(前214)。

秦始皇统一天下后,为了巩固自己的统治地位,于始皇嬴政三十三年派大将蒙恬带30万大军,向北击溃当时盘踞在内蒙古、宁夏和陕西北部的匈奴贵族,并将他们向北驱逐了数十里。同时在黄河沿线设置了34座县城,作为防守匈奴南侵的屏障。其中,设在今宁夏境内的有富平县及浑怀障、神泉障等。浑怀障址在今灵武市北黄河边上的兵沟,神泉障约在吴忠西南青铜峡附近,而富平县就在今吴忠境内。富平是中央王朝在宁夏设置最早的县(前214年设置);灵州、灵武是宁夏大地上延续历史最悠久的郡县(前191年至今)。

秦汉时期的灵州,仅是一个县级单位。后来,随着战略地位的提高,灵州的行政级别也逐步提高。到了隋炀帝大业三年(607),对全国的行政建置进行了较大改变,先是"并省诸州",随后又把州改为郡,实行郡辖县,行政建置为郡、县两级。当时,全国共设置郡190个,县1255个,灵州便被改为灵武郡。

唐朝初年仍沿袭隋朝的体制。到了武德元年(618)又改灵武郡为灵州,并置都督府。贞观元年(627)将灵州都督府改属关内道,属京畿地区,由京官遥领。天宝元年(742)又改为灵武郡。这样,灵州(灵武郡)的级别越来越高,地位越来越重要,某些方面类似今天的深圳特区。到了唐末五代,丝绸之路改道,灵州(今灵武)大道成为丝绸之路的主干,灵州也成为交通枢纽,是当时仅次于长安的国际商贸大都会。

到了明朝初年,由于黄河水泛滥,原来建在吴忠境内的灵州城被河水冲击,被迫"三迁其址",最后落脚在今天的灵武市区。又过了若干年,在原灵州故城附近修建了枣园堡(今早元)和吴忠堡(地址在今吴忠西湖菜市场)。而灵州故城,随着岁月的流逝、历史的变迁,也一步步淡出人们的记忆,只留下"古城"的名字任人猜想。今天的吴忠市是古灵州城附近新兴的一座城市。

吴忠先是人名,后演变为地名。作为地名的吴忠,大约是明朝嘉靖六年(1527)或稍前才出现的。由于明朝实行军屯,在宁夏设置了不少军屯堡寨,这些堡寨便以当时的屯长的名字命名,"吴忠"便是屯长的名字。

虽说吴忠堡的"堡寨"大约筑于明嘉靖六年,但因其系土筑,经不起岁月风雨的剥蚀,大约在清朝同治以前即已崩塌。清末同治年间,回民起义失败后,清政府于此重筑堡寨,这就是中华人民共和国成立初期我们看到的样子。

旧“吴忠堡”虽然是久负盛名的水旱码头，西北重要的物资集散地，但明清两代与民国军政官员和富商只是把吴忠作为中饱私囊、巧取豪夺之地，对吴忠城市建设没有多大建树，400 多年中，城区面积并无较大变化。加上民国 17 年(1928)十一月，土匪杨老二乱吴忠，“抢掠民商三日，纵火而去”，使吴忠仅存的一些古建筑和市政设施毁于一旦，一蹶不振。

民国时期，驻在吴忠堡的军政官员和富商虽然做过一些重建补修，恢复了一些建筑设施，但因当时军阀混战，宁夏军政大权易手频繁，盗匪纷起，民不聊生。官员、富豪因为惧怕土匪劫掠和军阀政府的苛捐杂税，根本无暇顾及市政建设，只求自保；他们都不肯在吴忠城内投资置业，只在城内建置小规模的办理军政事务的据点，联系商务的商铺，却纷纷在吴忠城外周边地区兴建土寨子，用于居住、保财、保命，抵御土匪劫掠。由此，形成城外高大的堡寨遍地开花，城内低矮的土坯房寒酸土气，至今还有“小寨子”、马月波寨子等一些历史遗迹。

清末和民国年间的吴忠堡，面积很小。其具体位置，在今天的街心公园以西、西湖小区以东，裕民西街以南、邮政局以北，呈正方形。大致范围是：北界裕民西路，南临胜利西街，西靠西湖小区，东接街心公园。其北、西、南皆为湖泊所包围。东边，即现在的利通街，当初是一条渠，叫“迎门渠”，从秦渠中华桥侧引水，过吴忠堡东门(约在今街心公园)向北流去，可起到护城河的作用。20 世纪初叶，灵武士绅徐相因感交通之不便，便在今购物中心处的渠上架石桥一座，名“石桥子”。1943 年，又将迎门渠填平，修成一条路，这便是“利通街”了，取其便利交通之意。

吴忠堡虽属后建，却“后来居上”，胜出了灵武和金积。其原因是它占据了古灵州优越的地理位置，得“水旱码头”交通发达和“天下粮仓”秦汉渠灌溉之利。

1949 年之前，当未有铁路之时，宁夏的交通主要靠陆路和水路。陆路又主要靠民间骡马、大车和驼队。无论是汽车，还是民间运输，吴忠都是必经之地。当时的“宁平路”“宁平绥路”“宁平西路”“宁兰路”，大都要经过吴忠。至于水路，更是如此。当时吴忠有两个大型码头，一个在秦坝关，另一个在古城湾。码头附近都设有大型货场，主要堆放皮毛、木材、药材等。至中华人民共和国成立初期，其政治、经济、军事和文化地位，均超出了灵武。

吴忠市名是 1949 年秋出现的。此前为吴忠镇，属灵武县管辖。灵武 1949 年后建政时，改吴忠镇为县辖吴忠市。而且，此后变更频繁，给人民生活、学习和工作带来极大不便。1950 年 1 月，自灵武县析出升置为县级市，直属宁夏省（1958 年宁夏回族自治区正式成立）管辖，其行政区划是将灵武县划归吴忠市的 1 市 3 区，以数字排序建为 4 区 20 个乡。一区治在城镇，二区治在东塔寺，三区治在王家庙，四区治在上桥。1955 年撤区并乡时，将 20 个乡合并成 7 个大乡，即东塔寺乡、古城湾乡、秦桥乡、早元乡、陈袁滩乡、上桥乡、罗渠乡。

1958 年 10 月，人民公社化，全市组建为一个公社——吴忠人民公社。1960 年 10 月，因公社规模过大，又划分为 3 个人民公社，即吴忠、红旗、东风公社。此时，金积县撤销，该县所辖马莲渠公社及双闸公社的大部划归吴忠市管辖。吴忠市从马莲渠公社划出一部分与双闸公社部分组合为金积公社。1961 年划出马莲渠及东风两公社的廖桥、杨马湖等地增置了汉渠公社。

1962 年调整公社规模，将 6 个公社分为 13 个公社，即红旗、古城、陈袁滩、东风、东塔、吴忠、板桥、金积、马莲渠、马家湖、高闸、汉渠、秦渠公社。

1963 年，吴忠市改为吴忠县；1966 年将陈袁滩公社先划归青铜峡县管辖，后又划回；1968 年，几乎所有的公社和大队的名字被更改。到 1972 年 6 月以后，又陆续恢复了原有名称。1983 年，吴忠县又改为吴忠市。1998 年银南地区撤地设市，原县级吴忠市更名为利通区。

这样频繁地更改政区和地名，一方面反映了事业的发展，但另一方面也反映了对历史、文化的不尊重，其中的经验教训值得认真总结。幸好，在这么频繁的变更中，有一个地名始终未变，这就是“古城”！

世界上所有的地名，都是一种“地方记忆”，蕴含着这个地方丰富的历史、文化信息，是人们了解这个地方过去历史的一把钥匙。所以，人们都很重视地名的命名和使用。在一般情况下，地名绝对不是胡起乱编的，大都有它的根据和缘由。已经叫出去的地名，人们也不会随意更改，目的首先是为了保持地名的连续性，使这个地方的历史不被割断，使这个地名中蕴含的历史、文化信息不被丢失，从而方便人们的生活、学习和工作，有利于这个地方的建设和发展。

由于吴忠是个新建的城市，加上后来的当政者缺乏历史、文化知识，所以对古旧和历史曾用名不加珍视，不断地随意另起新名，使得吴忠仿佛是一座在沙漠中新建的无根无底、没有来路的城市，几乎割断了吴忠全部的历史记忆。幸好还有几个村庄的名称没有纳入他们改名的范围，侥幸被保留了下来，这便成了我们追忆吴忠历史文脉的宝贵线索。

地名视角下的贺兰县聚落

何彤慧

贺兰县聚落地名从来源上看，具有明显的层级效应，不同层级的地名在来源上各有特色，有着县域历史、文化形成和发展过程的烙印。

一、古代屯军和军堡下的乡镇聚落

贺兰县政区现状地名中只有两级共6个地名，其中县级地名1个，即贺兰县；乡镇级地名5个，即习岗镇、立岗镇、洪广镇、金贵镇和常信乡。5个乡镇的专名无一例外，均由明代宁夏镇下的军屯性堡寨名沿革而来——习岗源自谢保堡（因方言的转音而成），立岗源自李纲堡，洪广源自洪广营，金贵源自金贵堡，常信源自常信堡。但是究其专名的最初源头，则为堡寨修筑之初屯兵于此的下级军官的姓名，即谢保、李刚（纲）、洪广、金贵、常信等。

二、时代吉语下的行政村聚落

贺兰县行政村类聚落的地名构成，除暖泉农场、京星农场下属生产队是借鉴部队编制，按照“农场名＋序号或主营产业”命名外，其他乡镇和南梁台子管委会下属社区和行政村均各有专名。从字面意思来看，吉祥类并具红色内涵的地名最为多见，如习岗镇的友爱、团结、光明、居安、利民等社区名和德胜、黎明、和平、五星、红旗、新胜等行政村名；立岗镇的幸福、先进、民乐、永兴、金星、银星、兰星等行政村名；洪广镇的金鑫、欣荣；金贵镇的金贵、红星、雄英、联星、银光；常信乡的团结、新华、新民、旭光等行政村名。字面显示为姓氏或姓名的群众自治组织专名也较为多见，如洪广、高荣、潘昶、张亮、于祥、丁义、马家寨等。贺兰县行政村聚落地名还具有较好的系列性和派生性，如金字头有金贵、金星、金鑫、金山、金沙;银字头有银河、银光、银星;兰字头有兰星、兰丰、兰光;新字头有新平、新胜、新华、新民;星字辈地名如金星、银星、兰星、红星、联星等。但是分乡镇来看,行政村地名序列交叉、名称相似、发音雷同现象非常严重,如立岗镇的金星村与洪广镇的金鑫村,口语上难以区分;新、星、鑫、欣、兴等同音字频繁出现,等等。

三、族系符号下的自然村

贺兰县的自然村级聚落名,均按"行政村 + 村民小组排序号 + 组"命名。但是村民小组作为农村居民点,即自然村,一般还有各自的自然村名。这些自然村地名多用"庄""庄子""团庄"等具有村庄指向意义的词为通名,"堡""寨""营"也是贺兰县农村居民点常见通名,另有"户""田""塞上农民新居"等通名,也有1/3 左右的农村居民点无明确通名,可以视为无通名居民点。

贺兰县 3/4 左右的自然村以姓氏名为专名,构成方面最为常见的是"姓氏 + 家"。这是中国传统农耕社会聚族而居、标定家族土地拥有权的命名方式,构成诸如马家庄、张家庄子、谭家团庄、秦家庄等自然村名,重名自然村的出现多与此有关,如马家庄和马家庄子在全县就有 8 个。另有部分自然村姓氏地名取自人名,如王敖家滩的王敖、潘昶堡的潘昶,均为人的姓名。家族兴盛后开枝散叶情形在贺兰县自然村地名也多有表现,如李家团庄扩张后形成李家东团庄、李家西团庄;吴家团庄兴旺后扩展出吴家上团庄、吴家下团庄;还有习岗镇西北坐守唐渠(唐徕渠)的上桂家庄和下桂家庄等。

四、时代标签下的城镇社区聚落

贺兰县城镇聚落地名通名组成复杂,使用频率最高的是小区和花园;其次为苑和园;最后为家园和家属楼、家属区、家属院等老旧小区名称。近十几年新建小区则以居、城、嘉园、世家、郡府、别墅、邸、湾、湖、湖畔、庭等为通名,国际、国际花园、国际城、花园庄等频繁出现,通名泛化现象突出。

贺兰县社区地名、专名取意吉祥的最为多见,如居安(取意安居乐业)苑、文明(精神文明)小区、富兴(富裕兴旺)小区、美洁(美好清洁)小区等。20 世纪中后期建设形成的单位集中式居住区,往往以所属单位名或邻近单位名原名或缩写简写后为专名,如林业局、金属制品厂、生资(生资公司)、铝制品厂、地质

（队）、商业（局）、教育和育才（邻近学校）等。保留原单位地名的小区也有几个，如桃林小区取自桃林路即原桃林村；月湖名邸和宏基月湖都取自乾隆八景之一的“月湖夕照”，方位也基本吻合。近年来，贺兰县新建的城镇居民点越来越多地采用企业名称直接命名，或“企业名＋其他词复合”命名，如天骏（开发公司名）小区、富龙（开发公司名）小区、泰和（开发公司名）地中海、长城（开发公司名）惠兰园、金盛（开发公司名）瑞士花园，等等。贺兰县居住区地名、专名多样化趋势越来越突出，有的取意清新，有的取意高雅，有的则取意霸气，不一而足。

古平罗城

周　阳

汉武帝元朔至元狩年间（前128—前117），在今崇岗镇暖泉建廉县。东汉沿袭廉县。经过三国两晋、东晋十六国、北魏、西魏、北周、隋代、唐代，先天二年（713）改为定远军（今姚伏镇东）；开元九年（721）为朔方节度使定远军，后为定远县，景福元年（892）改为警州。（五代）后梁、后唐、后晋天福七年（942）、北宋，改为定远镇。至道二年（996）改为威远军。西夏，属定州、定远县（今姚伏镇东）。经过历史的多次变迁，到洪武九年（1376），改为宁夏前卫后千户所。明永乐初，改为兵马哨备（今平罗县城）。嘉靖三十年（1551），改为平虏守御千户所。清代，初沿明制，雍正二年（1724）改平虏守御千户所为平罗县至今。平罗县在历史长河的发展中，走过了两千多年的历程。

永乐初年开始修筑平虏城。景泰六年（1455），宁夏后卫千户所十百户军居之其中。弘治八年（1493），因居人增多而扩建新城，新城为长方形，周长3里，东西墙边长倍于南北墙边长，墙高3.5丈，护城河深1丈，宽2丈。嘉靖二十年（1541），改平虏千户所为平虏守御千户所。万历三年（1575），宁夏巡抚罗凤翱以砖石包砌城墙，城有南北二门，均名“平虏门”。清初沿袭明代卫所制。顺治元年（1644），将明之平虏守御千户所改为平罗所，其城也始得“平甸”之名。清雍正二年（1724）改为平罗县，以后平罗城一直为平罗县治所在地。乾隆三年（1738）十一月二十四日，宁夏发生强烈地震，平罗城内房屋倒塌甚多，城墙下陷丈余。乾隆四年（1739），由陕西凤翔府盐捕厅的耿觐业、宁夏县何世宠、平罗县知县马缓监工重修耗银7万余两。重修后的平罗城呈方形，城周长4.3里，城墙高2.4丈，基宽2.4丈，顶宽1.5丈。南门称“永安门”，北门叫“镇北门”。建城门楼2座，瓮城门楼2座，角楼4座，敌楼8座，南北堆房各1座。城周开挖护城河 1 道，宽 5 丈，深 8 尺，城中建钟鼓楼 1 座。

平罗城自古就是宁夏军事要镇，在历史上曾多次被围攻，由于守城军民倚仗城池坚固，英勇抗敌，屡次给来犯者以沉重的打击。曾竖立在平罗城内的“抗逆孤忠”坊（俗称“南牌楼”）和“精忠固圉”坊（俗称“东牌楼”），就是其中两次胜利的记载。明万历二十年（1592），鞑靼人哱拜伙同刘东阳占据宁夏镇城（今银川市），攻陷宁夏汉西 47 堡，大肆洗劫掠夺平虏孤城，守将萧如熏之夫人杨氏献金银首饰，日具牛酒，犒赏军民，军民士气大振。萧如熏又于城南关设伏诱敌，射死哱拜之养子哱云，一鼓作气击溃敌军，保全了城池。明思宗赐萧如熏“抗逆孤忠”匾，立坊于平虏城南大街（1960 年因城市建设拆除）。清顺治初年，河套流寇率部进犯宁夏，围攻平罗城，平罗营参将孙应举，智勇双全，带领平罗军民奋力反击，终将来犯者击溃，平罗城安然无恙。康熙十七年（1678）大水淹平罗城，孙应举一面移难民于城外高阜，一面率众在城南处高筑大堤，以绝水患。清帝赐孙应举“精忠固圉”匾，在平罗城东街建坊高悬。这之后，还经过多次攻打平罗城的战斗，而平罗城始终固若金汤，从未失守过，因而得到“铁打的平罗城”之美称。

平罗自明代至民国初，一直管辖着银川以北的大部地域，平罗城随之成为银北地区政治、军事、经济、文化的中心，就当时而言可谓繁华一时了。城内外仅大小寺庙就有 30 余座。1949 年以来，平罗城有了巨大的发展，全城总面积达 2.4 平方千米，划分为 4 条大街、7 路、12 巷，有居民 3175 户。随着文化馆、图书馆、体育馆、影剧院、公园、电视转播台等文体娱乐场所的建立，活跃了平罗人民群众的文化生活。按照现在城镇规划，百余座大楼如雨后春笋，鳞次栉比，巍然林立。街道整洁，布局合理，一派繁荣昌盛的景象。古城内原有建筑已被拆除，唯有玉皇阁和钟鼓楼，作为历史的见证和供人们参观游览之古迹仍保留在平罗城中。

怀远溯名

闫 晶

一、从“怀远”到“银川”

说起银川市掌政镇，人们联想到的无非是五渡桥的驴肉，鸣翠湖的荷花，道路两边排列整齐的温棚以及村子里各具特色的农家乐……但是如果有人告诉你，这里曾有一座城池，而这座城池就是“银川城”的雏形时，你会不会感叹：所谓的“历史云烟”原来离我们这么近！为此，笔者特意驱车前往银川市掌政镇洼路村，寻访那里最年长的住户，听他们讲述那段几乎被湮灭的银川历史。

二、专家口中的“瓦路村”

为了探寻“银川”这一地名的由来，笔者请教了宁夏地名学会会长吴忠礼老先生。吴老说：“要说起银川的前身，还要从现今的掌政镇洼路村说起。我曾经去那里做过实地考察，我问那里的村民‘你们知不知道这里为什么叫洼路村’，他们回答‘因为这里的路比住家高出一个房子，住家反而显得低洼，所以我们这里叫作洼路村’。我说‘不对，其实你们这里应该叫作‘瓦路村’，因为你们翻建房子和牛棚的时候挖出过很多古砖、古瓦、古墓，所有这些古迹的来源是因为这里曾有过一座城池，而这座城池应该就是‘银川城’最早的雏形……’”吴老的这段话激起了笔者一定要到“洼路村”去一探究竟的强烈愿望。

在洼路村书记刘宁的指引下，笔者见到了村里的老人。据老人们介绍：“这洼路村以前四周都有城墙，城墙很高，建造城墙的砖大概有 1 米长半米宽，重量有 25 千克左右，砖的表面被打磨得光亮如镜，上面还隐约能看到工匠造砖时拍打的手印，手比咱们现在人的手大得多。那时候还有两扇门板，门板特别厚，还带着石锁子。可惜后来村民盖房、建牛棚的时候都将这些青砖垫在底下了，剩下的可能在地头还能找到几块。”

“当我还是个十几岁的孩子时，我们村有七八座庙，有镇河蒲、娘娘庙、老爷庙、武官庙……这镇河蒲最是有名，据说在清朝时期，清水河经常往西改道，淹毁村庄农田，造成汛灾，李德明下令修建一座能镇住河流的寺庙，于是就有了镇河蒲。这镇河蒲一建好，清水河河道果真就向东去了，再没发生过水灾。后来因为历史原因，村里的寺庙基本上都被拆毁，庙里的泥塑也被打碎，现今留下来的这座‘高台寺’也是村民自愿出钱修建的。”

“我们这里的历史遗迹特别多，2011 年一户人家修建大棚的时候，曾挖出来一个 6 米长的墓葬群，据专家考证这个墓葬群应该是唐朝时期的，虽然墓已被人盗过，但专家还是从里面挖出了一个铜镜、一枚金簪、4 个贝壳做的装脂粉的脂粉盒，如今这些文物都保存在宁夏文史馆。张家修建大棚的时候，也曾挖出过 4 间房子规模的地基，残砖断瓦清晰可见。据专家说，盖地基用的是唐朝的麻绳纹砖。我们村还挖出过虎头瓦当，上面的掌纹清清楚楚，我用自己的手掌比上去，中指几乎比我的长出一个骨节，可见那时候的人体力劳动强度大，手和脚都比现代人的大。还有镂空的墙砖、彩色的琉璃瓦，这些古物我都曾亲眼看到过……”说起洼路村的古迹，刘宁书记滔滔不绝。

三、这究竟是一座什么城

从历史古籍流传的只言片语中，专家推断，历史上赫赫有名的饮汗城应该就在今掌政镇洼路村一带。史料记载，在十六国时期赫连勃勃于 407—431 年建立大夏国，并于东晋安帝义熙九年（413）曾在此建丽子园，实际上是大夏国的王家园林（见《元和郡县志》卷四：“怀远县……本名饮汗城，赫连勃勃以此为丽子园”），丽子园是当时大夏国的风景游乐场所和驻兵、屯粮重镇。到了南北朝时期，这里的民户增多，于是于北魏孝昌二年（526），在此置怀远县，之所以取名怀远，意为中央政府并没有忘记边塞地区，此为银川建城之始。经过约半个世纪到北周建德三年（574），此地更加繁荣，又有移民两万户到此定居，故置怀远郡，隶属灵州，辖今银川市、永宁县、贺兰县、青铜峡市、石嘴山市部分地区。郡治仍设在怀远县。

隋统一中国后，于隋开皇三年（583）撤销怀远郡，保留怀远县仍隶属灵州。

隋大业三年(607)设置灵州郡,怀远县隶属灵州郡。唐朝初期延续隋代建置。唐高宗仪凤二年(677)黄河泛滥,怀远县城被淹毁。翌年,在城西即今银川市老城筑怀远新城,而作为银川市前身的怀远县旧城在掌政镇存留了150余年。如果从饮汗城算起,旧怀远县城在掌政镇洼路村一带存在了300多年的历史。又过了3个多世纪到了北宋宝元年间,党项族拓跋氏兴起,经过3代首领的苦心经营,李元昊于北宋宝元元年(1038)建立西夏国,建都在怀远新城(1020年李元昊之父李德明已将怀远县升为兴州),名为兴庆府。

四、银川一名的由来

兴庆府,西夏国王城,即今宁夏银川,而怀远作为银川城的前身已经淹没在历史的烟尘之中。

西夏灭亡后,元朝在这里建立宁夏府城。那时,大批波斯人、阿拉伯人、蒙古人来此定居,逐渐形成了回族聚居区。从现有文字记录看,明朝以前是没有"银川"这一地区名称的,一直到明朝后期,陕西三边总督刘敏宽经过花马池(今盐池县)执行任务时,作诗一首,有诗句"俯凭驼铃临河套,遥带银川挹贺兰"。据诗中叙述,当时的银川应该是指贺兰山以东,盐池长城以西的河套平原,或宁夏镇城。到了明清时期,银川被称为"小南京",城市商贾云集,市肆繁荣。如今银川的很多地名都来自那个时期的街巷和建筑。

银川市市名正式设立于1947年4月,是由当时的宁夏省政府决定,呈报民国政府批准确定的。为什么要把"银川"作为一个正式的城名称呼作为宁夏省城的名字呢?据资料记载,"银川"作为古地名,最早见于《新唐书·地理志》中"银州银川郡",故址在今陕西省米脂县东北。《读史方舆纪要》载,宋崇宁四年(1105),"仍置银州,五年废为银川城,金为银川寨。寻废"。

对此吴忠礼老先生解释说,唤此地为"银川"主要有以下三个原因:

第一,代表富裕的地方。银川自古就被人称为"塞上江南,鱼米之乡"。古人喜欢用"金""银"代入地名,寓意富饶,而"金川"一名已经在甘肃出现,于是就启用"银川"一名。

第二,反映了自然面貌。宁夏地方文献上出现"银川"一词,约在明末清初。一些官吏、文人在咏唱宁夏平原沟渠交织如网、湖泊珠连其间的秀美景色时,用

"银川"形容其水光潋滟、水映晴光的水乡风光。"连山似奔浪,黄河一带宽。城郭渺如舫,银川亦寥廓""或是天吴聊小试,暂移鳅穴到银川"。这些诗词中的银川,还没有明确的地名意义,但生动地描绘出了银川一地的地理特点。再加上银川地下水位高,退水之后盐碱显露,到处都是白茫茫的一片,因此取名"银川"恰如其分。

第三,古地名的迁移。银州、银川郡都是西夏国的发祥地,也是西夏皇帝的出生地,银州还是李继迁初建西夏政权的所在地。西夏国自称为"大白帝国",随着西夏国统治中心及党项民族的西迁,银川地名也就被其从故地带到了宁夏河套地区。

到 1944 年,当时宁夏省城筹备设建制市定名时,"银川"就从"朔方""兴庆""兴州""中兴""怀远"等名中脱颖而出,正式确立为宁夏省城地名,沿用至今。

然而"怀远"并未真正消失,作为一个古地名,它被延续下来。这就是人们现在熟悉的银川市西夏区怀远路、怀远市场名称的由来。现在人们口中的怀远路,逐渐浓缩成了"怀远市场"和"怀远路夜市"的代名词。据吴老介绍,西夏区本无路,城市建设起来了,后来才有了路。而怀远路是典型的因古代政区而得名的路名,地名就是当地人文的活化石,"怀远"作为银川的前身,不应该被忘却。

灵武张家斗巷往事

刘宏安

20 世纪 90 年代张家斗巷房屋

昔日灵武城内的老建筑

清代，灵武城内主要街道只有东西南北街和后街，而贯通四面八方的巷道却很多，素有“五街十八巷”之说。如今，许多老街巷名称随着城市发展或被拆建，或已易名，只有为数不多的几条老巷道名保留下来，张家斗巷就是其中一条。当年张家斗巷东侧巷口，今日成为灵武开元商场大门北侧的一家商场。而今驻足此地，南来北往的路人过客人头攒动，一片繁荣景象，而见证灵武城发展历程的这条老巷道，早已消失在汽车站台“走吴忠啦”的叫喊声中，成为鲜为人知的往事。

一、地名档案

古时灵州（灵武古称）城里的大街小巷，多以方位、地理特征或大户人家命名。据灵武一些老年人介绍，张家斗巷是因居住在此地的张氏家族而得名。清朝末年，张姓人家由吴忠堡迁居灵州城西街，这条街巷由东向西一直延伸到灵武西门外，因其东侧巷口较窄，内径大且有若干条支巷，越往西走路面越宽，甚至

“驴拉车子”都可以在里边掉头，其形状如“斗”，故取名“斗巷”，加之该地一直居住着张姓大家族，故称之为“张家斗巷”。

二、清代名将张俊族人

说起张家斗巷，要先从张氏家族说起。张氏家族的先祖，最早可追溯至第一代张果，系清代名将张俊的族人，他早年居住在吴忠堡。清同治年间，张果长子张福禄、次子张福德由吴忠堡移居灵州，住于此地。

张福禄无子，几个女儿嫁往别处；张福德娶妻杨氏，生有 3 男 4 女。民国初年，张福德在面东临街处开有杂货铺面，生活较为宽裕；后来张福德之妻杨氏染食鸦片，家道开始走向衰落。1936 年，张福德被马鸿逵部的守城卫兵刁难打伤，后心生怨气，在床卧病多日，含恨离世。

在吉鸿昌主政宁夏时期，张福德长子张忠当兵，从此一去杳无音讯。次子张孝，少年曾在县衙当差，后在斗行从业，继承张氏家业，1949 年之后在县粮食局工作。三子张琪，1929 年被国民党抓去当兵，在马全良部队驻守李俊镇，多年后升职为国民党少尉营司。1949 年 9 月，张琪投诚于解放军十九兵团杨成武部。后来，张琪从事制鞋行业，并于 1956 年在灵武鞋厂担任工会主席。

三、张家斗巷的变迁

民国年间，张家斗巷较宽，向西是通往西门外的一条大巷，张家斗巷内住有张姓、许姓、李姓、杨姓等百余户人家。

1949 年之后，随着城市建设的发展，县物资局、汽车八队占去巷子西侧大部分土地。加之巷道两侧各家各户扩建院墙、私建厕所、猪圈、羊社，斗巷道路越来越窄，后来被挤占成仅剩三五米的小道。此后修建物资局货场，巷道西口被阻断不再通畅，最终成为一条死胡同，张家斗巷从此改名“张家小路巷”。

1998 年，灵武旧城拆迁改造，南北街改名文化路，巷子从此消失殆尽。

如今清代灵武城中的老街巷，如尹家拐子、仓弯子、草纸坑、塔湾子等，已在不知不觉中从人们的视野里消失了，只有柳树巷、谢家井巷和张家斗巷等为数不多的几条老巷道名保留了下来。

四、老水井和“余讨吃”

过去，从张家斗巷内张家向西约百米处，有一口老水井，系清末居住在巷内的灵武绅士许相出资所挖，周边百余户人家同用此井水，每年春季，各户人家轮流出资淘井。

民国初年兵乱，许相家一小妾外出逃难，顺手将一袋首饰和碎银两扔进水井。次年开春淘井时，街坊找到一名由陕北逃难至灵武，人称“余讨吃”的单身穷汉，他平日里以打零工，帮送葬人家打扫卫生、抬尸打坟坑为业。

为了赚到两块大洋，“余讨吃”下到冰冷的井下淘井，不想脚下竟然踩到那些财宝，当时他并没声张，等到傍晚时分独自将财宝拿走，次日匆匆返回陕北老家。“余讨吃”用这笔横财在家乡修建起一院房屋，令左邻右舍刮目相看，从此乡邻改称他为“余财主”。

五、张家斗巷的“瞎奶奶”

过去在张家斗巷住着一户孤寡老人，她早年丧夫留一幼子，母子孤苦伶仃，相依为命。民国年间，马鸿逵肆意抓兵，寡妇的儿子被抓走一去不返。寡妇念子心切，每天以泪洗面致双眼失明，人称“瞎奶奶”。

1949 年 9 月 20 日，国民党驻军不战自溃，灵武城内秩序一片混乱，位于灵武县西侧西操场处的军粮库无人看管，城里胆大的居民聚集在粮库门前抢米拿面，消息不胫而走。“瞎奶奶”闻讯后也拄起拐杖来到军粮库前，慌忙之下摸起一串子弹，她觉得是银圆，挎在肩膀上匆匆回家，到了张家斗巷道路口，正遇张家媳妇朱凤霞，疑惑地问起“瞎奶奶”从哪里拿来一串子弹。“瞎奶奶”这才知道拿错东西，悄悄扔进巷道背墙处。“瞎奶奶”做的这件荒唐事，后来一直成为巷里街坊间的笑谈。

六、“傻娃娃”有福命

关于张家斗巷的另一个故事，也跟银圆有关。民国末年，张家斗巷内西侧居住有一户李家寡妇，生有一子不幸患有智障，街坊们背地里都叫这孩子为“傻娃娃”。一天晌午，这娃娃到巷道里玩耍，在绅士许相家门口墙根下玩游戏时，无意间挖出一罐银圆，傻小孩不知何物，看到富人家太太头上都戴有银钗、银簪等饰物，便拿出一块银圆想给寡母磨上一件头饰。

他母亲闻讯后，悄悄将这一罐钱财拿回家里，从此家境富裕。多年以后，也没人知道她又改嫁到了何处。后来，这“傻娃娃有傻命，白萝卜片片一堆堆”的逸闻故事，一直在张家斗巷流传下来。

（作者系灵武地方史专家，灵武市文物管理所所长）

北国军镇商城古灵州

王璞云

古灵州(今灵武)城与赫连氏所筑的统万城一样,都是那样的神秘。据说,统万城“乃蒸土筑城,锥入一寸,即杀作者而并筑之”。又言统万城用糯米汁、白粉土、沙子与熟石灰掺和夯筑而成,因此呈白色。统万城角楼最高处36.2米,城墙厚16~30米,为中外筑城之罕见。城为赫连勃勃所筑,坚如铁石。而如今,统万城废墟残垣已渐淹没于毛乌素沙漠中,仅有数段裸露于外。想来古灵州城所处的军事战略位置,城垣建筑也不逊色于统万城,只是史无名记而已。灵州古城与统万城相比,所不同的是一个消失在茫茫沙海中,一个则消失在黄河河患中。一个至今尚有一点遗址,一个则无影无踪,没有留下一点蛛丝马迹。

史书卷帙浩繁,每每提及古灵州,辄廖数言,难窥其详,无法明要。移徙增改、废立、重建,地域城池重建频繁,割据融合,沧海桑田变动之大,历经战争频繁之多,在中国历史上与其他任何一个地方相比,都难望其项背。

悠悠历史已成为漆黑的天幕,时过境迁,如今研究古灵州城的规模也只能是“旁敲侧击”。

古代一座城池的废立首先出于军事战略位置的考虑。灵州历来为兵家必争的战略要冲,是中原王朝与周边少数民族政权争夺的战略要地,史载:“灵邑汉时匈奴,唐时北临突厥,北宋则陷入西夏,为戎马冲践之地。”郭子仪所言“朔方北国之门”“灵州踞诸路上流,纵横四出,屏蔽陕晋,扼控河陇”。由于北方突厥的严重威胁,贞观十九年(645),唐太宗李世民亲临灵州,就其目的,实际上是一次非常重要的军事视察,这次视察使李世民充分认识到灵州军事地位之独特。至此拉开了对灵州军镇建设的序幕,在长安为都的唐代无不投入大量人力物力进行经营,这标志着以灵州为中心的北部中国军事重镇、西北边塞武备性都市的发展。人口是一座城市发展的万众基础,首先从人口看,在居民人口构成中,除原有居民和内附游牧部族外,军队士兵占相当大的比例。这些训练有素的唐军精锐部队时称“兵食完备,士马全盛”,唐中期成为全国的“四陲要地”,天宝年间朔方节度使已成为全国最大的边防重镇,士兵竟达64000多人,居民达13000多户。想来这是丝绸之路上的众多“过路客”,商贾往来,侨居流动人口达10多万之众。军事地位决定政治、经济、文化的发展,形成了关中北出塞外的重镇和政治、商贸中心。

唐肃宗李亨于灵武即位后,在特定的历史时期成为全国的政治中枢。灵州大都督府的设立,成为丝绸之路上的交通枢纽。据薛正昌先生引证日本学者的观点所述:“在日本研究者的眼中,经过晚唐、五代的发展,宋初的灵州,已成为国际交通都市。”《元和郡县图志》也记述了唐代灵州已经形成四通八达的交通网络,灵州至长安再到盐州、凉州、原州,北通漠北丝绸之路多则十几道,一度促进了灵州经济的迅速发展。作为中转和集散地的交通枢纽,灵州与河西、中原和来自北方西域、天竺的商贾僧人、河西求经的使者、波斯中亚使者朝贡及随从、回纥人往返内地贩运以及灵州周围的蕃部商贸络绎不绝。马匹、土特产交易运转内地最为繁忙,大量的军马贸易在这个集散地完成。朔方节度使还担负着朝贡使节和商人的人身财产安全,以确保丝绸之路的畅通无阻,这种职责的确立为保障灵州经济发展起到了非常积极的作用。中唐至宋初,灵州成为全国陆路贸易的最大中继站,无有停滞的商队往来,使者往返、僧侣过往不绝于路,促使灵州经济空前昌盛,形成了唐朝北部的大都市。史载“灵州周围有良田数千顷”,随着农业的发展,这里形成了完善的灌溉渠道、林茂粮丰,一派塞上江南气象,尽管驻军众多,仍“兵食完备”,自北魏历朝都见有灵州调运粮草的记载,是农业经济发展的一隅殊地。

灵州贸易区的形成,促进了丝绸之路的中西文化交流,苏步井唐墓“胡旋舞”的发现,使人想起这种文化现象能从遥远的中亚来到灵州安家落户,并且由此传向长安成为帝都皇宫的高雅舞曲。佛教和其他宗教在灵州的传播,使灵州城内外寺院林立,高僧大德云集。日本学者也认为,唐代在灵武等五郡重立景教寺“推知”,当时的景教只有长安、洛阳、灵武、五郡4处。

由于灵州政治、军事地位的巩固,经济、文化的发展促进了灵州城的建设。

众多人口居住在城里，进行着各种军事、政治、经济、文化、宗教等活动，加之来去往返的众多流动人口，想来城市规模确实不小。有文臆测，古灵州城的布局近似长安，而且财政收入十分可观，就是旨在推翻唐王朝的安史之乱，也未能给朔方带来多少影响。灵州这一御边型的西北大军镇，其财权、人权有高度的自治使用权。唐代“两税法”后，税收的基本原则是多则上贡中央，少则由中央补贴。有物质基础支撑的灵州，加上其独特地位和在这里主政的出将入相、见多识广的官员，建设这座美丽的城市，应该说是起点不低。所要引证的是李亨到达灵武后史载：“眼见灵武殿宇御帐如同宫闱，诸王公主房院齐备，各种山珍海味齐全。”这里讲到的宫闱可能是灵武节度使衙署或者是其他高贵建筑物，成为肃宗的跃龙之所。说到山珍海味齐全，也从一个角度说明了这里的富足和商贸物流活动的繁荣、畅通。杨森翔先生这样描述：它原本是古灵州城内最宏伟、最庞大的官方办公场所，后因李亨的到来专为其居住。“灵武宫”是组建筑，它包括天门阊阖、斋宫、金匾、延英、集贤等配殿。新旧《唐书》记载李亨到达灵武后，见“宫室帐帏，皆似禁中”（禁中就是唐都长安的皇宫），才一扫心中阴霾。另外，灵武城内还有许多建筑物，庙宇也为数不少，还有驿馆奉祠等，街道市房、官署民宅俨然，人文景观林立，市房有序。所谓肃宗登基的南城门楼，不仅是城楼，而且是一座十分壮观、高大宏伟的建筑物，也可以说是灵武的一大人文景观，因为这里需要容下众多官员和礼仪人员来举行盛大的登基仪式。由此看来，灵武城垣之高大，建筑物之多，它并非是北移、东北移的七里八分小城，而是方圆数十里的大城池，史称“小城环卫”。在城的外部还建有附城，近郊人烟同样聚众，军队、几万战马集结在这里。另外，马市场所也在近郊贸易，这些贸易区使灵州城内外更加拓展。

宋初灵州城的军事地位和经济发达仍然显见，是否进行了修筑灵武城，史上没有记载。但《元丰九域志》载：“灵州大都督、朔方军、朔方军节度、领回乐一县，清远、昌化、保安、保静、临河、怀远、定远七镇。”这一记载同时说明宋初灵州仍处于军事、经济地位特殊的状况，卫星城镇围绕四周。《续资治通鉴长编》记载，灵州城池高大坚固，元丰四年（1081）十二月，“卢秉言：‘镇戎军熙宁等寨申，灵州河水围城，官军去城一里累土囊成堤约二丈，灵州城高三丈……大军粮尽，人皆四散，汉番兵投灵州者甚众。’”这是一则较为权威的资料，同时也说明灵州城垣当时还没有用砖石砌护，这时灵州四周有良田数千顷，河外（支津外）有小城五镇环卫。

又据武裕民先生推测，灵州城的扩建，一次在唐开元年间，一次在天宝元年。前为“以州为朔方节度”，后为改灵州为大都督府，推测这两次升格都会给灵州带来“扩容增筑”。另外，肃宗在灵武即位也可能有扩建的需要。这种推测应是尽在情理中的事情，只是没有史料佐证而已。西夏占领灵州后也曾进行了两次扩筑，第一次是宋咸平年间，李继迁攻占灵州，改灵州为西平府，后来迁到灵州。史书记载：“初继迁居灵州，修复寝庙，抚绥宗党，举族以安，及得灵州，爱其山川形胜、谋徙都之……令继瑗与牙将李知白等督众立宗庙置官衙、挈宗族、建都焉。”西夏后期，任得敬拥兵自重，谋图篡夺国，“夏五月，任得敬营西平府……役民夫十万大筑灵州城，以翔庆军监军司所为宫殿”。史书记述得役夫十万之众大筑灵州城，以扩城为主。至此，土筑城垣变为砖石砌甃。这是古灵州城一次重大的建设变更，土筑城垣变为砖石甃护，城内进行了大规模增建和修缮，使人们不能不想到这是一座多么壮观、气势磅礴、规模非凡的北国大军镇商城，因河为患，毁于一旦而惋惜。唐代灵州那段无比辉煌的历史已成为过去，留给后人的都是猜想不透的故事。

鸣沙镇名称琐谈

叶光彩

据唐代《元和郡县图志》记载，鸣沙这个名称的来历是：“人马行经此地，随路有声，异于余沙。”也就是说，因为当地沙鸣，所以叫作鸣沙。鸣沙，自然界确有此物，学术上叫作响沙、哨沙或乐沙，一般见于海滩或沙漠中。据专家考证，显微镜下的鸣沙颗粒，粒粒有孔，因中空，流动时发生共鸣，所以有声。有的因风而鸣，有的无风自鸣。唐人所记，是人马行进时因踩踏引起沙粒流动而发出的声音。那么，为什么现在踩踏不响呢？这是因为社会进步，生产发展，灌区扩大，地貌变化，原来近似沙漠的地貌，现在变成流水淙淙的灌区，沙粒变形，中间不空，所以发不出响声。

鸣沙是中宁县12个乡镇中历史最悠久、古代行政级别最高的一个。南北朝时期的北朝西魏（535—556）就曾在这里设过鸣沙镇。北周保定二年（562），又曾在鸣沙设过会州。隋文帝开皇十九年（599）取大河在此环曲（拐弯）之意，又在此设立环州，后来当地民族矛盾激化，环州南迁甘肃环县。环县之名，始于环州。西夏立国后，建都兴庆府（银川），鸣沙设州，农业、水利都十分发达，因此在这里建了鸣沙塔，还建了储粮的御仓。御仓翻译成现代语，就是中央直属粮库。鸣沙御仓储粮至百万石，是西夏诸多粮仓中较大的一个，地点即今鸣沙粮库，旧名龙华台。龙华台是因为唐玄宗天宝年间安史之乱中，太子李亨在赴灵武途中驻跸于此。后来，他在灵武登基，成了真龙天子，人们就把这里叫作龙华台。

1933年中宁建县时，鸣沙差点成了中宁县的县城。

事情是这样的：当时卫宁分县，原来方案是以黄河为界，南北划分，黄河以南为中宁县，以宁安堡为县城；黄河以北为中卫县，县城仍旧。不料方案一出，舆论哗然，河北乡绅胡生兰等58人，联名上书省政府主席马鸿逵，激烈反对，其理由归纳起来，大致有以下 3 条：

第一，河南之常乐、古水，距中卫县城不过二三十里，距宁安堡 160 里；而河北之广武，距中卫县城 210 里，距宁安堡不足百里。如南北划分，人民上粮纳草，舍近求远，一不宜也。

第二，河南之常乐，广出烟炭，香山富有羊只，永康宣和，繁殖园林，宁安、恩和、鸣沙盛产枸杞，白马滩又有新淤出的膏腴田亩，南北分无异于肥处添膘，瘦处刮肉，贫富不均，二不宜也。

第三，黄河逐年北移，河北之田无年不崩，河南之田无年不增。老天爷不照顾河北的百姓，省政府，请你可怜可怜他们吧！

马鸿逵阅后责令分县筹备专员孙斌和中卫县长董天祥，会同省政府民政厅、财政厅重新勘界。重新勘界的结果是改南北分县为东西分县：黄河以南的山河桥（后改为以寺口路）为界，河北以胜金关为界，界西为中卫县，县城仍旧；界东为中宁县，以鸣沙为县城，在县城县府未建筑完备之前权且在宁安堡办事。

为什么重勘后将中宁县城由宁安改为鸣沙呢？因为重勘后中宁失去了西边的常乐、永康和宣和，以宁安为县城显得偏西，因此改为鸣沙。但是鸣沙当时没有公房，县府没法办公。历史上鸣沙曾经设州设县，但是后来在黄河移动过程中，那些衙门县衙都先后塌于河中，而宁安在清朝时设过渠宁巡检司，巡检司的衙署尚在，可以作为中宁县政府临时办公之用。

马鸿逵是个军阀，军费开支浩繁，拿不出钱来进行地方建设，于是拖着。今年拖明年，明年拖后年，一直拖到抗战爆发。抗战期间，国难当头，救亡为先，鸣沙为县城之事，也就没人再提了。

宁夏重要文化遗产

马建军

宁夏，凭借“黄河九曲，唯富一套”的优势形成了厚重独特、丰富多彩的区域文化，成为中华文化中的一朵奇葩。遍布宁夏大地上的文化遗产点，更是灿烂多彩，承载着深厚的中华优秀传统文化内涵。

一、还你一个旧石器时代遗址——水洞沟古人类文化遗址

水洞沟遗址位于灵武市临河镇水洞沟村，西距银川市 19 千米，北与内蒙古鄂托克前旗相接，占地面积 7.8 平方千米。为我国最早发现的旧石器时代遗址，被誉为“最具中华文明意义的百项考古发现之一”和“中国史前考古的发祥地”，是全国重点文物保护单位和 150 处大遗址之一、国家 5A 级旅游景区和国家地质公园。

水洞沟遗址是我国最早发现、发掘和进行系统考古研究的旧石器时代晚期文化遗址，经碳同位素方位测定距今约 3 万年，是我国旧石器时代晚期最有代表性的重要遗址之一，在东西方旧石器文化对比研究中占有极其重要的地位。该遗址由法国古生物学家德日进和桑志华发现于 20 世纪 20 年代。1920 年，比利时神父肖特在水洞沟东 5 千米横山堡一处冲沟边的黄土峭壁中，发现一个披毛犀头骨和一件经人工打击的石英岩石器。1923 年，法国古生物学家德日进和桑志华在水洞沟发现了 5 个旧石器地点，通过发掘获得大量打制石器和少量破碎的动物化石。1960 年，中国和苏联组建的中苏古生物考察队对水洞沟遗址进行了一次发掘，出土约 2000 件石制品。1963 年，我国著名考古学家裴文中先生率队，在原址东侧进行了系统发掘，第一次明确水洞沟遗址“包含了旧石器时代和新石器时代两个不同时代的遗存”。1980 年，宁夏回族自治区博物馆和宁夏地

质局又组织为期一个多月的第4次考古发掘，开展了碳-14年代测定和孢粉分析，出土古生物化石67件和各种打制石器、石片、刮削器、石箭头、石叶及大量镶嵌工具的刀片多达6700多件，其中仅旧石器时代晚期层位出土的石器就有5500余件。

水洞沟遗址第5次发掘于2003年和2004年进行，两年度共出土各类标本14759件，同时发现了大量的烧灰、烧土、炭屑等用火的痕迹。遗址从发现至今90多年来，先后经历了5次大规模考古调查和发掘工作，发掘出土文物丰富。出土的石制品原料以硅质灰岩为主，其次是石英岩，再次为砂岩、燧石等。石器绝大部分用石片或长石片加工而成，以背向加工的为主，也有向破裂面加工和错向、对向或交互加工的。石器类型以刮削器居多，尖状器、砍砸器很少。同时，在遗址发现新石器时代骨器，有用动物骨片磨制成的骨锥；装饰品以鸵鸟蛋壳穿孔而成，边缘略加打磨；此外，在遗址里还发现了用火痕迹。

历经5次考古发掘，基本探明了水洞沟遗址的主要分布区域。一号遗址，是发掘次数最多的遗址点，1980年发掘，发掘面积约52平方米。二号遗址，现存2个遗址发掘区，2003年与2004年发掘。三号、四号和五号遗址在1923年首次发现，2004年8—10月，考古工作者在这一段进行了抢救性考古发掘，发现人类文化活动层面和1077件人工制品及242件化石。七号、八号遗址于2003年发掘。九号遗址于2002年发现了犀牛上颌骨碎块及牙齿碎片3件，猛犸象掌骨碎块5件，鸵鸟蛋皮碎片3件，1件石片断片和1件刮削器。十号、十一号遗址于2003年4月确认。

2014年6月10日—7月10日，中科院古脊椎动物与古人类研究所、宁夏考古研究所专家及北京大学博士生对水洞沟遗址进行第6次考古发掘活动。

水洞沟遗址的发现和发掘与“张三小店”有着密切联系。“张三小店”前身是张三之父张天义开的车马大店，是宁夏银川到内蒙古、陕北的必经之路。当时，店面颇具规模，有上房8间，配房客房和马棚数间，分东西两店，店门面北。20世纪20年代，因其父年事已高，开始由张家三兄弟轮换经营，但由于边关封锁，过往行人稀少，生意萧条惨淡，店房被拆去许多。后来，小店由张三一人经营，所以人称“张三小店”。1923年，法国地质古生物学家德日进和桑志华到中国进行新生代地质和生物研究考察，到达水洞沟住在“张三小店”里，从而发现了水洞沟遗址。如今“张三小店”遗址已被风沙掩埋,但房屋基址保存相对完好。

水洞沟遗址是我国境内第一个按照现代考古学方法进行考古发掘的旧石器时代遗址,也是宁夏境内迄今发现最早的人类活动遗址,它对研究中华民族文化起源具有重要的历史价值、科研价值、艺术价值和社会文化价值。

水洞沟遗址是我国最早发现的三大旧石器时代遗址之一,有着极为丰富的文化内涵。截至目前,水洞沟遗址先后出土文物超过 4 万件,其中绝大多数都是石制品。这些旧石器时代遗存的发掘,不仅证实我国拥有丰厚悠久的旧石器时代文化,同时为研究我国旧石器时代文化提供了大量翔实的实物资料,也为探讨和解决东亚地区古人类起源提供了大量翔实的资料。出土了一些珍贵的石制品,如长身核(石叶石核)、盘状石核、尖状器、新月形边刮器、端刮器、勒瓦娄哇石核等。其中,石叶所占比例之大,尚未见于我国其他旧石器时代文化遗址,是石叶文化最典型的代表。石制品主要是以白云岩作为原料,以锤击法为主,偶见砸击法和压剥法,从中可以看出水洞沟文化遗址与我国发现的其他旧石器文化遗址存在着巨大的差异。从对水洞沟文化的研究中可以发现,其具有欧洲旧的石器文化传统。水洞沟文化的发现者和发掘者德日进、桑志华和步日耶最早指出,水洞沟文化为东亚旧石器文化中为数不多的可以和欧洲旧石器文化进行对比的。除了将水洞沟文化和欧洲旧石器文化看成一种古老而普遍的文化同化现象外,国内学者更明确地认为,这是文化交流的结果,是西方莫斯特和奥瑞纳技术传播到河套地区的结果。

水洞沟遗址的石制品大致分两类:一类属于欧洲旧石器中期的莫斯特文化和奥瑞纳文化技术传统的类型,代表物有大量石叶与石叶工具,如尖状器、圆头刮削器等;另一类石制品则秉承了华北旧石器中的小石器传统,代表物有雕刻器等。这种东西方文化类型共生的现象在中国考古遗址里非常独特。就数量而言,水洞沟遗址出土的石制品多数属于前一类,即风格和技术非常接近欧洲的莫斯特文化和奥瑞纳文化类型。水洞沟遗址出土的工具中以尖状器、端刮器、部分边刮器、厚背石刀、磨石等最有特征,是水洞沟文化区别于我国其他旧石器文化的代表性器物。

水洞沟遗址的发掘至今已经历了 90 余年,在此期间共经历了 6 次大规模发掘工作,经过这几次考古发掘,积累了大量的实践经验,并形成了一整套科学先进的考古研究方法。在2003年考古发掘工作中，专家们采用了一些当代最新的田野方法和标本观测、记录、处理方法，力求获取完整的科学信息，建立中国旧石器考古田野规范，并采取多学科同步协作的方式，在发掘现场采集地质、地层、年代和环境样品以供多方面的分析和测试。对任何遗迹和遗物都进行了编号、记录和采集，对每件标本进行了三维坐标和产状测量，对每件石制品单独装袋以防止相互摩擦、碰损。对每个探方、每个水平层的废弃土单独过筛，防止微小标本的丢失和不同单元的标本混乱，并对一些重点探方和部位的废弃土进行浮选，以提取植物种子等材料。在发掘期及时对标本进行整理、对野外测量数据进行计算机录入和分析，这一精密完整的科研方法为我国今后的考古发掘研究提供了宝贵的实践经验。

水洞沟遗址是以典型的第四纪地质演变和中国史前人类活动旧石器遗址相互交织，“东西方文化交流中不断迸发出火花的闪光点”的古文化遗址。同时，还是我国最早完整、科学发掘的古人类旧石器文化遗址；发掘数量最多、品种最为丰富的旧石器时代遗存；蕴含最为深厚的旧石器文化，是东西方文化不断交流的结果。水洞沟遗址具有的第四纪标准的地层剖面，为研究古人类生存生态环境的演变和人类进化提供了科学依据，同时旧石器考古研究也为第四纪环境演变提供了参考的依据。

如今，水洞沟已经成为宁夏著名的集旅游观光、科学考察、休闲娱乐、军事探秘于一体的人文旅游景区，景区内有20多个景点。其中，颇负盛名的是水洞沟遗址博物馆、明长城、藏兵洞、红山堡、张三小店等。水洞沟遗址博物馆外形仿水洞沟出土的石器，是我国西北地区唯一展示旧石器时代文化面貌的主题博物馆。明长城是宁夏境内保存最完整的一段长城遗址。红山堡是明代长城防御体系中“防秋”的一个城堡，因古时在夕阳的照射下，这里山峦一片鲜红，故称“红山”。城堡始建于弘治十六年(1503)，为正方形，边长300米，设东门一道，有瓮城，门向南开。藏兵洞处在红山堡大峡谷中，是红山堡守军由地上转入地下，隐蔽军队，保护自己，待机出击，或在空旷处设伏兵的地道，是我国保存最为完整的古代立体军事防御体系。在藏兵洞近处发现了明代的“马市”遗址，证明了当时红山堡一带开设有马市，马市使蒙古人通过正常的交易方式获得生活物品，同时解决了明朝优质军马需求的问题，对边境和平与安宁起到了重要作用。

二、凿刻在石头上的历史——贺兰山岩画

贺兰山岩画是中国岩画的重要景点之一，发现于20世纪60年代末。据说原兰州军区某部拉练进入贺兰山中，在部队休憩的时候，一名战士坐在石头上边喝水边啃干馍，他发现屁股下面的石头上有怪异的图案，再看周围岩石上也有各种人物和动物的图形。战士警惕起来，立即报告排长，排长看了以后也不知所以，没来得及向连长报告，部队就离开了。部队在贺兰山中发现怪异图案的消息后来传到了文物部门，文物部门却找不到有图案的石头，只好求助于该部队，请出那位小战士带路，可是战士也迷路了，遍山搜索，也找不到原来的路径。后来经过文物部门的艰苦寻找，终于发现了贺兰山岩画。贺兰山岩画现已经成为宁夏著名的人文旅游景区，全国重点文物保护单位、国家风景名胜区、4A级旅游景区。

贺兰山横亘在宁夏、内蒙古两个自治区之间，最早见于《隋书·赵仲卿传》和《隋书·地理志》中，说明隋代已经有贺兰山的名字和称谓。作为一座历史悠久的著名山脉，充满着无限生机，古代著名地理学家郦道元在《水经注》里就有关于贺兰山岩画的记载："石上之自然有纹，尽着虎马之状……故亦谓之画石山也。"

在距今8000—3000年之间，贺兰山地区正处在温暖湿润的时期，贺兰山树木葱茏，水草丰茂，植物分布广泛，得天独厚的自然地理条件为远古人类在这里生存提供了丰富的果实和狩猎场所。贺兰山北段褶皱激烈，多逆掩断层；南段逐渐向南倾斜，山势随之平缓；中部山高峰险，尤其是东坡山麓陡峭，有40余条泄洪沟，沟谷深切，地面多裸露巨石。沟谷的壁面和山前的巨石，为岩画的创作提供了天然画布。

贺兰山岩画是原始社会游牧民族与贺兰山这一特殊地理环境不断发生交互关系中形成的一种文化景观。岩画由北到南分布在贺兰山全长250余千米的10多个山口中。在贺兰山树林口、黑石峁、归德沟、贺兰口、苏峪口、回族沟、插旗口、西蕃口、口子门沟、双龙山、黄羊山、苦井沟，发现岩画群20多处，画面总数约在万幅以上，其中最具有代表性的是贺兰口岩画。

贺兰山作为中国西北的屏障，自古以来就是北方古代少数民族繁衍生息、放牧游猎的场所。鬼方、西戎、匈奴、鲜卑、羯、氐、羌、铁勒、突厥、柔然、吐蕃、党项、

粟特、回纥等都相继在这里生活过，虽然现在有的民族已经消失了，但他们丰富的想象力和灿烂的文化艺术，在贺兰山的巨石上都刻下了难以磨灭的痕迹，给后人留下了丰富的文化遗产。贺兰山岩画的刻凿年代最早始于原始社会，岩画反映的是一幅历史生活画卷，其制作年代贯穿古代历史。

贺兰山岩画造型以动物为主，题材广泛，大到太阳宇宙现象，小至足蹄图形，最多的则是人类头像和虎、豹、狼、狗、鹿、羊、骆驼等动物图像。其中的放牧、射猎等岩画，则是古代游牧民族实际生活的反映，具有浓郁的生活气息。岩画的内容和艺术特征表现了贺兰山地区狩猎与游牧民族的作品总体艺术特征，北方早期狩猎岩画主要是描绘巨大的动物和一些符号，如牛、老虎、马和骆驼等，图像往往是单个的，手法近于写实。后期表现的主要是狩猎过程中的集体场景，描绘的往往是精力充沛的猎人。岩画以远古时期人类独有的艺术手法，用古朴、凝练、粗犷的笔致和画风，以纯自然表现形式，从经济生活、社会活动、宗教信仰、审美理念诸方面记录和展现了人类早期的历史活动。贺兰山岩画是文字产生以前宁夏人类活动的重要石刻文献，也是远古人类与今天人类沟通的历史语言，历经数千年的风雨剥蚀，承载着遥远的原始人类的生存信息，诉说着人类童年的经历，是“刻凿在岩石上的历史”。

三、“东方金字塔”——西夏陵

西夏陵位于银川市西郊贺兰山东麓，是以西夏（1038—1227）的历代统治者陵墓为主体的大型墓葬群。作为西夏文明留存至今规模最大、等级最高、保存完整的考古遗存，西夏陵为西夏这一业已消失的古代文明提供了特殊的见证。现为全国重点文物保护单位、国家考古遗址公园、国家4A级旅游景区和国家风景名胜区，列入“中国世界文化遗产预备名单”，被誉为“东方金字塔”。

西夏陵的营建约始于11世纪初，陵区内现存9座帝陵、271座陪葬墓、1处北端建筑遗址和10余座砖瓦窑遗址。陵区所在地由于山洪的冲刷与分割，形成了4个自然区域，将9座帝陵271座陪葬墓分成4组，每组2陵或3陵，其周围各有数量不等的陪葬墓，由南至北分布在一区至四区这4个区域内。一区包含1号、2号陵，陪葬墓共66座；二区包含3号、4号陵，陪葬墓共67座。二区陪葬墓分布集中于3号、4号帝陵，多散布在通往1号、2号帝陵和3号帝陵的道路间；三区包含 5 号、6 号陵，陪葬墓 118 座，该区虽面积相对狭小，但因地势高，平坦开阔，陪葬墓数量最多；四区包括 7 号、8 号、9 号陵及陪葬墓 20 座。

《宋史夏国传》载："景德元年（1004）秋七月，葬保吉（李继迁）于贺兰山"，明道元年（1032）十月，德明（李继迁长子）卒，"葬于嘉陵，在贺兰山"。公元 1038 年李元昊称帝建国，"元昊令群臣奉册，谥祖保吉曰神武皇帝，庙号太祖，妣野利氏曰顺成懿孝皇后；父德明曰光圣皇帝，庙号太宗，妣卫慕氏曰惠慈敦爱皇后"。随后西夏陵区上升为帝陵建制，成了维护统治者权力的象征和文化的核心载体。之后西夏陵还埋葬了景宗元昊至襄宗安全连续 7 代皇帝，但太祖继迁、太宗德明、景宗元昊、毅宗谅祚、惠宗秉常、崇宗乾顺、仁宗仁孝、桓宗纯祐、襄宗安全皆仅知墓号分别为裕陵、嘉陵、泰陵、安陵、献陵、显陵、寿陵、庄陵、康陵，而不记其方位。直至 13 世纪初，西夏与蒙古战事频起并最终灭亡（1227），后三主神宗遵顼、献宗德旺、末主睍无及建陵。

13 世纪至 20 世纪初，西夏陵经历元、明、清、民国等时期，其间针对西夏陵的盗掘行为时有发生，对西夏陵造成一定程度损坏。明代《嘉靖宁夏新志》卷之二载："李王墓，贺兰之东，数冢巍然，即伪夏所谓嘉、裕诸陵是也。其制度仿巩县宋陵而作。"仅有各帝王的庙号和墓号，对陵墓所处位置具体方位未作详细说明。20 世纪 30 年代，德国汉莎航空公司的飞行员乌尔夫·迪特·格拉夫·楚·尤斯特（Wulf Diether Graf zu Castell）在飞机上拍摄到一组珍贵的西夏陵航片，收录于《*Chinaflug*》一书，西夏陵再次进入公众的视野。20 世纪 70 年代初，空军某部在贺兰山泉齐沟施工时发现大量文物，从清理出土的众多汉文和西夏文残碑得知，此即为西夏皇家陵园所在。

帝陵是西夏陵的主体部分，陵区内有 9 座帝陵。每座帝陵陵域面积大小不等，坐北朝南，各为完整建筑群。高大的阙台犹如威严的大门，耸立于陵园南端，碑亭位于其后。碑亭后是月城，呈长方形，南墙居中建门阙，月城内神道两侧置放着由文臣武将、勋臣贵戚的石雕像组成的石像生群。月城之北是内城，四面以神墙环绕，正中辟门建门阙。入南门是献殿，那是日常供奉皇帝亡灵和上陵朝拜祭祀时举行祭奠活动的地方，献殿过后为形似鱼脊的墓道封土，封土下为墓道，墓室在墓道北端，为多室土洞式结构。墓道封土尽头屹立着陵塔，陵塔高约 30 米，夯土实心，外层砖木混合的密檐式佛塔建筑。陵园基本格局仿宋陵而建，有献殿、墓道、墓室，陵塔偏西，陵塔建筑，是党项民族对陵园建筑布局的创新。

1 号、2 号陵位于西夏陵区最南端，两陵相邻，俗称“双陵”。陵园由封闭式外城、陵城、月城以及陵城外的建筑组成。3 号陵所处位置地势开阔平坦，为无外城式结构，由陵城、月城以及陵城外的建筑组成。4 号陵紧靠贺兰山脚下，陵园西、北两面环山，地势东南低、西北高，陵园为无外城式结构，由陵城、月城以及陵城外的建筑组成。陵城内有献殿、墓道封土、陵塔等建筑，月城包括东、南、西三面墙体，南墙中央带门阙的月城门以及月城内的石像生台基，陵城外建筑包括两座阙台、碑亭以及远离陵城的 4 座角台。5 号陵南与 3 号陵相对，西与 6 号陵相邻，地势北高南低，由半封闭式外城、陵城、月城以及陵城外的建筑组成。6 号陵陵园紧依贺兰山脚，西北两面环山，地势西北高东南低，由半封闭式外城、陵城、月城以及陵城外的建筑组成。1972—1975 年对 6 号陵进行正式发掘。7 号陵位于陵区北部，依据陵园出土的西夏文残碑碑额，其上文字可译为“大白高国护城圣德至懿皇帝寿陵志铭”，由此确定 7 号陵为西夏第五代皇帝仁宗仁孝之寿陵，仁孝为崇宗乾顺长子。8 号陵位于 7 号陵西北，紧靠山脚。9 号陵位于 7 号陵东北，地上建筑现存陵塔。

帝陵的排序与陵主考证研究，目前学界有两种观点：一为帝陵是由南向北依次排列，采用角姓贯鱼葬法[1]。即 1 号、2 号陵分别为太祖继迁之裕陵、太宗德明之嘉陵，3 号、4 号陵分别为景宗元昊之泰陵、毅宗谅祚之安陵，5 号、6 号陵分别为惠宗秉常之献陵、崇宗乾顺之显陵，7 号、8 号、9 号陵则分别为仁宗仁孝之寿陵、桓宗纯祐之庄陵、襄宗安全之康陵，后 3 位皇帝神宗遵顼、献宗德旺和末主晛未及修陵。这一观点较为普遍。二是西夏帝陵分为 3 个区域，其中中区分布 3 号、4 号、5 号、6 号陵，是西夏的祖陵区，4 号陵为太祖继迁之裕陵、6 号陵为太宗德明之嘉陵、3 号陵为景宗元昊之泰陵、5 号陵为惠宗秉常之献陵。北区 7 号、8 号、9 号陵分别为仁宗仁孝之寿陵、毅宗谅祚之安陵、崇宗乾顺之显陵。南区 1 号、2 号陵则分别是襄宗安全之康陵、桓宗纯祐之庄陵。后 3 位皇帝神宗遵顼、献宗德旺和末主晛未及修陵。

陪葬墓是西夏陵的重要组成部分，陵区内目前已发现 271 座。陪葬墓冢林

---

① 按照角姓贯鱼葬法，“角姓祖坟下丙、壬、申三穴葬毕，再于正北偏西壬地做一坟，谓之贯鱼葬，不得过于子地”。

立，有三五成群，或呈贯鱼之形，或大小不同，丛葬一园。与帝王陵相比，陪葬墓规模小，形制也较为简单，布局变化多。有黄土夯筑冢，形状分圆柱形、圆锥形、圆台形；有沙土积石冢、夯土冢，还有积石冢。有的墓园有碑亭，碑亭往北依次有月城、墓园、照壁、墓道封土、墓冢；有的只有墓冢。墓葬方式有一域双墓，一域三墓，有的无墓园或墓园遗址已不存。陪葬墓依等级、规格的不同主体建筑取材也有区别，有的用夯土、有的用河床石、有的用黄土夹砂石修筑，外表多敷白灰泥皮。陵区大量陪葬墓的存在，也表明陪葬是西夏陵寝制度的一项重要内容。

西夏陵遗址状态保存至今，保持了清晰的陵区选址和陵园布局特征。保存了陵墙、陵塔、陵园建筑基址、建筑构件等丰富的遗存，其独特的墓葬方式、建筑技术、建筑艺术特征，真实地反映了西夏文明多元文化融合共生的独特价值。

西夏陵的考古调查与发掘工作，以及相关的研究工作始于 20 世纪 70 年代。1972—1977 年对西夏陵 6 号陵墓室及部分单体建筑遗址，5 号陵和 7 号陵各两座碑亭及 MIII-107（原编号 M177）、MIV-001（原编号 M182）、MII-067（原编号 M78）3 座陪葬墓与两座砖瓦窑址，以及 1 座石灰窑进行了发掘，出土了国家一级文物琉璃鸱吻、鎏金铜牛等。在发掘的同时，还对陵区进行了调查，20 世纪八九十年代初，连续 3 次对陵区进行全面系统的调查与测绘，共发现帝陵 9 座。绘制了西夏陵陵墓总分布图及帝陵和典型陪葬墓剖面图，并对陵区陵墓重新进行统一编号。1986 年、1987 年两次对陵区北端建筑遗址进行清理和发掘，出土大量建筑构件、陶瓷器、泥塑、石刻及铜铁器等。1987 年清理 3 号陵东碑亭遗址，1998 年对 3 号陵西碑亭进行了清理发掘。2000—2001 年和 2007—2008 年，分别对 3 号陵和 6 号陵陵园地面建筑遗迹进行清理。

在西夏陵历次调查、发掘的过程中，在帝陵、陪葬墓和北端建筑遗址采集和出土了大量文物，主要包括各类建筑材料和构建、石碑、石像生等石刻残块、陶瓷器、武器、钱币、泥塑和壁画残块，以及不同材质的装饰物、工具和生活用具等。以建筑材料和构件数量最多，包括瓦当、滴水等普通建筑材料，纹样以兽面纹和花草纹为主，以及脊饰、雕龙栏柱等装饰性构件，槽心瓦、白瓷瓦等瓷质特殊建筑装饰件别具特色。套兽、频伽、鸱吻、摩羯、海狮和装饰塔顶的构件，质地以陶质为大宗，琉璃制品占一定比例，堪称西夏建筑遗存的珍品，展示了西夏陵园的建筑特色。以西夏文、汉文残碑最为珍贵，记录了西夏时期重要的人文、政治、军事等史实，且字体种类多样，文字碑缘纹饰精美，具有极高的史料价值和艺术价值。出土的铜牛、石马、石狗等动物形器是西夏随葬制度的重要内容，马具、武器等反映了西夏人崇尚武力、勇敢善战的民族精神，金银饰品、陶瓷器及生活用品等是西夏手工业发展、社会风俗的反映。

1997 年，银川市成立西夏陵区管理处，是隶属银川市政府的处级事业单位，全面负责陵区的文物保护和旅游开发工作。管理处针对遗产的保存特征，开展了常规化维护及针对主要干扰因素的专项保护措施，控制并显著降低了人为破坏和自然侵蚀对西夏陵遗产本体及其环境的影响。目前，西夏陵整体保存、保护现状较好。

为了有效保护文物，政府实施了一系列文物保护工程。1998 年，对西夏陵区 1 号、2 号陵进行抢救性维护。2002 年，对各夯土建筑单体进行了土坯加固砌护。2014—2016 年，1 号、2 号陵及 93 号陪葬墓由敦煌研究院进行加固保护，实施遗址本体表面风化加固、裂隙加固、墙体悬空区及坍塌区加固保护工程。2000 年，3 号陵园清理加固保护工程实施，敦煌研究院保护研究所在对陵园内濒临倒塌的单体建筑遗址进行安全加固保护时，砌筑土坯面积 1500 余平方米；对各角阙和门阙须弥座、门址、碑亭、献殿等遗址，根据清理发掘的形制，利用原砖进行包砌，做到修旧如旧，保持原貌。2005—2006 年，敦煌研究院完成 6 号陵抢险加固保护工程。2012—2013 年，由敦煌研究院制订 4 号陵保护方案，对现残留的夯土残体进行了加固保护，对所有夯土体的底部掏蚀部分进行土坯砌护。2016 年 1 月，陵区北端建筑遗址陵夷回填保护工程完成。之后将逐步实施西夏陵 5 号、7 号、8 号、9 号陵及陵区 40 座陪葬墓抢险加固保护工程，全面保护遗址真实性和完整性。

西夏陵管理处对遗产本体及其环境实施了有效的保护管理，完成了环境整治和陵区的安防监测系统。西夏陵自 1986 年以来对陵园实行全年开放，先后对 3 号陵及 1 号、2 号陵遗址，采取以西夏陵建筑遗存为主体的形体及布局环境的展示，并在考古发掘科学基础上以专题、系列、复原陈列的方式进行文物遗址展示。为了让游客了解西夏历史，探究西夏文化的奥秘，现已开发以 3 号陵为中心的游览区，建设了西夏博物馆、西夏史话艺术馆、西夏碑林等能够展现西夏深厚历史文化的景点。

四、宁夏最大的文化遗产——宁夏古长城

宁夏素有地上“长城博物馆”的美誉，境内现存长城遗迹分布范围广，几乎遍布全区各个市县；时间跨度长，始自战国，历经秦汉、隋、宋、明等不同历史时期；种类繁多，长城的主墙体、敌台、烽燧、墩台、辅舍、关隘等一应俱全，还有品字形窖、壕堑、挡马塞等类别；建筑形式多样，因地制宜，采用黄土夯筑、砂石混筑、石块垒砌、劈山就险、自然山险、深沟高垒等多种形式；遗存丰富，有战国秦长城、隋长城、宋壕堑、西长城、旧北长城、北长城、陶乐长堤、头道边、二道边、固原内边等，可见墙体1000多千米，辅助设施2000多个，可以说古代长城遗迹是宁夏境内体系最健全、规模最宏大的文化遗产。

（一）战国秦长城

宁夏战国秦长城是“秦昭襄王长城”经过的一段，修筑时间据史载为“赧王四十三年，宣太后诱杀义渠王于甘泉宫，因起兵灭之，始置陇西、北地、上郡焉”“筑长城以拒胡”。周赧王四十三年即秦昭襄王三十五年（前272），长城总体走向沿陇西（今甘肃东部）、北地（今甘肃东北部和宁夏东南部）、上郡（今陕西北部）的外围边缘，横穿今天的甘肃、宁夏、陕西、内蒙古4省区10余个县市，整体呈西南—东北走向，总长度约1200千米。西起今甘肃临洮县北新添镇30里墩南坪望儿咀，经临洮、渭源、陇西、通渭、静宁等县进入宁夏西吉县，过固原市原州区、彭阳县进入甘肃镇原，由环县进入陕北，止于内蒙古。经过宁夏境内西吉、原州、彭阳3县（区）12个乡（镇）39个行政村，长约200千米，遗迹保存较好。现存长城墙体28段，墩台152个，烽燧（烽火台）23处，城障14座，城堡、关城5座。其在宁夏境内的具体走向为：由甘肃静宁县原安乡境进入宁夏西吉县境；沿葫芦河东岸北上，经兴隆镇的黄岔、玉桥、兴隆，至将台乡的东坡、保林、明荣、明台村折向东进入马莲乡境。沿马莲川河北岸东进，经牟荣、火家沟、张堡原、陈家堡子（巴都沟）村再进入原州区张易镇境。经黄堡、阎关折向北，过红庄，越陇山（今六盘山），穿叠叠沟又进入中河乡油房沟村南（孙家庄）。由此折向东过海子峡河，经吴庄西北行至苦井后进入清河镇的阎家庄。再经陆家庄、长城、明庄、海堡北侧分内外两道走向：内道走向即经海堡、郭庄向东经10里，过清水河至陈家沟（沙窝二队）；外道走向即从海堡、郭庄、绕乔洼（南王堡），经郑磨过清水河至陈

家沙窝。此后内外两道合二为一，向东南过李家塔山、水泉湾，进入喇家阳洼、蔡家洼，至河川乡马家坪、海坪、上坪、母家沟、上黄，东南行至黄家河，沿骆驼河东南进入彭阳县古城镇境。继续沿小河川西南侧经田庄、郑庄进入白阳镇的袁老庄。从罗堡、小河口再北上，过陡坡村（杨湾、陡坡），东行过白岔村（余崾岘、白岔、下岔）后，又进入城阳乡长城村的乔渠。过长城塬、祁庄，在涝池村的张沟圈折向北至杨小庄；沿沟东侧北行至孟塬乡虎山庄的施平，再北行经赵山庄与草滩（甘肃镇原武沟乡孟庄的白草洼）交界处，过沟至韩家台，北行进入马崾岘（东侧为镇原县马渠乡的城墙湾）；过沟至孟塬乡张家湾、玉塬村（麻黄洼、糜岔塬）；过马渠乡的山庄湾后，经孟塬乡的牛耳塬进入甘肃镇原县境。之后的诸多历史时期，都利用了这段长城。

（二）秦汉长城

秦汉时期，大将蒙恬率部“将兵略地，西逐诸戎，北却众狄，筑长城以界之”。其所部一支经由宁夏南部的萧关向西北开进，主要负责“西逐诸戎”，得胜后，“筑长城以界之”，即修缮加固秦昭襄王长城陇西段和北地郡部分段落，以防今清水河以西的诸戎部落再次东南下进入秦国境内。昭王长城一度成为秦国的西部边界，也成为蒙恬“北逐戎狄”后所筑“起临洮至辽东”长城的西北段。西汉初年，仍为这种格局。

（三）隋长城

魏晋南北朝时期，政局动荡，政权更迭频繁，宁夏境内处于多个政权交替统辖，无暇修筑长城。581 年，隋朝建立。隋朝虽然只存在了短短 38 年，但在中国历史的发展长河中，发挥了承上启下的重要作用，结束了政权纷争的混乱局面，奏响了唐代盛世到来的序曲。修筑长城作为隋朝的浩大工程之一，见于史籍记载的修筑长城共有 6 次，其中隋文帝 4 次，隋炀帝 2 次。基本形成了一道西起榆谷以东（位于今青海西宁西），中经朔方、灵武（今宁夏北部地区），东至紫河（今内蒙古和林格尔县南）的长城防线。其中，在朔方、灵武一带，即今宁夏北部及邻近地区，3 次修筑长城。有一段长城西起今灵武附近的黄河东岸，东经陕西的横山，而达绥德，绵延 700 里，至今遗迹犹存。隋代长城在宁夏境内经过盐池县境和灵武市境内，明代在盐池县境内继续修筑长城，其中有两段共 25 千米与隋长城并行，南北相距 250 米，分别在王乐井乡东牛毛井自然村东与城郊乡八堡村以北、盐池县城（花马池古城）东至陕西定边县盐场堡乡二楼村以东，沿线均匀分布有明显的墙墩台遗迹。墙体残高多在 1～2.8 米，残宽 5～13 米。墙体外侧有浅沟，沿线保留有依墙内侧而筑比墙体高大的墩台，土质多为浅红色黏土和灰白色含砂黏土，土质细密且夯打坚实。

（四）宋长城

宋代虽然没有大规模地修筑长城，但在防御西夏的战争中，仍然改造利用了战国秦长城作为防御工事，并在长城外挑挖壕堑，用于阻挡西夏骑兵。在战国秦长城原州区清水河西岸至小川子"内城"以南一线，至深井村上塬，有一段 22 千米宋代修筑的长城遗迹，保存较差。这段宋代长城与战国秦长城，在正对海子峡口的河川到后磨河畔一线，形成 4 道长城并行的格局，东西间跨度约 60 米，明显是为了加强海子峡口河川平坦地带的防御，加之这段长城外侧有诸多宋代修筑的敌台，共同构成了强大的防御体系，应是史书中记载的宋代"新壕"或"长城壕"。

（五）明长城

宁夏境内大规模修筑长城是在明代，主要为了防御退回漠北草原上北元政权的攻击。"终明之世，边防甚重，东起鸭绿，西抵嘉峪，绵亘万里，分地守御"，在北部边疆广袤的区域，逐步设置辽东、宣府、大同、榆林、宁夏、甘肃、蓟州、固原（陕西镇）、偏关九镇，派重兵把守，统称"九边重镇"。西起嘉峪关，东到辽东，构筑了一道长城防线，就是今天所讲的"万里长城"。"九边重镇"中，宁夏境内的宁夏镇总兵驻地在甘肃宁夏县（今银川市），"犄角榆林、屏蔽固原"，管辖的长城东起大盐池（今盐池县），西至大兰靖（今甘肃皋兰、靖远），全长 1000 千米。固原镇（又称陕西镇）总兵驻地在今固原市原州区，管辖的长城东起今陕西靖边与榆林相接，全长 470 千米。宁夏境内现存长城遗迹有西长城、旧北长城、北长城、陶乐长堤、头道边、二道边、固原内边等。

明代将长城称为边墙，宁夏境内从北至南构筑有 3 道防御线。第一道防线就是"万里长城"从甘肃进入宁夏的中卫县，从中卫沿着贺兰山北上，至红果子沟口向东到黄河边。越过黄河向南到横城、盐池，向东一直到陕北。越过黄河再到山西，到山海关，其中横城到盐池属重点防御地段。第二道防线从陕西定边开始，向西行，经过宁夏同心的下马关，过甘肃靖虏卫的干盐池，一直到黄河边上。第三道防线是在固原，主要是利用了战国秦长城，防御河套地区的蒙古游牧民族。这些长城遗迹在宁夏北部境内有3道长城和1道长堤,分别是沿贺兰山向北、向东,至黄河以西的西长城、旧北长城、北长城。向旧北长城的终点(黄河西岸)延伸,越过黄河,在陶乐境内沿黄河南下直抵横城的大边墙叫“陶乐长堤”。中部在银川、中卫、灵武、青铜峡、盐池等市县境内,修筑有东西向的两道长城,始于黄河东岸的横城堡,在兴武营以东分为两道,外侧的称为“二道边”,内侧的称为“头道边”,两道长城之间相距5~10千米,南部在同心、海原、固原等市县有固原旧边。

西长城。主要指沿宁夏西北贺兰山东麓及诸沟口修筑的长城防御设施,又有“西边墙”“城西南墙”等称呼。始筑于成化九年(1473),其后屡有增修与加固。走向北起贺兰山扁沟,沿贺兰山南行,至赤木关(今三关口),逾胜金关,于黄河北岸的黑林村南跨黄河。沿黄河南岸由东向西至下河沿、上河沿,至中卫南长滩枣刺沟、夹巴沟,最终到甘肃省靖远县与中卫的交界点——观音崖。西长城自东向西穿越今惠农区、大武口区、平罗县、贺兰县、西夏区、永宁县、青铜峡市、中宁县,至中卫市沙坡头区。该段长城系分段筑成,以修筑年代全线分3段。一是下河沿至南长滩段,即中卫黄河南段,建于成化二十三年(1487),东起中卫市沙坡头区常乐镇下河沿村煤矿厂区,西抵观音崖(又名小观音台),进入甘肃境内的黑山峡,墙体由土墙、山险墙两类组成。二是胜金关至黑林,即中卫黄河北段。最早修于成化九年,万历年间有增修。其东起胜金关口,达迎水桥镇的姚滩村,沿腾格里沙漠的东部边缘转折向西南行进至夹道村,继续由东向西延伸经过黑林村,最终到黄河北岸的分水岭——西沙咀。三是由赤木关至胜金关。该段边墙自双山南起,至广武界止,又称为“城西南墙”,最早于成化十年(1474)前后修筑,随后有重新整修之情形。

旧北长城。俗称红果子长城。明代早期修筑,成化二十一年(1485)随着北长城的新建,渐渐弃守。东起石嘴山市惠农区黄河西岸惠农农场,止点在贺兰山东麓的扁沟山脚下。

北长城。又称边防北关门墙、大武口长城,由总制尚书王琼始筑于嘉靖九年(1530),西起平罗县高庄乡金星村(俗称边墙头子),止点在贺兰山枣儿沟临山墩,属夯筑土墙。

陶乐长堤。是东长城顺黄河向北方的延伸,筑于嘉靖十五年(1536)。由于比河东墙低矮，犹如河堤，故称“长堤”。北起内蒙古的巴音陶亥，过都思图河进入宁夏境内，沿黄河东岸直抵横城大边。由于紧靠黄河岸边，因河道不断东移，河岸坍塌，大多已被河水泛损。现在高仁镇以南尚有遗迹可寻，称为“陶乐长堤”。

东长城。其走向东起盐池县花马池镇，西止兴庆区横城村北黄河岸边，在灵武市清水营东分为内外两道，习惯上称为“头道边”与“二道边”，这是宁夏境内明长城墙体整体线路较长、保存较完整的部分。“二道边”即外长城，又称“河东墙”，俗称河东横城大边。成化十年(1474)修筑，自黄河嘴起至花马池止。“头道边”即内长城，墙体保存较好，外观整齐高大，颇为壮观，又称“深沟高垒”。嘉靖十年(1531)，兵部尚书王琼奏筑，自横城起至花马池止。

固原内边。又称“固原旧边”“内墙”，始筑于弘治十五年(1502)，由总制尚书秦紘修，“自饶阳堡起西至徐斌水三百余里，系固原地界，自徐斌水起西至靖虏花儿岔止，长六百余里”。到嘉靖九年(1530)，王琼再次对这道边墙重修完善。该道长城东端从盐池麻黄山乡松记水村杏树湾自然村东南陕、甘、宁交界处进入宁夏境内，向西依次穿越盐池县、环县、同心县、海原县，进入甘肃省靖远县境。

(六)长城文化旅游带

盐池县利用境内明代长城“头道边”，打造百里长城文化旅游观光带，长城、烽燧、堡寨、草滩、荒漠、蓝天、白云等奇特壮观，形成了自然、生态、人文、休闲四位一体的大美景观。盐池在境内规划3条旅游线路，其中两条主线分别为：兴武营—长城关(盐池县城)，高沙窝—长城关，此外还有 条安定堡到长城关的支线。长城旅游观光带连通周边旅游线路，最远至银川滨河新区，形成以滨河新区作为起点，长城关为终点的相对独立的长城旅游观光带。其中的红柳滩、英雄堡、八步战台、安定堡4处景观廊亭已建成，安定堡的一个烽火台已修葺，长城关工程残城进行新砖加固，沿线农民种植紫花苜蓿、荞麦等农作物，提升了沿线草原景观。

五、“中国一绝”——镇北堡西部影视城

西部影视城位于银川市西夏区镇北堡古城，是国家5A级旅游景区、国家文化产业示范基地和国家级非物质文化遗产代表名录项目保护性开发综合实验基地。2011年荣获“中国十大影视基地”“亚洲金旅奖·最具特色魅力风景名胜

区”，并被评为“中国品牌100强”和“亚洲品牌500强”，创造了中国旅游产业的奇迹，堪称“中国一绝”。

镇北堡为自治区文物保护单位，现有两座古城堡，处在西边即靠近沿山公路边的古堡俗称“老堡”，修建于明代，属明代宁夏长城沿线的军事防御堡寨之一。清乾隆五年(1740)，为防御外族乘虚而入，在被地震毁坏的“老堡”东边200米处又修建了一座土城堡，这就是现在所称的“新堡”。据“风水”先生说，此地南、北、中3条自然泄洪沟环绕着两座要塞，形成一个“阴阳鱼”，新建的城堡门洞中轴线与贺兰山的“卧佛峰”相对，合“迎门见佛”之意，符合道教崇尚“左青龙，右白虎，前朱雀，后玄武”之说，风水极佳。城堡是中国西北地区特有的“覆土建筑”，完全用黄土夯筑而成。

中国电影从这里走向世界，镇北堡西部影视城的创办者是我国著名作家张贤亮先生。张贤亮先生是江苏盱眙县人，1957年因在《延河》文学月刊上发表长诗《大风歌》被划为“右派”，劳教达22年。1961年，在南梁农场劳改的张贤亮被这两座古堡震撼，镇北堡一开始就给了他强烈的、不可磨灭的印象。后来他写作小说《绿化树》时，将镇北堡写入了作品中。1979年9月，张贤亮获平反。1980年，张贤亮被调到宁夏文联工作，正值张军钊为了拍摄《一个和八个》来宁夏选景，他推荐了镇北堡，被张军钊相中，这座残破的古堡第一次上了银幕。1981年，著名导演谢晋将张贤亮的小说《灵与肉》改编成电影，谢导率领摄制组在宁夏开拍，张贤亮带摄制组人员来到镇北堡。从此，来镇北堡的电影电视剧组络绎不绝。

真正让镇北堡西部影视城蜚声海内外的人是导演张艺谋。1980年拍摄《一个和八个》时张艺谋是摄影师，镇北堡给他留下了深刻的印象，他便将自己导演的第一部电影《红高粱》的主要场景放在这里开拍并获得巨大成功。《红高粱》一上演，人们就记住了其中的酿酒庄子及其标志月亮拱门，也记住了对故事情节极富渲染力的特殊场景。接着，著名导演滕文骥又到镇北堡拍摄《黄河谣》，陈凯歌来这里拍摄《边走边唱》。

镇北堡西部影视城诞生在两座曾被世人遗忘的古堡中，它保持并利用了古堡原有的奇特、雄浑、苍凉、悲壮、残旧、衰而不败的景象，突出其荒凉感、黄土味及原始化、民间化的审美内涵，最大限度地保留了其古朴、苍凉的审美价值，让电影艺术家们在其中尽情地发挥想象力和创造力。艺术家们在这里拍摄的影视作品多达200余部,在这里摄制的影片获国际国内大奖之多,升起的明星之多,都居中国各地影视城之首。《红高粱》带领中国电影首次走向世界并荣获第38届西柏林国际电影"金熊奖",许多中国影星也由此一举蜚声国际影坛,镇北堡西部影视城也因此享有"中国电影从这里走向世界"的美誉。

"荒凉""古朴"是张贤亮经营镇北堡西部影视城所要突出的最大品牌特色。他在荒凉中注入文化的内涵,使之成为著名的影视基地和人文旅游景点。多年来,镇北堡本身的荒凉、古朴并没有因为影视城的存在而发生变化。随着生活的日益现代化,人们产生返璞归真的情感要求,镇北堡西部影视城正顺应了这种发展趋势,给人们提供"朴素美"和"自然美"的享受场所。镇北堡西部影视城以"继承中华传统,弘扬民族文化"为主线,逐步实现了从"出售荒凉"向"出售文化及历史"的跨越,成为中国古代北方小城镇的缩影。影视城"借影视艺术之体,还民俗文化之魂",集中了大量中华传统物质文化与非物质文化,再现了古人的生产生活方式、战争方式和娱乐方式。

六、佛道儒相长共存的见证——中卫高庙

中卫高庙位于中卫市区内,全国重点文物保护单位,国家3A级景区。始建于明永乐年间,至清代已成为一处规模较大的古建筑群。据传,中卫城域旧有9寺18庙之盛,唯高庙高耸、高峻、高踞、高超,故谓之"高庙"。1963年被批准开放为佛教活动场所,僧众常住,供奉铜铸、玉刻、木雕、泥塑、圣像600余尊,入选《中华佛教二千年》宝典。

中卫高庙在明代永乐至万历年间已具雏形,后经不断修葺和增建。清康熙乾隆两朝,宁夏发生两次强烈地震,寺庙内大部分建筑倒塌,之后逐年重修。咸丰八年(1858)增建了门前广场上的法戒楼和寺院内的砖砌牌坊、东西转楼、东西天池,并改称"玉皇阁"。1942年农历二月十五日,举行庙会,因香火不慎,造成重大火灾,使南天门以上建筑全部焚毁。翌年再度兴工重建,并扩大殿宇,增加高度,历时4年,于1946年竣工,起名"高庙",建筑风格以清代古建筑为主。

高庙建筑群占地4100多平方米,建有1700多平方米的重楼叠阁,260间建筑物。建筑平面布局自南至北分为3个部分,分布于南北中轴线的南段、中段和

北段。南段是保安寺建筑群，中段是南北寺庙相互连接的过渡部分，南天门以北，为高庙建筑群。南段的保安寺，入口是面阔3间的山门，山门之上有魁星楼，步入山门迎面是较为宽敞的院落，院内东西两边分立配殿——十方佛殿。往北穿过木牌坊，迎面正中为面阔3间的天王殿，东西两配殿分别为地藏宫和三霄宫。过天王殿，迎面登24级高幅台阶到达南天门，为建筑的第二部分。24级台阶分为两组各12级，中间为缓冲平台，台上有面阔3间的砖砌牌坊，横匾“无上法桥”，于右任书。24级台阶分为两组，同时也是二、三部分的分界。前12级台阶建造成天桥形，天桥两侧被环绕一周的转圈楼围成两个天井（东天池、西天池）式院落，两个天池由天桥下的隧洞相互沟通。总的建筑形制寓意为：由佛接引，超脱地狱轮回，渡过天桥，进入南天门而升上天堂。整个布局是由多个小空间构成的，设计以小见大、以低衬高，俯仰结合，跌宕起伏。过了南天门，进入主体部分，即高庙建筑群。进入南天门，可见类似屏风的木质影壁墙，取其“曲则有情”的风水原理，符合中国古典园林的造景手法——障景。过影壁，可见宽敞的院落。院落以北轴线端点处为四周回廊9楹3层高的主楼，第一层至第三层分别为大雄宝殿、西方三圣殿、五方佛殿，其建筑等级极高。主楼前是“凸”字形三层高的中楼，第一层、第二层分别塑有观世音菩萨、太白星君等。东西两侧则是钟楼、鼓楼、文楼、武楼、四仙阁、观景台等建筑组群围绕在主楼四周，主从分明，气势壮丽。

高庙建筑群的最独特之处是融“儒、释、道”三教合一的建筑群，在南天门前的砖雕牌楼上镌刻一副对联：“儒释道之度我度他皆从这里，天地人之自造自化尽在此间”，是三教合一思想的印证。保安寺属于佛教，高庙上部属于道教。

七、陕甘宁边区宁夏红色教育基地——盐池革命烈士纪念园

在中国近代革命史上，陕甘宁边区是驰名中外的革命圣地。在陕甘宁边区中，盐池是一个重要的组成部分。

盐池县革命烈士纪念园是全国100个红色旅游经典景区之一，先后被命名为宁夏爱国主义教育基地、宁夏国防教育基地、全国民族团结进步教育基地，并先后获得宁夏文明风景旅游景区、国家3A级旅游景区、宁夏“十佳”旅游景区等荣誉。

纪念园的主要建筑有革命烈士纪念馆、苏维埃纪念馆、毛泽民纪念馆、中国滩羊馆、盐池解放广场和纪念碑等。

革命烈士纪念馆为二层框架结构,建筑面积 3380 平方米,设有序厅、革命历史陈列厅、历史文物陈列厅 3 个专题展厅。革命历史陈列厅共分 5 个部分,分别是西征解放盐池、红色政权建立;盐池军民大生产、边区经济得保障;回汉军民齐战斗、民族团结显神威;李塬畔——打不垮的红色政权;《王贵与李香香》——边区文化教育的里程碑。展览从政治、军事、经济、文化等方面,全面再现了盐池 1936 年至 1949 年间的辉煌革命历程。革命历史文物陈列厅分陶器展、冯记圈出土文物展、瓷器展、钱币展、金属器展、字画展、杂器展等 7 个部分。

苏维埃纪念馆和毛泽民纪念馆按当年盐池县苏维埃政府原貌修建,为四合院建筑,木质结构,占地面积 1000 多平方米,主房及厢房门窗、檩条、椽子、大梁均为木质。纪念馆主要展览内容有毛泽民生平展、《王贵与李香香》创作纪念地、苏维埃政府办公旧址、陕甘宁边区第一个消费合作社——盐池城区消费合作社、元华工厂车间等,再现了革命年代艰苦的生活、工作环境。展览手法主要有图片、实物、油画、雕塑、连环画、剪纸等,展出图片、实物 536 张(件)。

毛泽民纪念馆位于纪念园之内,纪念馆仿照盐池县苏维埃政府旧址建筑,门前一边展示着元华工厂制毯车间,另一边则是城市消费合作社。院子中央是一座毛泽民塑像,塑像左边的房子是武装部和肃反委员会,右边是土地部、贫农部、粮食部、财经部。迎面就是毛泽民纪念展示厅,展示毛泽民的生平事迹。

1936 年 6 月 21 日,红军西征解放了盐池,建立了中共盐池县委和盐池县城市革命委员会。刚解放的盐池,满目萧条,百废待兴,时任中华苏维埃政府西北办事处国民经济部部长的毛泽民同志由定边来到盐池,向群众广泛宣传党的政策,及时解决军民的生活问题。他指示城市革命委员会发动群众打土豪,指导陕甘宁边区于 1936 年 7 月开办了第一个城市消费合作社,收购本地“三宝”(食盐、皮毛、甘草)向敌占区出售,换取边区军民急需的布匹等日用杂货,供应人民生活,支援前线。毛泽民同志还发展贸易,组织物资内购外销,以保证边区的物资供应。

毛泽民同志在盐池活动时间虽短,但对盐池商业经济的建立和发展,对组织人民互助合作、发展生产、改善生活、打破敌人封锁、保卫红色政权等方面都作出了巨大贡献。

中国滩羊馆位于纪念园之内，建筑面积784平方米，为一层正方形框架结构，每边长28米，馆顶中央为一个14米×14米覆以轻钢玻璃的天井，对应地面布以盐池草原、长城等为背景的群羊雕塑台。馆舍分为三大部分：一是展览区，大致分为5个模块，为滩羊馆的主体功能区，重点以文字、实物、图片、标本、模型等形式展示滩羊生产特点、滩羊文化、盐池滩羊民俗及起源发展，从侧面反映了盐池滩羊的皮、毛、肉在革命时期的贡献和作用。二是景观区，以盐池草原为背景，布以群羊雕塑，展现盐池滩羊生产区的自然景观。三是商品展销区，展示并销售具有丰富地方文化内涵的滩羊产品和旅游纪念品。2006年9月建成后，在此成功举办了首届“中国·宁夏（盐池）滩羊节”。

盐池解放广场。纪念园内的解放广场用红砖铺成，占地19.36亩，寓意1936年盐池解放，解放纪念碑形状为写意的3把刺刀，材质为不锈钢，总高27米。橄榄环以下6米，以上21米，与19.36亩的广场共同表达了1936年6月21日凌晨3时解放盐池。

盐池是红军在宁夏建立的第一个县级红色政权。从1936年到1949年，盐池县一直是红色革命根据地陕甘宁边区的一个组成部分。

八、宁夏最大的石窟群——须弥山石窟

须弥山石窟是中原北方地区北魏晚期至唐代最具规模和代表性的石窟群之一，也是宁夏回族自治区境内最大的石窟群。石窟位于固原市西北55千米六盘山（陇山）余脉的须弥山东麓，现为全国重点文物保护单位、国家级风景名胜区、3A级旅游景区。

须弥山石窟现存编号的洞窟有132个，分散在呈扇面形状展开的8座山峰的东南崖面上，由南至北随山势迂回曲折自然形成的8个区域，分别为大佛楼区（1~5窟）、子孙宫区（6~39窟）、圆光寺区（40~50窟）、相国寺区（51~103窟）、桃花洞区（104~108窟）、松树洼区（109~118窟）、三个窑区（119~125窟）、黑石沟区（126~132窟）。现仅有约70个洞窟保存较好，整个窟群共约236龛，各类大小造像1000余尊，其中保存较为完好的造像570余尊。

须弥山在汉代曾名逢义山，北魏改称石门山，隋唐沿称石门山，“唐名为石门

镇景云寺”,宋代以后各代皆沿袭这一称谓。明正统年间旧景云寺番僧绰吉汪速兴建寺庙、明英宗敕赐“圆光寺”匾额,更名为圆光寺。作为一座佛山,须弥山名字的来历显得颇为神秘。须弥原是古印度神话中的山名,“须弥”一词出自古印度梵文,通常被认为是宝山的意思。佛教经典中所说的须弥山高大无比,在梵文佛经中,须弥山被当作宇宙的中心。

须弥山石窟始凿于北魏晚期,历经西魏、北周、隋、唐诸朝,是我国开凿较早的石窟之一。唐代安史之乱之后,须弥山再无大规模的开窟造像活动,但有规模不等的佛像装修和寺院建设活动。

北魏晚期是须弥山石窟的初创时期,开凿的洞窟共有 14 个,占全部洞窟的 10%,洞窟形制以中心柱窟、佛殿窟和僧禅窟为主,主要分布于子孙宫区域的南部、中部崖面。僧禅窟一般分布在中心柱窟和佛殿窟的周围。这一时期的洞窟形制以中心柱窟为主,中小型者居多,窟的平面为方形,窟门上方开有明窗,覆斗顶,壁面多不开龛,个别的 3 壁 3 龛。

西魏是须弥山石窟的发展时期,共开凿洞窟 7 个,洞窟形制仍以中心柱窟、佛殿窟和僧禅窟为主。主要开凿地位于子孙宫区的东、西崖面上。洞窟的形制继承了北魏时期平面方形、穹隆顶或覆斗顶、窟内雕造中心柱的做法。

北周是须弥山石窟开凿史上的高峰时期,这一时期共开凿洞窟 25 个,洞窟形制以中心柱窟为主,其次为佛殿窟、僧禅窟和影窟。僧禅窟布局于中心柱窟的周围,形成与中心柱窟整体组合的形式。这些洞窟主要分布于圆光寺区陡峭的崖壁上,分上下 3 层。其次分布在子孙宫区的东崖和松树洼区、三个窑区。中心柱窟的基本形制均为平面方形,覆斗顶,窟内雕仿木结构,壁面上部雕出横枋,窟顶四披转角有角梁,中心柱柱身四角雕立柱,下雕莲花柱础,上有栌斗承接中心柱顶部的梁架及窟顶的斜枋,使整个窟内构成一个完整的仿木式佛帐结构。第 45、第 46 两窟是须弥山石窟中雕饰最为精致、华丽的洞窟。第 51 窟是北周规模最大的洞窟,造像精美,气势雄伟,是须弥山石窟造像中的精品之一,也是我国北周石窟艺术的杰作。它由前、后(主室)室和两个耳室组成,系仿木结构四披顶中心柱窟。北周时期在须弥山开凿的洞窟规模之宏大,造像气势之不凡,木构框架之精美,窟内雕饰之华丽,在全国各地石窟中首屈一指,绝无仅有。它是北周时代造像风格在石窟艺术方面的体现,后人把这样的风格称为“长安模式”。

隋代是须弥山石窟的再度发展期。隋代开凿的洞窟主要集中在相国寺区，窟的形制有中心柱窟和僧禅窟两类，僧禅窟附凿在中心柱窟侧旁。中心柱窟主室方形，窟内雕仿木结构，覆斗顶，北壁凿一龛，东、西壁各开3龛，中心柱四角的仿木结构简化，栌斗部位以莲花柱头代替。中心柱基座较高，柱身不分层，四面开龛。龛以帐形、尖拱形、圆拱形为主，帐形龛雕饰简单。造像组合仍以一佛二菩萨为主，主龛内出现一佛二弟子二菩萨组合。佛像肉髻低平，面相长方圆，肩略宽，着简化的褒衣博带式袈裟，衣纹稀疏，但头部较大，双肩下溜，鼓腹，上体略长。有束腰须弥座和仰覆莲座；菩萨像面相方圆偏短，头戴矮花冠，两侧宝缯垂肩，颈饰桃尖形或圆环形项圈，上身缠衣巾，下着裙，裙腰外翻，披巾不穿环，多在膝部横一道，双肩垂挂璎珞，多垂于膝下部，身体略瘦，头略大，下身短，身体扭曲。

唐代是须弥山石窟的繁荣时期。凿窟数量众多，雕琢技艺精湛，都达到了空前的水平。唐代须弥山洞窟的开凿主要分布在大佛楼、相国寺和桃花洞等区域。窟龛的形制有：平面横长方形平顶敞口龛、平面马蹄形穹隆顶敞口龛、平面方形平顶窟、平面方形覆斗顶窟等。主要以长方形或方形平顶或覆斗顶的中型洞窟为主，多数洞窟内的壁面不另开龛，而是将造像雕置于马蹄形坛基上，造像组合多为一铺5尊或7尊或9尊的形式，有的多达13尊。而且造像题材也发生了变化，除一佛二弟子二菩萨外，天王、力士、夜叉、狮子等题材也出现在造像组合中。佛像身披袈裟，内着僧衣，衣薄透体，造像比例协调匀称。菩萨上身袒露，斜披络腋，下着贴腿裙，腰间系带并折出大裙一角。力士袒露上身，下着短裙，腰扎带。天王身着铠甲，下着战袍，手执兵器，脚踩夜叉。第5窟，唐时称景云寺，在一个大龛内凿一身倚坐弥勒佛，像高达20.6米。佛像螺发，两耳垂肩，面相丰圆，眉毛细长，双目微微睁开，身着敷搭双肩的袈裟，内着僧祇支，双手自然地平放于膝上，足下踏一莲座。

唐王朝自天宝十五年（756）安史之乱以后，国势由盛而衰。广德元年（763），须弥山所在的固原地区被吐蕃占领，须弥山石窟也由此衰落，再无大规模的开窟造像活动。宋、金、元、明、清几代，曾对须弥山石窟进行过规模不等的改凿、装修及寺院建设。特别是在明代，明英宗赐名“圆光寺”，已不是前代大规模的开窟造像，而是兴建寺院。

须弥山石窟除造像外，在14个洞窟中还保存有唐代以后的题刻题记60则，在10个洞窟中残存有壁画。现存有明代碑刻3通，残碑13块，根据记录复制的清代碑刻1块。这些题刻题记和碑刻，有助于研究者研究丝绸之路与石窟文化在固原的表现。

须弥山石窟的考古和学术研究始于20世纪50年代，主要经历了以下两个时期：20世纪五六十年代是须弥山石窟的初步调查了解阶段。由于须弥山石窟地处偏僻，加之有关的文献记载甚少，长期以来未被人们注意，须弥山石窟考古基本上是空白。20世纪50年代以后，随着文物考古事业的发展，须弥山石窟才逐渐为人们所了解与重视。1962年，宁夏回族自治区文化局曾派人对须弥山石窟做了初步的考古调查，将造像保存较好的20个洞窟做了编号，但调查的资料和编号均未公布，此后石窟的考古研究工作处于停滞阶段。

20世纪80年代以后是须弥山石窟保护管理、考古研究的全面发展阶段，研究成果不断涌现。须弥山石窟的保护维修，从1984年4月至1988年7月进行了为期5年的抢险加固修缮工程，按石窟的病害、分布情况和加固修缮工程量分为4期施工，进行了防风化的保护。《宁夏固原市须弥山石窟文物保护规划》已经国家文物局批复，该规划是专门针对须弥山石窟作为全国重点文物保护单位的保护专项规划。2017年11月，宁夏回族自治区人大批准《固原市须弥山石窟保护条例》，于2018年1月1日起正式施行。

九、古塔凌霄　一揽山河——海宝塔

海宝塔，历史上又称“赫宝塔”“黑宝塔”，位于宁夏回族自治区银川市兴庆区进宁北街（北塔村十一队）海宝塔寺内，俗称“北塔”，清代被人们称颂为“古塔凌霄”而列为“朔方八景”之一。1961年3月，国务院公布为全国重点文物保护单位。

海宝塔位于海宝塔寺主要建筑的中轴线上，坐西朝东，占地368.6平方米（塔基面积），是一座方形9层11级楼阁式砖塔，由塔基、塔座、塔身、塔刹4部分组成，全部由青砖砌筑，通高53.9米。海宝塔寺，占地2万平方米，寺内中轴线上自东向西主要建筑有山门、天王殿、大佛殿、海宝塔、韦驮殿、卧佛殿，寺院两边又建有配房。海宝塔是丝绸之路宁夏段上的重要建筑遗存，是历史文化名城银

川的标志性建筑。

据《弘治宁夏新志》载："黑宝塔，在城北三里，不知创建所由。"明万历《朔方新志》载："黑宝塔，赫连勃勃重修……"《朔方道志·建置志》载："始建无考，五代时赫连勃勃重修，故又名赫宝塔。"赫连勃勃是十六国时期匈奴铁弗部人，407年，他建立了统治范围包括今宁夏全境的大夏国，并且在银川东郊黄河岸边修建了风景秀丽的丽子园。他曾经是后秦国主姚兴的属下，而后秦辖区也到今银川地区。后秦时期经济繁荣，佛学大兴，姚兴极力推行佛教，佛教的传播在北朝时达到高峰，因此后秦时建海宝塔、赫连勃勃又重修的推断也是有可能的。由于海宝塔多次遭到破坏，今天我们看到的海宝塔是清代乾隆时期重修的。

海宝塔历遭破坏，其中以地震最为强烈。在清代以前的志书中没有修塔记述，清代史料中有两次修缮实录。据《重修宁夏卫海宝塔记》文载："康熙四十八年（1709）秋九月地震颓其巅四层，而丹墀也多剥落，监院僧照堃立愿募修……起于康熙四十九年六月十二日迄于康熙五十一年七月十五日。"在地震前，据《乾隆宁夏府志》记载："黑宝塔十三级，高耸入云，自七层以上，从外盘旋，虽当清明，风飒飒如御虚然。"而震后重修过的海宝塔"其塔凡九层连天盘共计一十一层高一十一丈，顶高三丈五尺"，不仅原来的13层降为11层，就连"七层以上从外盘旋"的形制也发生了变化。乾隆三年（1738）银川又发生8级地震。这次地震使海宝塔除台基外全部倒塌，在乾隆四十三年（1778）由山后郡王及满汉各级官吏共同捐资重新修建，这就是今天人们看到的海宝塔。重建后的海宝塔除"七层以上从外盘旋"的形制发生变化以外，还有许多形制显然是工匠根据当时的形制特点设计修建的，如塔壁"四出轩"，使佛塔平面呈十字折角的形状；底层平面扩出并在塔门外加一抱厦；巨型的塔刹，用琉璃砖贴面等。但在这些形制特点中依然存留一些承袭早期佛塔形制的痕迹，如佛塔的平面仍采用方形、塔的基座保持了十六国时期常用的高台形式、拱券表面饰有尖形的火焰式样等，都是后世特别是宋西夏以后新建的佛塔中不常见的。这就把塔的初建年代的推断，推到了隋唐以前。

1920年，宁夏海原发生8.5级地震，又一次将海宝塔塔身震裂。塔身上部出现4条裂缝，宽约盈尺，阳光可以穿射而过。1942年为了迎接蒋介石来宁视察，宁夏官绅商募资对海宝塔进行了维修。当时在塔上部裂缝严重的地方（塔顶下部和第9层）围铁箍两道，由铁匠王士林等制作围箍。塔内楼梯、楼板及塔外天桥，均装饰一新；券门上安装了小方格窗，下面装镶了隔板，并填补了塔角短缺的铁马；塔身裂缝进行了修补。蒋介石走后，又将铁箍取下。

中华人民共和国成立后，海宝塔保护管理受到银川市人民政府的重视，管理和保护也走上了正轨。有关部门加固了塔刹，安装了避雷器，划定了保护范围，进行了初步的整修和绿化。1982 年成立银川市文物管理所负责文物保护管理，1984 年成立海宝塔寺管理所，隶属银川市民族宗教事务局，专门负责海宝塔的日常管理工作。2006 年，由宁夏考古研究所和银川市文物管理处联合组成考古队对海宝塔进行了钻探发掘。2014 年，由于海宝塔本体开裂、胶结材料退化、墙体表面风化、冻融、消失、灰缝掏蚀、栏杆缺失、残损等损毁情况较为严重，银川市文物管理处上报国家文物局，申请对海宝塔进行保护修缮工程并得到国家文物局批准立项。2015 年，委托新疆文保中心编制维修设计方案，工程 2016 年上报国家文物局批准后实施。

为了打造以海宝塔寺为中心的城市旅游新亮点，2003 年，银川海宝公园开始建设，2010 年正式免费向公众开放。海宝公园以海宝塔为中心，总面积约 216 公顷。园内花草茂盛，林木密植，画廊曲径，更有亭台楼阁、石刻雕塑、历史典故。

十、宁夏唯一的密檐式砖塔——拜寺口双塔

拜寺口是贺兰山口之一，位于银川西北 45 千米的贺兰县金山乡境内。拜寺口双塔建于西夏时期，但关于它的记载直到明代才出现。拜寺口古称百寺口，传说中有数百座寺院和古塔林立山谷，后音转为“拜寺口”。其中有两座高塔，俗称“拜寺口双塔”，一东一西矗立在沟口北侧台地上，现为全国重点文物保护单位。

这两座相距百米的佛塔，被简称为“东塔”和“西塔”。东塔高约 39 米，西塔高约 36 米。两塔的基本形制相同，均为 13 层八角形密檐式空心砖塔。塔身第一层较高，以上每层逐层收缩。塔顶上安置一尊束腰仰莲瓣形刹座，与喇嘛教佛塔的装饰相同，上托着相轮，也称作“十三天”。

西塔刹座的 8 个转角处，各塑一尊力士。力士高约 60 厘米，头戴金冠，双目下视，下颚内收，双膝屈跪。佛龛内置有一根六棱木质中心刹柱，直径约 30 厘米，刹柱上有墨书西夏文题记和梵文字。双塔建筑继承了中原佛塔传统技法，并把绘画和雕刻结合起来，形成了自己的艺术特色。建造佛塔时，力士的身体内部

先用碎砖块垒起大致轮廓，然后在外层涂抹白灰泥，再仔细地雕塑出身体各个部位。虽然年代久远，但八尊力士的形象仍然粗犷、生动，似乎在全力背负着塔刹。两座塔的装饰都非常华丽，除第一层较朴素外，其他各层外壁布满了塑像和彩绘。西塔外壁的装饰比东塔更丰富，每层 8 个壁面各设浅龛，龛内塑像的题材多种多样，龛两侧有口衔流苏的兽面，兽面之间，是云托日月彩绘图案，塔壁转角处装饰彩塑宝珠火焰。

1986 年，宁夏文物管理委员会对拜寺口双塔进行了全面维修，在西塔刹座内发现一座圆形刹室，里面藏有中统元宝交钞两张，还有一尊小铜佛像，一尊胜乐金刚木雕像以及花瓶、桌椅、陶器残件等。根据塔刹发现的文物推测，拜寺口双塔始建于西夏中晚期，双塔于元代早期曾进行过修护，修缮了塔刹，粉装了壁面，但塔身未进行大的修理。

从双塔继续向沟内行进 20 多里，有一座方塔，称拜寺口方塔，方塔是一座密檐实心砖塔，由 11 个逐渐缩小的正方形塔层组成塔体。1991 年，方塔被不法分子炸毁，在清理被毁塔基时，在原塔心室的位置清理出大量西夏文、汉文佛经和世俗印本、写本等珍贵文献 36 种 10 余万字。其中 9 本西夏文《吉祥遍至口和本续》刻本，以白麻纸精制而成，是直接译自藏传佛教的失传密宗经典，印本中多出现倒字等现象。据专家认定，这是世界现存最早的木活字印本。其中还有长 5.76 米的西夏文写本，及汉字乾祐十一年（1180）仁孝版刻发愿文、世俗诗歌集等，都是西夏文献的重大发现。据考证，这里应是夏国贺兰山佛祖院遗址。

拜寺口双塔是宁夏唯一的密檐式砖塔，每一层塔檐的棱角牙砖都用红、蓝、绿三色相间涂饰，其他涂饰采用红色。而彩绘则有红、绿、蓝、黄、黑多种颜色，设色敷彩鲜明厚重，对比强烈，带有明显的藏传佛教密宗的艺术特色。藏传佛教为中国佛教的一支，俗称“喇嘛教”，主要在古代吐蕃王朝形成和发展。传说第 27 代藏王执政时，佛经从天上降临雍布拉康。大约在公元 5 世纪，佛教开始在吐蕃传播。7 世纪时，第 32 代藏王、吐蕃赞普松赞干布先后迎娶了尼泊尔榫尊公主和唐朝文成公主。两位公主为吐蕃带来了佛教经典和塑绘佛像的能工巧匠。当时尼泊尔佛教艺术处于印度佛教笈多风格影响之下，因而当时吐蕃的佛教艺术作品具有明显的汉地佛教特征和印度笈多风格。7 世纪以后，印度另一支佛教宗派密宗兴起，密宗属于印度大乘佛教的一部分派别与婆罗门教相结合的产物。8 世纪中叶，吐蕃藏王赞普赤松德赞执政。他修建了桑耶寺，请印度密宗大师莲花生入藏传法，并亲自选定7名吐蕃贵族子弟在这里落发为僧，桑耶寺也就成了第一批西藏本土僧人出家修习之处。这以后密宗在吐蕃盛行，与吐蕃固有宗教苯教相结合，形成了藏传佛教，简称藏密。

西夏党项人最初接触的是汉地佛教，后来当密宗传入中国及吐蕃地区后，从河西走廊一路传来的藏传佛教，慢慢在西夏盘踞地区传播开来。西夏定都立国后，奉佛教为“国教”。西夏皇帝多次从宋朝赎取经文，并且在京畿一带大量修寺建塔，储存佛经舍利，拜寺口双塔就在这种大环境下应运而生。双塔的装饰繁复华丽，充满了神秘的宗教色彩，西塔尤甚。其塔表影塑从第二层开始，分别塑制了24名僧侣、16尊罗汉、8尊财神、16尊护法金刚、16尊供养菩萨、七宝和佛前供品“八吉祥”。这种按照佛教的地位由低到高的布局，和藏传佛教的法器“曼荼罗”的布局有许多相似之处。身着法袍的罗汉，拄杖而立的老者，神态潇洒的壮者，他们个个姿态端庄、面色虔诚。僧人们似在苦修苦行，十六罗汉坐姿各异，有老有少。年事较高者，异常深沉含蓄；年轻的则格外纯真坦率。护法金刚项挂璎珞，腰系长带，各自执有不同种类的法器，有的面像勇猛，有的宽厚仁慈，神态各异。供养人则是满面春风，体态轻盈，有的伸臂，有的跳跃，他们喜气洋洋，一边飞舞，一边散发着财宝。这些简练又生动的塑像，无疑是现实生活中不同年龄、不同性格的寺院僧众的真实写照。

十一、宁夏最古老的清真寺——同心清真大寺

同心清真大寺位于宁夏回族自治区同心县豫海镇大寺街南端，是西北地区明清时期的一座具有重要意义的中国传统木结构建筑和伊斯兰文化相结合的建筑体。是全国重点文物保护单位、全国100处红色教育基地之一、宗教界爱国主义教育基地、全国民族团结进步教育基地，中国现存的十大古老清真寺之一，中国历史上第一个少数民族自治政权——陕甘宁省豫海县回民自治政府成立大会旧址。

同心清真大寺的始建年代，史书记载甚少，从保存的建筑群体风格及石刻题记看，似在元代喇嘛寺基址上于明初改建而成。清真大寺修建在隆起地面7米的夯土高台上，明、清时期3次重修。第一次维修是在明代万历年间，有一块镶

嵌在入口院内北侧高台墙上的石刻匾为大明万历年刻制，因长年风化剥蚀，中间字迹看不清楚了。第二次重修，则是在清乾隆年间，现在还嵌在入院北面高台墙上的另一块“遵道”石刻，落款是“乾隆五十六年辛亥满月重修”，迄今字迹可辨。此次重修规模较大，殿、楼建筑的屋顶全部饰以绿色琉璃脊兽和筒瓦，体量上也为以后的重修定下了规制。清同治年间，由于战乱，大寺遭到焚毁，至今大寺周围尚可寻见残存下来的琉璃屋脊瓦砾。清光绪年间进行了第三次重修，大寺照壁上砖刻落款为“皇清光绪三十三年岁在丁未满月瀔旦”。20 世纪 80 年代后又多次修缮，2005 年对大寺进行了揭顶维修。2009 年对清真大寺的排水系统进行了加固维修。2015 年又针对清真大寺安防、消防、基础设施等安全防范设施和环境风貌进行了完善与整治。

同心清真大寺占地 3542 平方米，建造在一个面积 3500 平方米、高 7 米的砖砌台座上，主体建筑由礼拜大殿、邦克楼、南北厢房、照壁等组成。礼拜大殿坐落在台基北院中轴线上，南北厢房分列左右，邦克楼位于台基南院，照壁位于大寺入口处门庭对面。大寺正门开 3 个券门，由正中券门进入，过暗道经 33 级石台阶而上即到了寺院内。

礼拜大殿坐西向东，青砖青瓦。这种布局，符合伊斯兰教向西——麦加圣地朝拜的需要，适应了伊斯兰教礼拜的功能需求。大殿由抱厦和前后殿相连组成，抱厦卷棚顶，面阔 5 间，进深 2 间；前殿硬山顶，面阔 7 间(28 米)，进深 5 间(20 米)，高 12 米；后殿硬山顶，面阔 3 间，进深 4 间。礼拜大殿、八字墙及码头上均有精美砖雕。大殿内中空采用四悬柱套榫卯而成四角，四檐角又运用斜梁搭建巧妙解决木构架的承重问题，使殿内阔朗明亮。

邦克楼位于大殿南侧，原有 3 层，后被一场龙卷风损毁，改建为两层。楼体为高约 22 米的 2 层亭式木构建筑，四角攒尖式顶，底边呈正四方形，面阔和进深均为 8 米，每面各立四廊檐柱，中间又用四大通天柱支撑，四周用磨砖包砌而成空心方体栏杆，无隔扇。亭式楼内有 19 级木梯通顶，屋脊顶端装有一尊黑色发亮的烧瓷“宝葫芦”。

南北厢房坐落在大殿正面南北两侧，各为 5 间带檐廊的硬山配房，进深 5 米，加檐廊共为 8 米，檐廊柱房间，镂刻着精美的云纹挂落。厢房廊檐左右墙壁，用磨砖雕成套环形、菱形和传说中八仙人物的代表图案。厢房与大殿之间，建有八字墙，墙侧辟有一小门，将内外院分隔，其中南厢房西侧小门楣上砖刻“出入是门”4 字，南侧小门楣上砖刻“进退有度”4 字。

照壁竖立在大寺入口拱门正西处，宽 9 米，高 6 米，全为青砖砌筑，雕刻磨制。立面上下分成 3 段：下段是一个须弥座，中间墙身，有一幅名为“月挂松柏”的松月图。两边的一副砖雕对联是：“万物偏生沾主泽，群迷普度显圣恩。”四周又用青砖镂雕成传说中的八仙人物代表图案，形象生动，雕刻精巧。照壁上端砖雕出斗拱、飞檐，每个斗拱成 45°角方向朝前挑出砖拱，再承托一排砖斗，并在其上伸出砖雕麻叶云头，更显得玲珑别致。

同心清真大寺不仅是一座具有重要历史价值的古建筑，而且在中国近代革命史上也有着光辉的一页。1936 年西征红军在解放了同心、海原等广大地区后，通过广泛深入的宣传活动，使党的很多主张为广大回族群众和宗教上层人士所接受，并于同年 10 月 12 日在同心县城建立了第一个县级回民自治政权——陕甘宁省豫海县回民自治政府，成立大会就在同心清真大寺召开。陕甘宁省豫海县回民自治政府是中国共产党领导下红军西征时期建立的第一个县级回民自治政府。其建立是西征红军认真贯彻党的民族自决方针和党的抗日民族统一战线政策，执行回民工作指示，采取宗教、各阶层人士抗日救国的具体实践，是党的民族区域政策在回族聚居地区的最初尝试，对这一地区产生了非常深远的影响。

十二、宁夏最大的道教庙宇——平罗玉皇阁

平罗玉皇阁是宁夏最大的道教庙宇，始建于清光绪元年（1875），现为全国重点文物保护单位，3A 级旅游景区。

“玉皇阁”就是供奉玉皇大帝的地方。传说玉皇大帝下界体察民情，西巡时来到平罗，在此落脚小憩，被后人视作风水宝地，建起了玉皇阁。阁的整体建筑与楼相似，是一种多层建筑。但阁与楼的主要区别在于阁一般每层的楼外都有挑出的阳台，亦称“平座”，四周开窗。这种建筑具有高阁凌空、雕梁画栋、结构严谨、平衡对称、形象优美的特点，所以在风景名胜中是重要的景观建筑。

现在的玉皇阁，是由两个不同时代建造起来的前后两院落组成的。前院建于清光绪年间，光绪以前，这里原有一座古庙，称“白龙庙”，是当地百姓为祈求连年风调雨顺而建造的。相传，在清朝光绪年间，这里连年大旱，禾苗干枯，民不聊

生。百姓为求天降大雨,纷纷来这里烧香进贡,天空中突然出现一条白龙,向烧香的百姓呼道:“我乃玉皇大帝派来的西海龙王,为汝等普降甘露。”话音刚落,天上就下起大雨,百姓感动得对天磕拜。之后,百姓便在原白龙庙的基础上建造了一座木质结构的九脊歇山顶的两层楼阁,改称为“玉皇阁”。

1934 年,拥有 8 万之众的军阀孙殿英为抢夺地盘,与宁夏军阀马鸿逵的军队在这里进行了“孙马大战”。在这次战役中,马家军盘踞玉皇阁的制高点,打退了孙殿英军队的多次进攻,而玉皇阁周围却未落一颗敌军炮弹,安然无恙。马鸿逵认为,这是玉皇阁在保佑自己。于是,他就下令大兴土木,历时数载,建造了后院的新玉皇阁。

玉皇阁的 4 个组成部分结构精巧,层次分明,错落有致,从前到后分为四进:一进为山门楼;二进为八仙殿;三进为玉皇殿;四进为三母殿。4 个部分一进高过一进,逐级而上。最高建筑三母殿距地面约 26 米。

我国古代寺院的山门多建于山林之中,进山有门,所以叫山门。山门上有山门楼,起着重要的衬托作用。山门是进入道观的首道门,它多为 3 个门洞。在道教中,进了山门也就预示着过了无极界、太极界和现世界,才可称得上是真正的出家道士。

“八仙殿”又名“洞宾殿”。吕洞宾是八仙中的核心人物,他在道教中的地位极高,全真道奉他为纯阳祖师。元明时期,他为纯阳帝君。他成仙后,以慈悲度世为愿,是一个除暴安良、扶弱济贫的神仙。民间传说他曾经到过平罗县五香乡,擒拿过柳树精,所以在平罗钟鼓楼、玉皇阁里都有他的塑像。每年四月四日为吕洞宾祖师的圣诞。

玉皇殿是供奉玉皇大帝的殿宇。玉皇大帝是道教尊奉的最高“神”,他具有至高无上的权力,总管天堂、地狱、人间之三界,四方、四维、上下之十方,胎生、卵生、湿生、化生之四生,天、人、魔、地狱、畜生和饿鬼之六道的一切祸福。在四御中地位最高,每年正月初九是玉帝的圣诞。

三母殿位于玉皇阁的最高层。为什么三母殿在最上层,而玉皇殿却在下面呢?有两种说法:一种说法是,当时建玉皇殿的时候,是清代末年,慈禧太后垂帘听政,也许是人们按她的旨意去建造的;另一种说法是,在原始社会母系氏族时期,母系地位较高。三母殿里供奉着王母、地母和斗母。王母娘娘就是玉皇大帝的妻子，她同人间的皇后一样，在道教中地位极其尊贵，在民间被尊奉为“长寿女神”。每年三月三日为王母娘娘的圣诞，她也是三千蟠桃园的主人。地母掌管地下的生灵，是原始农耕民族信仰的大地女神。斗母是道教中的智慧女神，北斗众星之母，掌管天上的日月星辰。

平罗玉皇阁还有一个很有意思的现象，就是城隍殿四角的象抬梁。一般古建筑的抬梁角都是龙抬梁，唯独平罗玉皇阁的城隍殿是象抬梁，寓意为“入则为相，出则为将”之意，祈盼平罗地方人才辈出。可惜的是象抬梁被后来的建筑叠压，已经看不到了。

为了保护玉皇阁的完整性，1959 年平罗县政府对其进行维修彩绘，1963 年 2 月玉皇阁被列为宁夏回族自治区重点修缮工程，玉皇阁得到再次修缮，并且以玉皇阁为主体，建成玉皇阁公园。公园小巧，景色秀丽。近年来，玉皇阁又尊请了高达 21.9 米的西北最大的观音金像，兴建了人工湖、九曲回廊、喷泉、雕塑、假山、游乐场。同时，增添了八仙过海照壁、玉佛殿等人文景观，使玉皇阁旅游资源更加丰富。

十三、晨钟暮鼓　觅人生禅意——北武当庙

北武当庙坐落在石嘴山市大武口镇西北的山坡上，原名寿佛寺，又称北寺。寺庙背靠贺兰山，当地人称此山为武当山，武当庙也由此得名。

武当庙原来是道教寺观，到乾隆年间演变为佛教寺院，每年农历四月八日的佛诞，信众云集于此，朝山拜佛，人群延绵数里之长，人们称这天为朝圣日。《新建北武当庙碑》记载：北武当庙是清康熙四十八年（1709）由洪广营三宝居士郑惠及宁夏镇城周兆熊等人协力捐资募款，在一座小庙的基础上扩建而成的。因供奉真武石像，故名“北武当庙”。其后又几经扩建。至光绪年间，北武当庙僧人广煜修学北京潭柘寺，经潭柘寺方丈引见，请常到潭柘寺进香的慈禧太后为北武当庙钦书“护国寿佛禅寺”白绢条幅，自此北武当庙又名寿佛寺，左宗棠等人也曾为之亲笔题字作画，使之声誉大振，远近闻名。每逢农历四月八日、七月十五日、八月十五日、九月九日为会期，各地前来朝山拜佛者络绎不绝，香火旺盛。

北武当庙是一座儒佛道三教合一的古寺院，借天然地势，构思精巧，布局严整紧凑。整个寺院由 4 套方形院落组成。有钟楼、鼓楼、灵官殿、观音殿、五佛

殿、五藩殿、无量殿、大佛殿等建筑，皆为单檐歇山顶，挑檐正脊。主要建筑都在一条南北向的中轴线上。钟鼓楼、回廊、僧房和配殿左右对称，是典型的中国式木结构建筑。

多宝塔是一座楼阁式宝塔，座基、塔身和塔刹共 7 级，通高 25 米。塔座为砖砌八角形。塔身平面呈正方形，第一级南券门顶上部有一砖雕花边匾额，上刻“多宝塔”3 字。塔身每级上均以叠涩砖牙挑檐，四角有风铎。塔顶为覆斗状，上罩单层八角须弥座，承托桃形攒尖式塔刹。塔身线条明朗，棱角分明，觚棱秀削，与海宝塔相似。

北武当庙南侧半山腰处有一个巨大的“佛”字，有数株逾百年的老树苍劲挺拔，依庙而立，树下有清泉 3 眼，清冽甘甜，人称北寺清泉。在这里，古刹的格局与群山险峰互为点缀、相互映衬。

为了开发北武当庙的旅游资源，石嘴山市将北武当庙列为生态旅游景区，其中包括：大武口森林公园、北武当庙、韭菜沟、归德沟、小渠子沟树化石 5 个部分。

北武当生态旅游景区是宁夏第一个省级生态地质旅游公园，成为当地生态屏障和名胜古迹。这里也是一个拥有典型的地质历史演化过程的天然博物馆，地貌和构造群发育集中而典型，构造地貌两亿年前已具雏形，具有多、密、雄、奇、险、秀、幽、奥等特点。北武当庙还修建了总长千米的武当庙后山石台阶游览路，建成了蓄水量为 10 万立方米的武当池及曲桥、码头等附属设施，将昔日的泄洪乱石沟进行改造，建成 450 米长、80 ~ 120 米宽的分级叠水水道，逐步形成了石嘴山市西部绿色大屏障。

十四、西夏时期的最大塔群——一百零八塔

一百零八塔位于宁夏回族自治区青铜峡市，坐落在青铜峡水电站拦河大坝上游 1500 米的黄河峡谷西岸山坡上，始建于西夏时期。为全国重点文物保护单位，是宁夏河套地区西夏时期重要的佛教建筑，为世上稀有的大型塔阵。

水利灌溉是西夏的农业命脉，位于宁夏河西灌区的唐徕渠、汉延渠、昊王渠，对西夏的农业生产发挥过巨大作用。河西灌区各渠道从唐徕渠引水口分流引入黄河水，建造在唐徕渠引水口处的一百零八塔及其寺庙，与祈求农业丰收、减少水患有着密切的关联，成为西夏时期一处重要的藏传佛教活动场所。一百零八

塔见证了宁夏丝绸之路上多元文化的交流与融合，反映出西夏佛塔的兴衰和藏传佛教在西夏腹地的影响，对研究西夏历史文化、佛教传播、水利灌溉等具有重要价值。

一百零八塔建于西夏时期，历经元、明、清数次修缮，总体布局和基本形制仍保存着始建时的建造风格。一百零八塔在始建时为土坯塔，土坯外抹一层白灰泥，用红色彩绘。历史上第一、第二次维修在土坯塔外又抹过两次白灰泥，仅粉妆了塔的表面，规模不大。在清代前期的第三次大规模维修时，将塌毁严重的土坯残塔用砖砌外壳包在里面，从而使土坯塔变成了砖砌塔。直至 1987 年文物部门彻底维修以前，塔群的砖砌外表又小规模抹过几次草泥和白灰泥。

一百零八塔是由 108 座覆钵塔组成的大型塔群，因塔数而得名，塔群依山势凿石分阶而建，共有阶梯式护坡平台 12 级，由下至上，逐级增高，第 1 级护坡平台至第 12 级护坡平台的等高线为 31. 63 米，总宽 55. 70 米，长 12. 20 ~54 米。在 12 级护坡平台上，总共建塔 108 座，按 1、3、5、7、9、11、13、15、17、19 奇数制排列呈等腰三角形状。一百零八塔的所有塔均由塔座、塔身、塔刹组成，塔的单体结构略有差异，塔座有十字折角形和八角形束腰须弥座两种。塔身整体有覆钵式、葫芦形、圆筒状和折腹式 4 种，塔刹通为相轮伞盖宝珠顶。在第 12 级护坡平台上筑有一座最高的塔，高度为 5. 6 米，在塔后方建有一小庙宇，其余塔的高度均为 2. 5 ~3. 5 米。

1963 年，因一百零八塔下游修建青铜峡水电站，宁夏博物馆考古人员对塔前即将淹没河滩地上的一百零八塔寺遗址及两座小型覆钵塔进行了发掘和清理。1 号塔位于塔群下方东南侧约 20 米；2 号塔位于塔群下方与一百零八塔寺中间，距塔群约 5 米。当时在 2 号塔距地面高 20 厘米处的塔基座内，发现彩绘绢质佛画两幅，各自成卷，夹于麦草之间。两幅画画面均严重污染，且多处破损。这两幅作品是藏密风格的卷轴画《千佛图》，两幅作品的布局、尺寸及装裱方法完全相同。有一幅画面较为清晰，另一幅画面漫漶不清，画面中部的主尊为大日如来佛及两尊菩萨。一幅画背面右下角书有几行西夏文字，这是宁夏地区出土最早的西夏文字。

1987 年至 1988 年，经国家文物局审批同意，宁夏回族自治区文物管理委员会对一百零八塔进行了彻底清理和修缮加固，拆除近代覆盖在砖塔外的泥皮，考虑到始建时的土坯塔损毁严重，已无参照标本和复原的依据，最后按照保存较为完整的清代时期砖砌塔的形制，将其坍塌损毁的部位挖补修复，再现了塔群的原始风貌。同时加固了护坡平台，修筑了踏台阶道，装修了散水和塔群护栏，全面清理了塔群环境，建设了文物看护用房，全面加强了文物建筑的保护。

在对一百零八塔进行了彻底清理和修缮加固过程中，出土有砖雕佛像、彩绘泥塑像、泥塔模、西夏文残经页等100余件文物，这些出土的文物具有西夏文物的明显特征。其中001号塔出土的泥塔模与拜寺沟方塔、宏佛塔内出土的泥塔模基本相同。塔内出土的砖雕佛像风格古朴，具有西夏和元代早期文物的特征，塔群北侧砖塔残基内发现西夏文经书。

十五、丝绸之路文化的载体——固原博物馆

固原博物馆，位于固原市原州区西城路133号，隶属自治区文化厅，始建于1983年，1988年9月25日落成开放。博物馆占地面积32000平方米，为全国爱国主义教育基地、国家4A级旅游景区，2008年被评为宁夏回族自治区第一家国家一级博物馆。现藏文物近2万件（组），时间跨度自远古至明清，其中国家一级文物123件（组），国宝级文物3件。藏品以春秋战国时期北方系青铜器和北魏、北周、隋唐时期丝路文物最具特色，在国内外有一定影响。北魏漆棺画、北周鎏金银壶、凸钉玻璃碗为国之瑰宝，镶宝石金戒指、环首铁刀、波斯银币、罗马金币等均为中亚、西亚传入我国的外来品，为"一带一路"文化交流提供了实物依据。同时，加强对外交流和学术研究，近几年先后引进《"人间鲁迅"爱国主义教育巡展》《世界遗产摄影艺术图片系列展》《新中国百位女性第一与中国梦》《走进西域——新疆丝绸之路文物精品展》等展览6个，推出了《青铜之路——宁夏固原两周时期北方青铜器特展》《相映成辉——草原丝绸之路文物精华》《胡风东来——宁夏固原丝绸之路文物精品展》等赴新疆、大连、河南等地展出10余场次。

目前，固原博物馆主题陈列大楼常设基本陈列"千年固原　丝路华章"和"隐形将军韩练成"，其中"千年固原　丝路华章"荣获第十四届（2016年度）全国博物馆陈列十大精品。此外，还设有古墓馆和石刻馆两个专题展馆。

"千年固原　丝路华章"展览的突出亮点主要表现在3个方面：一是展览定

位明确，主题内容突出。展览内容紧扣“一带一路”，定位明确，犹如一首气势恢宏的音乐诗篇，从开端到结束共分5个章节，分别为文明序曲、华戎交响、萧关纪颂、金石鸿篇和边塞咏叹。紧紧围绕20世纪80年代以来，固原地区的一系列重大考古调查和发现，突出北朝隋唐墓地、须弥山石窟、固原古城、开城安西王府等遗址和墓葬。尤以六盘山为中心出土的大量先秦时期的西戎青铜文化遗物和北朝隋唐墓地发掘的众多反映丝绸之路文化交流与民族迁徙的珍贵文物最为引人注目。展览内容将整个固原通史与丝路主题有机地结合在一起，文献记载与考古发现相互印证，点面结合，多角度、多方位地展现了丝绸之路在固原的发展轨迹，同时将固原本地历史纳入其中，突出固原历史文化的多样性、地域性和民族性，从而揭示出中华文明的博大精深和源远流长以及多元一体的特性。二是回归博物馆传统陈列形式，注重用文物说话，尽量减少辅助展品。展览的整体氛围以灰黑色为主色调，照片大多使用黑白原版历史照。局部空间用文物纹饰图案装饰。展线顺畅合理，展板色彩明亮，说明文字简洁、洗练，展台、托架等紧密围绕文物。突出文物细节，用三维影像呈现了鎏金银壶上的故事内容，采用视频和实体沙盘来反映固原古城的变迁。灯光着眼于突出文物照明的层次关系，还针对壁画采用了特殊职能控制灯具，既保障了文物安全，又净化了展厅环境。展馆为成品建筑，设计未作大规模改动，主要体现了小空间营造大气势，使展览主题得到升华。三是突出文物与现代科技结合的创新形式。展览自筹备以来，始终坚持习近平总书记“一馆一特色”的指示，努力打造人民群众喜闻乐见的文化形式，让展览自身迸发活力。展览遵循“让文物说话，把历史智慧告诉人们”，展览针对馆藏文物体积小、数量大，均为出土文物的特征，精选宁夏南部出土的珍贵文物2280件（组），采用密集陈列方式，结合必要的铺展资料，合理利用新材料、新技术和高科技手段，以点带面，全方面、多角度展现丝绸之路在固原的发展轨迹。借助辅助展品，对于文物蕴含的知识性的内容通过设置电脑多媒体触摸屏系统，利用200多幅文字说明、图片、年表等展板，将大量文献资料、文物和历史知识融入其中，告知人们。展览整体空间呈现出热烈豪迈、大气和谐的氛围，生动地再现了丝路上的固原。

“隐形将军韩练成”共展出固原籍将军韩练成生前遗留的一些反映重大革命历史事件的资料、照片、书籍、衣帽、纪念物等珍贵文物159件（组）。该展览已经成为固原爱国主义重要教育基地和红色旅游的亮点。

古墓馆占地面积1564平方米，按照1∶1的比例，复原固原境内经科学发掘的重要历史时期的典型古墓葬8座：西周车马坑、春秋战国墓、北魏新集墓、北周李贤夫妇合葬墓、隋史射勿墓、唐梁元珍墓、西吉宋墓、固原城郊元墓。这里集中展示了古代不同时期固原境内发掘墓葬的形制、随葬器物、墓室环境，以及壁画、砖雕、棺床等。

石刻馆占地面积825平方米，馆内陈列有宋、元、明、清时期的碑刻34件，如宋代东山寨修城记、元代沈氏（妙清）墓买地券、明代兵部尚书石茂华立石碑、清代吴大澂书三关口修路碑记等，均具有较高的史料、书法和科学研究价值。

"让文物说话，把历史智慧告诉人们"，固原博物馆立足于实际，宣传和展示区域文化独特魅力，并面向未来发展，把跨越时空、超越区域、富有永恒魅力、具有当代价值的文化精神和优秀传统文化创新成果传播出去。让收藏在博物馆里的文物、陈列在广阔大地上的遗产、书写在古籍里的文字都活起来，让观众在亲眼欣赏和亲身游历中感知灿烂历史，认同文化传统。

（作者系宁夏回族自治区文物保护中心主任、研究员）

灵武岩画

刘振海

在20世纪90年代一个偶然的机会，灵武岩画引起了专家学者们的普遍重视。1993年至1994年间，灵武市临河镇的村民上山拉石头时，发现了一种“花石头”，他们认为这种石头上的花纹，是因虫子咬蚀而形成的。出于好奇，村民吕元民就挑选了两块最好看的“花石头”，放在自家的大门口，以作为装饰和乘凉之用。当时人们并没有认识到这就是岩画，所以也未引起人们的重视。

1997—1998年，灵武市文物管理部门听说吕元民家有“花石头”这件事，有关同志立即前往观看，才确认这就是岩画。1998年7月16日，宁夏回族自治区文物局周兴华先生一行3人，知道了此事，赶到了灵武市文管所，共同前往吕元民家，亲眼看到了这种岩画，确认了石上凿刻的鹿、虎、羊等动物图像，与宁夏贺兰山、中卫等地考察时所见到的岩画一样。当天，文物管理部门的人员请吕元民带路，到临河二道沟东北方向一带进行了考察，又发现了独石岩画15幅、个体图像80多个。自此，灵武发现岩画的消息不胫而走，可惜的是在这之前，许多独石岩画已被村民拉走，作为建筑石料或用或卖掉。后来宁夏回族自治区展览馆从村民出卖的石料中，也收购了部分岩画。

1999年，宁夏岩画研究院成立，其后在其所创办的2004年《岩画研究》期刊上，发表了刘宏安、王红芳联名撰写的一篇文章《灵武三道沟遗存古岩画》。周兴华先生于2002年出版的《岩画探秘》一书中，也有专文《灵武岩画考察记》，并附照片12幅向读者介绍了灵武岩画。但其时，人们对灵武岩画的认识仍是局部的。2005年9月，宁夏岩画研究院与灵武市文物管理所合作，入住当地农民家中，采用田野调查方法，集中10多天的时间，从此向南踏遍了每道山梁、每条山沟，行程1900千米，发现岩画300多组，其中单体图案50多幅，组合图案近千幅。

灵武岩画，主要分布于北起水洞沟旁的黑山脚下，南至三道沟北岸，方圆约40千米。这里是鄂尔多斯台地和宁夏平原的交界地带，满眼沟壑纵横，山峁相间，丘陵坡度较缓，山峁上遍覆砂卵石，其坡根、坡身、峁顶上镶嵌许多大小不同、形态各异的独石。独石石面或平整，或圆滑，岩晒或乌黑，或深褐。岩画就凿刻、磨制在这些或乌黑或深褐色的石面上。独石上神奇怪异的岩画，彼此相望。普查中，除拍摄照片、拓制拓片和摄像外，还采用了GPS设备，对所有的岩画进行了定位，并绘制了GPS分布图，大胆尝试将岩画的二维和三维的空间图像改变为数字文件的形式，以确保所收集岩画的原始完整性、全面性，从而为灵武岩画研究奠定了较为科学的坚实基础。

灵武岩画，既具有宁夏各地岩画的共同性，又有它的独特处。首先，它凿刻、磨制的石体，全部在独石上，并无崖壁凿刻。其次，从岩画的分布地址来看，绝大多数都分布在水洞沟旧石器和三道沟新石器遗址附近。要说灵武岩画有多古老，这在目前恐怕还是一个很难回答的问题。周兴华先生在《灵武岩画考察记》中说："灵武岩画的发现，引发了我对史前年代的许多思考。灵武岩画的主要学术价值，在于它产生于独特的环境中……其北面，著名的旧石器时代晚期的水洞沟遗址向我们敞开大门，积淀深厚的史前文化遗址向这里昭示着遥远年代与岩画的深层关系。其西南，新石器时代的三道沟遗址与这里有着延绵不尽的联系。"他在其他研究岩画的文章中又提出："在黄河岩画带内，岩画发生、发展的系列是十分清楚的。最西边是中卫岩画……岩画制作上使用了凿磨法、刻磨法，具有旧石器中晚期岩画的特点。中间是贺兰山岩画、灵武岩画……岩画制作采取了磨槽技法。最北边是海勃湾岩画……岩面的沟槽磨制得十分光滑，当属新石器时期的作品。这条史前文化带长约400千米。在这个文化带内，旧石器遗址与史前岩画毗邻；新石器遗址与史前岩画毗邻；石器工具与史前岩画毗邻；旧石器岩画与新石器岩画毗邻。从史前遗址、石器工具与岩画的题材、艺术风格、制作技法诸方面看，非常清楚地展现了史前文化发生、发展的一个完整系列，也非常清楚地展现了史前岩画发生、发展的一个完整系列。可以说，史前遗址是对史前岩画的诠释，史前岩画是寻找史前遗址的路标。"这种把上述诸方面联系起来探寻岩画的起源、发展的历史，对我们很有启迪。也就是说，灵武岩画的起源，很可能在旧石器晚期，但延续的时间却很长。这次岩画普查，就在三道沟发现的一幅岩画上，有天平元年(534)的题刻，天平元年是东魏孝静帝之年号。这幅岩画的内容十分丰富，刻有老虎、交战图、马拉车、太阳等。据当地老人介绍，他爷爷小时候，灵武临河一带还有老虎出没。就岩画的磨刻方法来看，其中不乏凿磨法、刻磨法。

岩画是早期人类生活和为生存斗争的画卷，取材基本上依客观存在的物象为依据，大都与物种生存和延续，以及人类的宗教信仰等有关。

一、天体、气象崇拜

在灵武岩画的普查中，除发现了数幅先民们用以表示太阳图像的岩画外，还有10多幅近似同心圆的由中心部位，逐层旋转向外环绕的圆形图案。这大约是先民们所理解的星象图，也许是他们对星象崇拜的图像表现，很可能是信仰崇拜或用于祭祀。

二、动物崇拜

在早期的人类中，动物是他们赖以生存的衣食之源，大多以羊、马、虎、鹿、牛等动物为神灵实体。因此，灵武岩画中的这些动物形象的磨刻画很多，差不多占1/4。其中有许多是动物单像刻制于一块独石上，有约半数的图像已模糊不清，说明其画年代已很久远。画面清晰的石刻，一般图像都生动多姿，令人叹为观止。

三、祖先崇拜

人面像在灵武现存的岩画中，为数不多。它们或许是古人类对于祖先的崇拜，作为祭祀的石刻人像。如在三道沟发现的一男一女的人像图，并列刻制在巨石上。左边是形体较大的男人头像，光头，两个耳朵较大，眼、鼻、口俱全，刻石表情粗犷而生动。右面女人头像，其眼、鼻、口的刻画要比男像细致生动，前额的发际下刻有左、中、右3处刘海，其略显方形的面部左、右下方，各垂一条纺锤式的发辫。女人头像的面部刻制的两道线条分为3部分，一条是口唇的上沿向上略弯的曲线，将口部及下巴分出；另一条是自发际正中呈倒三角的刘海尖部，向下垂一直线至上唇部的曲线处，在鼻子的部位，将脸形上方2/3的部位及两眼分成左右对等的两块，比例很协调，线刻也颇细致，是岩画中不可多得的精品。

四、养殖图

这类岩画多为人物喂养动物之图，是人类生产图景的再现。其时，人类在狩猎中可能将捉得的野兽，或是将捕得的兽崽圈养起来，久而久之，逐渐驯化，这就形成了人类最早的养殖业。这类岩画，一般都刻制得明朗、欢快。如采自三道沟的一组岩画，中间是人物图形，在欢乐地翩翩起舞，而四周环刻有马、牛、羊等驯养动物也随之欢快奔跳，似伴着主人的舞步在群起欢舞，是一幅人兽共乐图。

五、狩猎图

这类岩画分布较广，随处可见，多为射猎。少数为单人射猎图，大多是群猎图，这大概是古代居民生产图景的摄制。其中很多是人骑在马背上引弓射猎的，也有徒步持器械的人们集体狩猎的。这些岩画向我们透露出的信息，大约是远古居民在很长一段时间内，狩猎生产的一个发展阶段。

六、战争图

这种岩画在灵武岩画区所占比重不大，似乎是刻制较晚，但形象逼真。如前面提到的刻有“天平元年”题款的那幅岩画，就是场面较宏大的交战图。图中人类多为马上作战，有骑马射箭的，有持器械交战的，类似于中国中古时期的战争场面。

七、图画符号

在岩画普查中，发现的一些符号迄今为止尚未见到在有关刊物上破解，这类符号一般都很抽象，究竟古人类透露出的是一种什么信息，仍在研究中。但有些符号却比较形象，如在三道沟发现的一幅岩画上，刻制的 3 个类似于甲骨文上的“车”字，其中有车轮、车辕、车轭，而车辕纵贯车轮，3 个车轮又有一条横线贯穿。如果单独看，每个车轮又像是一个个画圆了的“田”字。但贯穿车轮的一条横线，把 3 个“车”字连起来，是表示车战，还是表示古居民迁徙中的车队，抑或还有其他含义，令人费解。不过，高嵩、高原发表在 2004 年《岩画研究》上的文章《后稷之国在宁夏——岩画例诂》,很有借鉴意义。若按此方法解读岩画,将会得到更多信息。

灵武岩画内容十分丰富,并不仅限于此,还有些大约和原始图腾、神话、民俗或巫术有关。如绘刻于岩石上的近似凤凰的四足鸟背驮一轮太阳;类似于龟甲的复杂组合;似太阳照耀下的人、车组合;头戴三角帽,着有披肩的全身人像图;等等,不一而足。

世界灌溉工程遗产

——宁夏引黄古灌区

曼　荷

北京时间2017年10月10日，国际灌排委员会执行大会表决通过，宁夏引黄古灌区正式列入世界灌溉工程遗产名录。至此，一部流淌2000多年的经济、社会发展史册，从中国的西北走向世界。

一、千秋古渠流润塞上

翻阅引黄古灌区的历史，其实就是重温宁夏的历史进程。放眼宁夏的每一个历史发展时期，都和流经全境的黄河相生相伴，生生不息。

自西而东的黄河由甘肃到宁夏向北，至内蒙古的临河受阴山阻挡又折而向东，到托克托县突然掉头南下，绕了一个大弯，在宁夏和内蒙古形成纵贯全境的河套平原。

"黄河百害，唯富一套。""套"在其中的宁夏平原，由于河面开阔，水流平缓，自秦汉始兴修了许多引黄水利工程，形成引黄古灌区，使得这里旱涝无虞、物阜民丰。因黄河而存、因黄河而兴的宁夏，由此确立了它在历朝历代政治、军事、经济上的重要地位。

昊王（李元昊）率众劈山开渠，打夯的号子声响彻天地，古老的黄河水车悠悠地送水灌溉，有水声潺潺，有干裂土地被滋润的声音……沿着历史的足迹，品读宁夏水资源开发利用就是一幅千秋流韵、长河惠民的历史长卷。宁夏水资源的开发，源于从汉唐至今的黄河自流灌溉，其营造了宁夏平原的富庶景象，使之成为西北粮仓。

宁夏引黄灌溉始于秦代，盛于汉代。公元前215年，秦始皇命令大将军蒙恬率领30万大军北击匈奴，攻取河套黄河以南地区。公元前211年，再将内陆10万余人移民安置到河套地区。

汉武帝时期，又3次移民100多万人到宁夏、陕西、甘肃等地，大规模屯垦开渠，沿用至今的秦渠、汉延渠、唐徕渠的原始渠道就是这一时期开凿的。

北魏时期，薄骨律镇将刁雍发动群众在黄河西河修筑了拦河坝，开凿了艾山渠，引黄河水复浚古高渠，并首创了黄河水运。

唐太宗"灵州会盟"后，宁夏水利得到较大发展，各地筑堤引水，垦荒开田，灌溉面积超过了100万亩。

西夏开国皇帝李元昊，下令修建了长达150千米的昊王渠，颁布《天盛改旧新定律令》，共20卷，其中第十五卷涉及水利开渠、清淤等管理事宜。

元世祖时期，郭守敬采取因旧谋新的措施对宁夏平原的12条干渠68条支渠进行疏浚，并建立了控制流量的滚水坝和节制闸，实现了储水向控水的技术飞跃。

明代先后对七星渠、汉伯渠、唐徕渠等渠道进行疏浚修治，并将汉延渠、唐徕渠木质进水闸改为石质闸堰，宁夏引黄灌溉面积达到了133.5万亩。

康乾盛世，奖励开垦，重视水利，新开大清、惠农等渠，宁夏农耕经济空前发展，引黄灌溉面积近220万亩，"富庶甲于秦陇"。

历代在引用黄河水的灌溉实践中，积累了丰富的治水、用水、管水经验，为国内乃至世界灌溉作出了贡献。自秦汉起，中原农业生产方式向北推移进入河套平原，大规模的农业开发，最基础的工作就是兴修水利。秦代蒙恬率军收复河南后修筑的秦渠，开创了宁夏农业灌溉的先河；西汉初年大规模徙民屯边，便有了黄河两岸的汉伯渠、汉延渠、光禄渠，形成了著名的宁夏引黄古灌区，使原本荒芜盐渍的塞外成为渠道纵横、田畦相连的富庶之乡；唐代开凿的唐徕渠，"康乾盛世"时修筑的惠农渠、大清渠，使宁夏平原像镶嵌在巍巍贺兰山与茫茫毛乌素沙漠中的一块绿洲，成就了"田开沃野千渠润，屯列平原万井稠"的喜人景象。宁夏引黄古灌区的创立与建设，为稳固国家边防、推进历史进程起到重要作用。

二、沟渠星布惠泽塞上

宁夏引黄古灌区南接萧关与关中平原，北近鄂尔多斯台地，东靠贺兰山天然屏障，西至六盘山黄土高原，南北长320千米，东西最宽40千米，面积6600平方千米。灌区以青铜峡为界，以上为卫宁灌区，以下是青铜峡灌区，青铜峡灌区又分河东、河西灌区。

卫宁灌区，于中卫、中宁两县独成系统，在沙坡头与青铜峡之间，长120千米的狭长地带，盛产小麦、水稻、枸杞和果类，是农业的稳产、高产区。

青铜峡河东自流灌区，又称秦汉渠灌区，南起牛首山，北到灵武与内蒙古交界的明长城，东靠鄂尔多斯高原，西临黄河，土地总面积874平方千米。涉及青铜峡市的青铜峡镇及峡口镇，吴忠市利通区全境、灵武市全境18个乡镇、8个大中型国营农（林）场。

青铜峡河西灌区南起青铜峡，北至石嘴山，中经永宁、银川、贺兰、平罗、惠农5市县，是宁夏黄河冲积平原最大的一块。1949年之前有平行排列的唐徕、大清、汉延、惠农4大干渠和由南向北布设的东沟、西沟、黑阴、黄阳、北大、西大等排水沟。

得益于黄河冲淤，灌区土地肥沃、五谷丰登。唐肃宗见宁夏平原“兵食完备”，发出“灵武，我之关中”的赞叹，《明太宗实录》中也有“天下屯田积谷，宁夏最多”的记载。清康熙亲征噶尔丹途经宁夏时，更是感慨：“汤汤南北劳疏筑，唯此分渠利赖多。”

清末至1949年前，宁夏灌区水系基本上处于维持状态，水田面积仅存192万亩。宁夏回族自治区成立以来，历届党委、政府贯彻落实中央治水方针，不断探索治水新思路，带领全区各族人民改造灌区、建水利枢纽、修水库、打井窖、整田地、保水土，构建了灌溉、排水、防洪、水保等水利工程体系。宁夏引黄古灌区开始整旧扩新，国家对古老灌区进行了大规模的扩建和更新改造，并相继开挖了跃进渠、西干渠、东干渠、第一农场渠和第二农场渠等新渠，完善了平原上的渠系。

1958年8月动工开建的青铜峡水利枢纽工程，是一个以灌溉为主，综合发电、防凌、航运和下游工业用水的大型水利枢纽。拦河大坝合龙后，可控制宁夏、内蒙古等地区的黄河凌汛，并使宁夏地区形成一个面积1000万亩的引黄平原自流灌溉网和中部干旱带扬水灌溉网。

黄河沙坡头水利枢纽工程的建设，改写了宁夏两大自流灌区之一的卫宁灌区2000多年来无坝引水的历史，为灌区的节水改造与水资源优化配置创造了条件，对改善区域生态与环境，促进地方经济、社会的发展与宁夏节水型社会的建设具有重要的作用。

宁夏先后有沙坡头水利风景区、银川市艾依河水利风景区、石嘴山市星海湖水利风景区、灵武市鸭子荡水利风景区、沙湖水利风景区、青铜峡唐正闸水利风景区等11家被评为国家水利风景区。

2000多年的水利开发建设史，造就了宁夏引黄古灌区精湛的灌溉技术和璀璨的水利文化。在历代的治水实践中，积累了丰富的治水、用水、管水经验。汉代的“激河浚渠”；北魏的灌溉制度；西夏的卷埽技术；元代的木闸、滚水坝控水；明代的石闸布设，刻字“水则”；清代的飞马报汛、埋设准底石、闸坝砌筑、植柳固堤、“封”“表”轮灌、渠道岁修、插杠挡闸等技术及经验领先于其时代，为当地经济、社会发展作出了巨大贡献。

盛世兴，水利兴。目前，宁夏引黄古灌区总灌溉面积828万亩，是宁夏粮食主产区，也是全国12个商品粮基地之一。秦渠、汉延渠、唐徕渠、惠农渠、大清渠等14条引黄古渠渠道总长1292千米，灌溉面积达544万亩。

天赐福祉，水脉传承。宁夏回族自治区的经济、社会发展史就是一部水利开发史，水始终是事关战略全局、事关百姓福祉、事关长远发展的大事。在新时代、新征程中，宁夏引黄古灌区必将焕发出新的活力，创造出新的辉煌！

莫家楼渡口沉浮记

闫 晶

中卫市地处黄河前套之首，城区濒临黄河北岸之滨，元时就有应理州（治所在今中卫市）黄河九渡之说。中卫境内的沿河渡口，明代有常乐渡、永康渡、冰沟渡，后又有上下河沿渡、大坂湾渡、新墩码头渡、炭场子渡、莫家楼渡、永丰渡、李嘴渡等渡口。其中，炭场子、新墩码头、莫家楼三个渡口距市区较近，先后成为中卫南北陆路交通和东西运输货物的贸易集散中心，是中卫市名副其实的水旱码头和渡口。其中的莫家楼渡口因为“中卫有个莫家楼，半截子入到天里头”这句话而被人们熟知，下面我们就去看看这个古老渡口如今的面貌。

一、莫家楼渡口的前世今生

出了中卫城区，沿着滨河大道行车 10 千米，就到了目的地——莫家楼渡口。在我们想象的情景中，这样有名的渡口即使经历了时间和时代的洗礼，也该保持着英武的雄姿，但是恰恰相反，车在滨河大道上反复掉头，问了很多路人，都遍寻不到莫家楼渡口的踪影，仅仅能看到这里河面开阔，波光粼粼，河滩上广泛种植着水稻、麦子和玉米，道路两边绿树成荫，沿路有几家农家乐的招牌。但是，既看不到古渡，也看不到莫家楼。

最后，一位名叫王军的老人，原是宁夏公路管理局中卫分局的工会主席，20 世纪 70 年代老人曾在莫家楼渡口当过轮机工，就连爱人也是在那时“百年修得同船渡”修来的，因此他对莫家楼渡口和莫楼村（1983 年改现名）感情深厚。

据王军老人介绍，莫家楼渡口与仁存渡口、石嘴山渡口并称为“宁夏三大官渡”，莫家楼渡口不仅是重要的盐运渡口，也是活跃的商贸重地。

史料记载，西夏定都之后，莫家楼渡口发挥了重要的商贸交流作用，从上游运来的货物经由这里顺河而下，抵达不到200千米远的西夏国都，从北边阿拉善草原深处来的商旅、货物也从这里渡河，向南进入宁夏中部、南部地区，甚至远抵中原地区，渡口连通了南北商贸的往来，记录了古渡两岸的生活场景。

明朝时，整个宁夏平原成了大明王朝的边境地区，莫家楼的战略地位更加突出，一批批来自内地的战略物资通过这里运往黄河北岸的戍边将士手中。

清朝时，在中卫境内，西起南长滩，东至泉眼山全长114千米的黄河航运再次繁忙，莫家楼成了青海、甘肃、宁夏到包头的物资水运交通枢纽，尤其是经过黑山峡的险恶水域后，水上商旅或放筏人，都会在这里歇脚或购买生活所需。

1927年，甘肃省中卫盐务局在莫家楼成立，进行盐务储运、督销等业务，莫家楼再次迎来了繁盛期。就在同年，为避开腾格里沙漠对公路的侵害，甘肃省政府决定将原宁兰（银川至兰州）古道中卫经沙坡头、营盘水至兰州段废弃，改由莫家楼渡黄河经寺口子、兴仁堡、靖远达兰州。莫家楼成了水、路运输的要道，不仅成了西宁、兰州经宁夏到包头的水上要津，也成为宁夏平原通往固原、平凉、兰州、西安的枢纽。

1950年，宁夏省交通厅在莫家楼设管理所，古老的渡口迎来了机动船。20世纪70年代，5艘148马力的小汽轮，5艘60吨的大渡船整日划过莫家楼渡口，有固定渡运工80多人，运量居宁夏平原的各渡口之首。这种胜景仅仅持续了10多年，20世纪80年代中期，中宁黄河公路大桥建成通车，以莫家楼渡口为代表的黄河航运完成了历史赋予它的使命。此后的几年间，莫家楼渡口逐渐因车流、人流稀少而走向冷落。

王军老人说，他亲历了莫家楼渡口的船运由人工皮筏、木船到半机械的机动船又到全机械机动船的变迁。如今虽然渡口没落了，但这也反映了我国交通事业的兴旺发达。

二、没有楼的“莫家楼”

莫如江老人是莫楼村的一个传奇人物，他爱好写作，年过七旬的他以莫家楼的历史、人文为背景，创作了《沧桑黄土地》和《莫家楼传奇》两部小说，体现出浓郁的故乡情怀。他对莫家楼的历史也进行过深入的研究。

“莫家楼”到底有没有楼呢？面对这个问题，莫如江老人说：“莫家楼是一个紧靠黄河渡口的村庄，过去有没有楼，老一辈人也说不清楚。我觉得应该有过楼吧，我记得儿时村里有一大土台，高约两丈，方圆亩余，土质坚硬，久经风雨侵蚀，显得满目疮痍，台顶上长满野草，我猜想这土台大概就是莫家楼的台基。据说清朝同治年间，台上建有楼，后来被土匪烧了，只留下这个风水堆。直到20世纪50年代末，村里学校取土垫操场，土台便从此消失了。”

在莫如江的叙述中得知，从前的莫家楼既是一个水陆交通码头，又是一个商贸活跃的集镇，是仅次于县城的繁华之地，号称“小中卫”“小上海”。莫家楼之所以兴旺，还是要从盐运说起。光绪三十二年(1906)，内蒙古阿拉善察汉以盐池作为外债抵押，盐税权划归比利时国，在中卫新墩设仓销售，使新墩商业日趋繁荣，后来由于盐运业务扩大，建仓设场需要不少耕地，大盐商“尽盛魁”老店主刘尽善联络家乡人和莫家楼绅士，让出自家耕地，欢迎盐务局迁往莫家楼。遂大兴土木，于民国14年(1925)，由莫家楼第一任乡长莫忘忠的祖父包工建设盐局。历时4年，建成办公、生活用房及库房80余间，土夯围墙高8丈，底宽9尺，上宽6尺，有防守女墙，四角有岗楼。高大的砖雕拱门上“比商卜内门盐碱公司”“中条盐场公署”两名并列，由3名比利时人和中国盐务人员共同管理，可谓中卫最早的中外合资公司。

盐务局迁到莫家楼，产生了连锁反应，地产开发带动建筑，建筑带动木工、瓦工、杂工，从而拉动地方经济发展。有了这么多来往的驼队、车辆，需要住宿，人需吃喝，驼需草料。由此派生出许多车马店、驼店、商铺，莫家楼又形成一个颇具规模的市场，吸引了附近省县的人到这里做生意。1938—1952年是莫家楼最兴旺时期，有1条街、10个小巷，有工商户120户，10多个商业字号。1958年前莫家楼曾经有学校、寺庙、清真寺、盐务局、渡口所、稽查所、派出所、银行、财政所、税务所、乡政府、区政府、商店、诊所、中药铺、邮政代办所、农村信用社、莫家楼工商联办事处，有码头、集市，还有碉堡和警察驻军，政府机构比一个大型乡镇多。当时流传一句话：“中卫城里有的莫家楼都有，中卫城里没有的莫家楼也有。”从这一句话可以看出当年莫家楼的繁华。

三、今非昔比的莫家楼

据《莫家楼村志》记载，莫家楼是宁夏回族自治区中卫市的一个村庄。

1912—1953年设莫家楼乡，1954年设柔远乡莫家楼村。1955年成立莫楼高级社。1958年10月成立先声公社莫楼管理区。1961年5月设柔远公社莫楼大队。1962年分为莫楼砖塔两个大队。1979年12月分为莫楼、渡口两个大队。1983年5月16日改为莫楼村。

随着公路网线的改造建设和中宁黄河公路大桥建成通车后，莫家楼渡口于1997年撤销，同莫家楼渡口一起走向冷清的还有莫楼村，往昔的光芒不再，年轻人基本外出求学打工，村里只剩下一些妇孺和老人。能证明莫楼村过去辉煌的大概仅存这一段残破的盐局土墙，看似古迹，但这段墙是1953年重新修建的。

走进盐局的大门，可以看到四周修建着土坯房，这土坯房盖得非常有趣，外墙从下向上朝内倾斜，这是怕堆积盐的时候压坏房子，特意修建出一定的角度。而这盐局的院子也是现在盐业公司的囤盐点，时常有车辆来往运送食用盐和工业用盐，可以说这里还发挥着历史的余热。

如今的莫楼村离中卫市区7千米，地处城乡接合部，村里有400多户，常住人口8000余人。村里建有65座大棚，主要种植蔬菜。这些年，莫家楼新建了盐库，建设了新农村和农田林网，实现了农业机械化，建立了大棚蔬菜生产基地、奶牛场等。滨河大道通车后，莫家楼是地理环境优越、风景秀丽的鱼米之乡，这里水面广阔、水源丰富、无污染，是旱涝保收的绿色食品生产基地。黄河也将要通航，是旅游的美好地方。

吴忠市非物质文化遗产

——麻绳编织工艺

杨佳佳

麻绳编织工艺是吾乡吾土(吴忠市)的非物质文化遗产之一,之所以用“麻编工艺”为主题是因为接到《宁夏地名文化精粹 2017》的征稿通知后,我脑海中第一时间闪现出了一幅幅麻编艺术品。知道麻织品的缘由还是出于同学很早之前发过一篇有关她妈妈张璟老师,作为宁夏回族自治区 4 位非遗传承人中的麻雕传承人,携作品前往毛里求斯参加“唐人街文化节”报道的朋友圈。当时让我觉得不可思议的是,什么人能够用天然、素雅的绳线,编织出既工艺精细、趣味十足,又富有弹性的实物?又怎么做到这么活灵活现,充满生机呢?

张璟老师,一位倔强率真、追求完美、富有爱心、不为名利所累的艺术家。以天然植物纤维为原料,编织出一件件堪称精绝的工艺品,或许是张璟老师与生俱来的柔韧气质和麻有几分相似。麻一般的柔韧,让张老师重新寻找到了自己艺术的突破口,张老师这样总结自己:“它是彰显自我生存价值的表现手法,能够表达我内心最真实、淳朴的情感,同时也是自我情绪的抒发、释放。每次创作时,我都会有段痛苦的挣扎过程,我可能会停下来、会哭泣、痛苦,而当这一切过去后,我依旧会坚持我的梦想。”除了在雕塑本身上下功夫,张老师还特别注重选材和加工。“麻看上去可能都差不多,但其实颜色、亮度、纹理都不一样,我先把材料买回来,再根据作品的需要把麻重新分类、编织、捆扎、剪裁,还要上色。我曾将一把麻线反复洗了 40 多遍,就为了把原来的深黄色洗成浅黄色。”张老师说。一次,张老师含泪把已完成的 20 多件麻雕全部拆掉,再用新材料、新手法、新构思重新编织、雕刻,因为她不想将麻雕“永远摆放在工作室里”。

麻绳编织工艺不但是我们家乡吴忠市的非物质文化遗产之一,而且麻编工艺品以天然植物纤维为原料，不仅美观，且具有吸潮、凉快、坚韧、不易腐蚀等优点。无论过去还是现在，无论在服饰还是在家居布置上都应追求与众不同。麻绳编织艺术品更值得我敬佩的是它所衬托出的精神——张璟老师追求完美、内心率真、绝不放弃的精神，我们应将家乡吴忠市的文化宣扬出去，并传承下来。

（作者单位：宁夏回族自治区吴忠市园林管理局）

灵武与丝绸之路

刘振海

丝绸之路是一条很古老的商道，通常是指欧亚大陆北部的中西经济、文化交流之路。灵武作为中西交流的枢纽，大约从一万年前就开始了，若单就商道而言，在公元前31世纪就已开通。可后来却是断断续续的，这也许是汉朝以后重新以“丝绸之路”来命名的这条中西交流之路的原因吧！

1877年，德国著名地理学家李希·霍芬在他的《中国》一书中，把公元前144年至公元前127年，经我国西域地区（今新疆）连接我国与中亚阿姆河和锡尔河（今两河流域）一带，以及中国与印度之间以丝绸贸易为媒介的诸商路总称为“丝绸之路”。因在其商路上以中国古代的丝绸贸易为大宗，而实际上是东方与西方之间政治、经济、文化进行交流的主要道路，“丝绸之路”只是一个形象的概括。就是“丝绸之路”概念诞生后，也还经历了一个变化的过程。1910年，德国著名东方学者阿尔巴特·赫尔曼，经考察后在《中国与叙利亚之间的古代丝绸之路》一书中，将丝绸之路延伸到遥远的叙利亚。1915年，赫尔曼又在《从中国到罗马帝国的丝绸之路》中，把其交通线延长至罗马，以上主张都逐一得到了学术界的肯定。之后，中外学者不断使用“丝绸之路”这一概念，阐述其在古代东西方经济、文化交流中的作用。到20世纪上半叶，人们就已经用“丝绸之路”来总称古代东西方陆路交通线路。2013年，中国国家主席习近平倡议共建“丝绸之路经济带”，称为“一带一路”，得到世界沿线国家的重视和欢迎。

历史上，灵武自太古前，就已开始了碰撞中西文明的接触，并在接触碰撞中相互激发、相互学习，从对方的体系中汲取本文化发展的养分，相互滋润，使人类在征服和被征服中不断向前发展。灵武水洞沟，迄今已知42000年前，就有旧石器时代的水洞沟人生活，他们创造了人类最早用火的历史。距今10000年前，地球气候进入了又一个寒冷期，海水大量结冰，致使海平面下降了 80～120 米，台湾海峡和白令海峡露出地面，使欧亚大陆和美洲大陆连成一片，方便了古人类迁徙、交流。水洞沟人曾跨过白令海峡形成的大陆桥，把弓箭制作和磨制石器箭头、制作皮绳、创建草泥窝棚、用小炉灶取暖、用兽皮制成铺盖等向严寒挑战的生产、生活文化传入北美大陆。水洞沟地区考古发现西方人的头骨，水洞沟出土的细石器具有“勒瓦娄哇-莫斯特技术”特点，虽比上述“水洞沟人”迁徙时期晚，但也证明其是我国远古时代最早开始的中西交流地区之一。

20 世纪 80 年代，专家学者们经多年研究考证，涿鹿之战后，黄帝部族从涿鹿（河北今地）分两路南下：东路沿黄河两岸的山陕南下，到达中原一带；西路则沿今内蒙古、宁夏的黄河东岸，直到今甘肃兰州、天水一带分布。今灵武的三道沟、鸳鸯湖等地，正处于黄帝部族分布路线中，使之成为最早融入华夏民族，并得以开发的地区之一，留下了今天的红黑陶、玉质、石质生产、生活品等新（细）石器时期文化遗址。20 世纪 70 年代在三道沟修扬水站时，曾于此发现了新石器时代烧制陶器的窑址。窑址建在半山坡上的迎风面，且有烧窑时的灰坑。其遗址散布有大量灰陶、红陶、夹砂红黑陶等陶器及其残片，纹饰多为绳纹网格。石器中有磨制的石斧、石刀、石锛及石磨棒、石磨盘等。玉器则主要为玉璧等祭器和玉佩等装饰品，其颜色有白、绿、墨绿等，为新石器至细石器时代的器物及残片。

其时又存在一条“玉石之路”。西域所产之玉进入玉门关，由甘肃兰州一带过黄河，沿黄河东岸北上，到今内蒙古临河一带，转而沿黄河南岸向东，到达准噶尔一带时，再沿黄河“几”字湾东侧之西岸转而南下，到达陕西及中原腹部。三道沟、鸳鸯湖等遗址分布在“玉石之路”的路线上，先民们以自己烧制和磨制的陶器、石器、食物等，以物易物，得到玉器，从而加工成祭祀器或装饰品。在当时，玉质器物主要用于祭祀，若能享受玉制装饰品，那绝不是一般人。但这种远古的物物交换，使得本地所产红、黑陶器等文化传播开来。裴文中教授认为：“细石器文化在长城附近，遇到了强大有力的彩陶文化的阻止，就停留在长城以北或长城附近，更向西沿着戈壁的边缘西进，一直到了新疆。”（选自《中国石器时代》）贾兰坡先生认为：“细石器向北分布的途径可能从我国的宁夏、内蒙古，经过内蒙古和我国的东北部分布到西伯利亚的，最后通过白令海峡分布到北美。”（选自《旧石器时代考古文集·中国细石器的特征和它的传统、起源与分布》）这种分布路线，恰与后来的“丝绸之路”“草原丝绸之路”相重合，是早期的“丝路”。在这种文化交流、分布路线中，灵武的三道沟、鸳鸯湖，以及旧、新或细石器时代文化遗址的水洞沟是十分重要的中转站，但后来又数度中断。因此，近年来有些专家学者认为，张骞“凿空西域”，是重新打通和整合了“丝绸之路”；另一证据是，张骞出使西域，在大夏（今阿富汗北部）发现蜀布、邛竹杖，系由身毒（古印度）转贩而去。他向汉武帝报告后，元狩五年（前118），汉武帝派张骞打通其以前就已存在的“蜀－身毒道”。在这以前是蜀地私商往来的商道，经整合后成了官道。但这并不影响张骞通西域的伟大功绩，自此，汉代的丝绸便成了中西交流的大宗物品，后世才以“丝绸之路”来命名中西交通线。

一般认为，张骞“凿空西域”后，汉代“丝绸之路”东起汉都长安，向西经宁夏南部、河西走廊到达敦煌，从敦煌向西分南北两道。南道沿昆仑山北麓经和田至疏勒（今新疆喀什）；北道经罗布泊沿天山南麓经库车、阿克苏至疏勒，由疏勒越葱岭或南往印度，或西经波斯往地中海沿岸诸国。到汉武帝时，宁夏平原黄河以西地区，已得到广泛开发，和之前已开发的灵武等黄河以东地区，渡河往来已不成问题。如西域传入的苜蓿、葡萄、胡桃、胡瓜、芫荽等产品，已广泛种植。张骞“凿空西域”后，被誉为“牧草之王”的苜蓿，在当时还是一种稀有产品，并不是谁能种植就能种植得了的。由于灵州（灵武古称）自汉惠帝四年（前191）置灵州县（位今灵武市临河镇下桥村之西），于其黄河东岸设河奇苑、号非苑两大军马场，为全国36个军马场之二，养殖军马，供朝廷装备骑兵所用。汉武帝时，他立志打败匈奴，且酷爱战马，不惜动用武力求得大宛马。其间，灵州军马场所在地的清水河（即今边沟）以南广阔沙漠草原广泛种植苜蓿。加之汉时今宁夏气候温暖，年平均气温比现在高2℃～3℃，雨量充沛，苜蓿种植推广，极大地促进了本地区养殖业的大发展。到东汉时，包括灵州在内的今宁夏平原已是“沃野千里，谷稼殷积……水草丰美，土宜产畜，牛马衔尾，群羊塞道”[①]。西汉昭帝元凤四年（前77），灵州傅介子“以骏马监求使大宛，因诏令使楼兰（今新疆若羌县）、龟兹（今新疆库车县）国”（《汉书》卷七十），继张骞之后，再一次打通了因匈奴阻隔的“丝绸之路”，傅介子功擢义讵侯。自此，“汉晋时北地灵州傅姓最盛”（《百家姓辈分字行・傅》）。

---

① 永建四年（129），尚书仆射虞诩上疏言。

其后，灵州处于河奇苑、号非苑间的渡口（今灵武临河镇石坝古渡口）开通，由此过黄河，经今银川向西越贺兰山至凉州（今甘肃武威）、沙州（今甘肃敦煌），进入今新疆。十六国时，大夏国赫连勃勃于其元年（413），将薄骨律镇城（即灵州）建成果园城，原产西域的葡萄、胡桃及中原的桃李杏等，在此广泛栽培。到公元6世纪，北魏著名地理学家郦道元到塞上来考察时称“薄骨律镇城，在河渚上，赫连果城也。桑果余林，仍列州上”（《水经注·河水三》）。南北朝时，中原的桑蚕业北传至新疆，而处于这条“丝路”中段的古灵州等“桑果余林”的发展，说明其桑蚕业已成为重要产业。其时的年平均气温，要高于如今2℃左右。其环境条件，还优于现在，比较适合桑蚕业的发展。直到唐代时，这种桑蚕业的发展规模，不但在今宁夏平原，就连气温稍低于宁夏平原的今固原地区，也是桑林遍野。中唐诗人王昌龄在《塞下曲》中，描写今固原一带风光时写道：“蝉鸣空桑林，八月萧关道。出塞复入塞，处处黄芦草。”有“蝉鸣空桑林”，说明当时宁夏的气温和桑蚕业与今中原地区差不多，而气温还要略高于今固原地区的灵州，其桑蚕业大约也不亚于固原地区。

南北朝时是一个民族大迁徙、大融合的时代。北方先后为前赵、北魏、北周等游牧民族政权所有。薄骨律镇由于远离中原战区，社会相对稳定，成为各游牧民族政权的内陆地区，经济得以一定程度的恢复和发展，除经此的丝绸之路交流外，“草原丝绸之路”业已延长至古灵州。农耕文化和游牧文化在此碰撞和交融，产生出灿烂的文明火花，并在自水洞沟至三道沟之间留下了丰富的文物及痕迹。在灵武的岩画中，具有许多和内蒙古岩画相同的特点和内容。特别在一处岩画中，有“天平元年”的汉字题刻。“天平元年”（534），为东魏孝静帝的年号，可见民族交融之一斑。实际自北魏太平真君五年（444）刁雍为薄骨律镇将后，大修水利，不但取得了屯田积谷的大成效，还于薄骨律镇打造了200余艘船只，将50万斛（约合2500吨）粮食，用两个月的时间，通过黄河水运到沃野镇（今内蒙古五原县五加河北）。这一创举，具有划时代的意义，开了宁夏黄河水运之先河，使这一段水运和“草原丝绸之路”西段相接。近年来的考古发掘已证明，秦始皇北巡时就是沿着“草原丝绸之路”的东段，回到咸阳的。其西段恰处于河套北岸，向西通往中亚。后来，唐太宗于贞观二十一年（647），开通的“参天可汗道”，基本上就是沿着刁雍所开黄河水运之路，北上至丰州转而向西的。直到民国年间，灵州的甘草、皮毛还从今灵武西门外水路装船，西行进入黄河水运线北上，到达内蒙古包头上岸，运往俄罗斯及欧洲。清康熙三十六年（1697），康熙帝三征新疆伊利河流域，分裂叛乱的噶尔丹，于灵州石坝渡乘船北上，随驾船只101艘，其中楼船3艘、官员和侍卫坐船96艘、载马大船2艘，均依刁雍所创这段水运而行。其时，为康熙御前侍卫官的大词人纳兰性德，也在当行之列。他在灵州赋《百字令·宿汉儿村》词中有“回乐峰寒，受降城远，梦向家乡绕”的词句。

北周时，将薄骨律镇改置灵州，保定二年（562）改灵州为灵武郡。同年，北周武帝将前一年战败被俘的，南朝陈开国公吴明彻及所部3万人，全部安置在灵武郡。《太平御览》载：“迁其人于灵州，江南之人崇礼好学，习俗皆化，因谓之塞上江南。”这就是宁夏称之为“塞上江南”的来历，这也成为“丝绸之路”上民族团结、文化交融的典范，也为后来灵武成为中西交流之路上的国际都市奠定了基础。

隋唐，是灵州（武）成为“丝绸之路”都市的辉煌时期，这与灵州（武）是两朝的“国之北门”的地位密切相关。隋开皇五年至六年（585—586）隋文帝派司农少卿崔仲方先后征发3万、15万丁夫，自灵州筑长城，“东至黄河，西至绥州（今陕西绥德），南至勃出岭（今陕西绥德东南），绵亘七百里”（《隋书》卷六十），并沿长城险要处筑城堡数10处。这虽为防御强大的东突厥而设，但在长城内侧形成了一条有防守的交通道路，成为客商放心来往于丝绸之路上“神仙路”的一段平安道，向东与有防卫的陕北道相接。所谓“神仙路”，是指西去天竺、于阗的中原僧人，或东来长安、五台山的西域僧人多走这条路，实际上，这是一条文化传播之路。这条路是由西域经瓜州、肃州、甘州、凉州、灵州（武）沿长城内侧的黑山（今水洞沟，古称黑山），古时称为“黑山大营”，重点防守长城一线。这样，这条线既是丝路，又是运兵路，同时又是突厥南下的防守线，隋朝廷十分重视。隋炀帝大业十三年（617），炀帝杨广派陈国公窦抗巡视灵武郡（大业三年改灵州为灵武郡）长城一线的戍守，其黑山大营即为帅帐。窦抗和隋炀帝、李渊俱为表兄弟，当李渊在长安一建唐，窦抗立即率灵武、延川郡（时为灵盐）归唐。《木兰诗》中反映的隋末至初唐时，木兰从军和征战之地，即在此黑山（今水洞沟）、红山（今红山堡）一带，且《木兰诗》也源起于初唐时的灵州，诗中多处留下民族融合的痕迹。由“神仙路”（文化交流之路）向东至绥州，然后向北经丰州、胜州、朔州、代州、忻州到达五台山。当然,也有客商往来,后人便以“神仙路”来称谓它,成为唐末至五代灵州境内“丝绸之路”中的一条。

唐贞观二十年(646),唐太宗于灵州大会铁勒诸部。诸部到达灵州的使者数千人,贡品琳琅满目,是“丝绸之路”中中西交流的空前特大盛会。铁勒诸部尊唐太宗为“天可汗”,要求置“参天可汗道”。第二年(647),天可汗道通,位于鹈鹕泉(今内蒙古河套西北部)之南。向东沿着阴山、燕山北麓直通大海;向西经居延海(今内蒙古额济纳旗),然后沿阿尔泰山南麓西行,抵达伊州(今新疆哈密)、高昌(今新疆吐鲁番),远达中亚。唐太宗于“参天可汗道”河套以西段,置36驿,每个驿站按唐内地驿站规制,设置人员、马匹、肉食等。西域使团每团少则七八十人,多则二三百人,入京参谒时,往往携带大批货物,兼经商。此后,各商队络绎不绝地来往于这条商道,他们把从唐朝获得的丝绸等商品,又贩运到更远的西亚、欧洲等地。大批商队沿着“参天可汗道”,于丰州(今内蒙古临河)等地过了黄河,沿黄河东岸南下,基本上走的就是古时“玉石之路”到达灵州,再沿“灵州道”直入关中、长安。当然也有走传统的张骞通西域后的凉州道,即自河西走廊经今宁夏固原东入长安。

到盛唐时,“灵州—西域道”业已形成,其时经灵州的“丝绸之路”,除上述的“神仙路”外,尚有3条,即北、南、中路线。其大致路线是,从长安出发,向西沿着泾河南岸抵达邠州(今陕西彬县),再沿着马岭水(今环江)继续北上,经宁州(今甘肃宁县)、庆州(今甘肃庆阳)、方渠(今甘肃环县),越瀚海(今灵武东南至甘肃环县的大沙碛)到灵州(武),此为第一段。第二段,即前所说的灵武境内的3条线。南线是由灵州(武)出发,至今青铜峡过黄河,沿黄河外侧经中卫到凉州(今甘肃武威);北线是由灵州(武)北上,至石坝渡(明代时称“黄沙古渡”)过黄河,经今银川市西行,翻越贺兰山,穿过今内蒙古阿拉善左旗到居延海,接原“参天可汗道”西行;中线是从灵州(武)到青铜峡渡过黄河,进入阿拉善左旗,向西越腾格里沙漠到凉州,也可走“青唐线”,即至青唐城(今青海西宁)北上今新疆。有学者认为,北线主要用作军事,中线是河西、西域回纥(鹘)入贡中原的必经之路;南线则是使臣、商人的行经之路。其中“灵萧道”就有两条:一条是沿汉时的“回中道”至萧关,经今甘肃环县,越瀚海(即甘肃环县至灵武间的大沙碛),至灵州,即今211国道之走向。另一条是由萧关道至原州(今宁夏固原),经今宁夏同心、中宁至灵武，即今109国道走向。唐太宗“灵州会盟”、唐肃宗北上灵武即位，都走的是这条道。因这条道要经过唐原州牧马监，“二宗”或要视察牧马监，或要从牧马监得到战马（4万匹，驱赶北上灵武）。此外，“神仙路”主要为僧侣行经之路，中唐后西边的百草院（今贺兰山拜寺口），东边的马鞍山甘露寺，便都分布在这条路线上，为往来于西域和五台山的僧众礼佛、挂单之所。

经灵武北上的“丝绸之路”都要经过大沙碛（即戈壁滩）。大风吹走戈壁表面的沙土，地面遍布大小不等的砾石，马匹和骆驼长时间行走，蹄子会被砾石硌伤。当地人对过往使团十分友好，他们手把手传授制作“马蹄木涩”的方法：把木板锯成马蹄的形状，四角各钻4个孔，在马蹄相应位置也钻4个小孔，然后用细绳连接拴紧，以保护马蹄。马匹一般还没有走出戈壁滩，“马蹄木涩”就会被磨损坏，需要更换。所以要多携带一些，作为备用。对于惯走沙漠的骆驼，则用牦牛皮包裹骆驼蹄子，再用细麻绳扎紧，用这种办法保护。高居诲对沙漠“木马掌”的记载，这在古代商队中使用“马蹄木涩”的记载，尚属首次，可以说是“丝绸之路”上马驼队在长途跋涉中保护驮运工具蹄部的一项实用创举。

但自“安史之乱”爆发后，唐肃宗于灵武（742年改置灵武为大都督府）即位，曾向回纥（787年改称回鹘）、吐蕃借兵平叛。回纥则一直保持着和唐的友好关系，出兵沿“回纥道”[①]，到达灵武大都督府。而其时的吐蕃主弱臣强，由大相尚结赞主政，他背信弃义，唐肃宗初于灵武即位时，尚结赞曾派使赴灵武行宫，主动要求出兵助唐肃宗平叛。可当肃宗向吐蕃请兵时，尚结赞不但不出兵助唐平叛，反而乘唐将河西镇兵调出平叛、河西空虚之机，出兵占据了河西走廊，阻断了“丝绸之路”。此后，凉州路不通，灵武成为了“丝绸之路”唯一的通道，从长安至灵武，然后北上走“回纥道”，通向西域，保障了“灵武—西域道”的畅通。吐蕃占据河西走廊80年后，到唐宣宗大中三年（849），发生了“丝绸之路”上的重大事件，就是沙州（今甘肃敦煌）人张议潮，领导番汉人民起义。张议潮要将起义之情上奏朝廷，得到朝廷支持，又担心使者途中受阻，奏章不能上达朝廷，便将同样的奏章分派十路使者分头出发，其中的一路是经灵州入长安。最终灵州这一路使者，先行由灵州到达长安入奏成功。到大中五年（851），河西走廊悉数归唐，凉州路通，

① 回纥道，即原“草原丝绸之路”、唐太宗时的“参天可汗道”，中唐后回纥统一了北方草原，因称“回纥道丝绸之路”。

与“灵州—西域道”并存。由于“贺兰山下果园成，塞北江南旧有名”的灵州，得天独厚的自然条件和地理位置，使之逐步发展为“丝绸之路”上的国际商都和国际交通都市，丝绸和马匹的交易上升到空前重要的位置，结算大都以绢帛为媒介。回纥也将所得到的大批绢帛，远销中亚或欧洲，从而获得丰厚的回报。灵州的这种“丝绸之路”上的地位，一直保持到北宋初年，在正史和出土文物中，多有记载。如《新五代史・四夷附录》中，就记载了五代后晋天福三年(938)，彰武军节度判官高居诲跟随供奉官张匡邺，西去于阗(今新疆和田)册封于阗王李圣天为“大宝天阗王”，在沿途记闻中说：“自灵州过黄河，行三十里，始涉沙入党项界，曰细腰沙、神点沙，宿月支(氏)都督帐。自此沙行四百余里，至黑堡沙，沙尤广，遂登沙岭。沙岭，党项牙也，其酋曰捻崖天子。渡白亭河至凉州西行至甘州(今甘肃张掖)。甘州，回纥牙也……自甘州西，始涉碛。碛无水，载水以行……西北五百里至肃州(今甘肃酒泉)，渡金河，西百里出天门关，又西百里出玉门关，经吐蕃界……西至瓜州(又名西沙州，今甘肃敦煌)、沙州，二州多中国人，闻晋使到，其刺史曹元深(张议潮之外孙)郊迎，问使者天子起居。瓜州南十里鸣沙山……又东南十里三危山，云三苗之所窜也。其西，渡都乡河曰扁平阳关。沙州西曰仲云，其牙帐居葫芦碛。云仲云者，小月支之遗种也……葫芦碛，汉明帝时征匈奴，屯田于吾卢，盖其地也……自仲云界西，始涉碱碛……又西，渡陷河，伐柽置水中乃渡，不然则陷。又西，至绀州，绀州(今甘肃寿昌)，于阗所置也，在沙州西南，云去京师九千五百里矣。又行二日至安军州，遂入于阗。”

俄国人钢和泰盗掘的于阗文书《使河西记》中，也记载了于阗使臣经甘州、凉州到灵州的行程。被斯坦因盗走的敦煌文书《西天路竟》，更记录了五代时经灵州的“丝绸之路”要道：“东京(今河南洛阳)至灵州四千里地。灵州西行二十日至甘州，是汗王。又西行五日至肃州，又西行一日至玉门关……”西域除用马匹交换中原王朝的丝绸、茶叶等物品外，输入中原的商品还有白鹘、珊瑚、硇砂、美玉、羚羊角、波斯宝丝、玉带、香药等50余种。就是说，到五代时由于武装割据局面混乱，“灵州—西域道”途经凉州、甘州，又成为“丝绸之路”的唯一通道，交通十分繁忙。据《旧唐书・西域传》载：安史之乱后，因遭吐蕃侵逼，其他地区的党项人口大量迁入灵州。据统计，五代时党项人口约有70万，其中一半集中在灵州都督府。灵州人口也由原来的50万增加到90万。张希崇任灵州节度使后，兴修水利，劝课农桑，“塞北江南”的农业经济逐渐得到恢复和发展，之后商贸经济空前繁荣。灵州从而真正成为重要的国际交通大都市，自然也带动灵州成了国际商业大都市。直到北宋时，西夏于宋真宗咸平四年(1001)攻占灵州后，切断了内地和西部、北部的交通，灵州遂逐渐丧失了往日的繁华，丧失了国际大都市的地位(见杜文玉《论五代十国时期的灵州》)。

中唐到五代时，灵州的“神仙路”更发挥着“丝绸之路”文化传播的作用。唐肃宗灵武即位后王舍城人景教僧人伊斯，也通过丝绸之路来到灵州，官至金紫光禄大夫等，于灵州等5郡景教寺院的重建工作，出力最多。“每岁集四寺僧徒”于灵州进行布道活动，借以支持肃宗平叛。伊斯在灵州地区成功的传教，引起了长安景教僧景静的极大振奋和赞美，“原刻洪碑，以扬休烈”。使景教受到唐朝特殊的礼遇，远远超过了西域传入的其他宗教，也使天竺、于阗的中原僧人，东来长安、五台山的西域僧人，都频繁地活动在长城下的灵武道上。到五代时，依然如故。敦煌出土文物S·529《定州开元寺僧归文启》，就记载了后唐同光二年(924)，定州(今河北定县)开元寺僧人归文前往天竺取经，途中到达灵州。他于灵州“兼将缘身衣物，买得驼两头，准备西登碛路”。也就是说，归文沿丝绸之路到西域去，由灵州出发要穿越戈壁沙漠。敦煌文书P·3973《往五台山行记》中又载：一个僧人戊寅年从沙州出发前往五台山，辛卯年十一月回到沙州，走的就是沿长城内侧经黑山、红山“神仙路”往返的。

北宋初年，灵州仍发挥着“丝绸之路”上的枢纽作用。宋太祖乾德二年(964)、乾德四年(966)，先后都有很多求法团队，经灵州去往西天取经。如乾德二年，沙门王继业等300人，途经灵州，取道武威、张掖等地赴天竺取经。乾德四年，灵州、夏州的回纥200人、汉僧60余人取道西凉府、甘州，西去天竺取经等，灵州仍然是中西经济、文化交流的枢纽和必经之路。自北宋真宗赵恒咸平六年(1003)，李继迁攻陷灵州，此后河西走廊北端相继被西夏占领，凉州路不通，北宋与西域交往的陆上“丝绸之路”，开初改走青唐道，即从东京开封西行至青唐城(今青海西宁)，灵州在丝绸之路中的国际交通大都市风光不再，但灵州从此开始了“后三国”时的特殊地位。李继迁在契丹辽的支持下，在灵州建西平府，因“西平北控河、朔，南引庆、凉，据诸州上游，扼西陲要害……且其人习华风，尚礼好学。我将借此为进取之资，成霸王之业，岂平夏偏隅可限哉”，遂将夏州的宗族迁于此,在西平建都。北宋明道元年(1032),李元昊迁都兴庆府(今宁夏银川),正式建立西夏,灵州(西平府)作为西夏的陪都,又称东都、南京(与兴庆府称西都、北京相对应),驻兵5万,是西夏与宋、辽、金之间开设“榷场”“和市”,实行贸易往来的重要保障之地,为西夏“丝绸之路”中的商贸重镇,保护着宋夏在赤沙、骆驼会(今宁夏盐池南)、折姜会(今宁夏同心下马关)、高平寨(今宁夏固原东北)等榷场的贸易往来。灵州的东关镇(今灵武崇兴镇台子村一带)为西夏境内丝路的主要渡口,保障着黄河两岸交通畅通。灵州所产青、白盐,其味甘美,价格又远远低于宋朝解盐,往往进入榷场、和市交易。西夏从宋得到“岁贡”或购进绢帛、茶叶,然后加价贩运到辽、金以及西域,保持着西夏丝绸之路中有限的贸易往来。其时,灵州及东关镇渡口,是西夏境内沟通黄河两岸商品交易的重要集散地和商渡的重要地区,灵州的商贸及丝织、绵织、毛织、制瓷业(西夏瓷)和手工业等行业得到迅速发展。

北宋灭亡后,西夏不能再从北宋获取“岁赐银、绢、茶二十五万五千”等物品,再加上南宋建都临安(今浙江杭州),其政治、经济重心南移,海上“丝绸之路”日益繁荣,传统的北方陆路“丝绸之路”日渐衰落。其时,西夏需求的物品主要靠从金获得,而金对西夏的贸易又持限制政策,到西夏后期,双方的贸易断绝。西平府连在“后三国”时“丝绸之路”上最后的光彩也丧失了。后来,随着元朝的建立,灵州在陆路“丝绸之路”的交通贸易中,才又出现了恢复和繁荣时期。

忽必烈建立大一统的元朝后,建立了以大都(今北京市)为中心的驿道网络,向东可达高句丽(今朝鲜半岛),东北至奴儿干(今中俄黑龙江口一带),北达吉利吉斯(今俄罗斯萨哈林岛,即库页岛一带),西达伊利汗国(今伊朗)和钦察汗国(今欧洲东部,西伯利亚地区),西南可达乌斯藏(今西藏),南接安南(今越南)、缅甸。元蒙统治者为北方马背民族,自然重视北方陆路交通,元代驿站制度是中国古代最完备的时期,故传统的北方“丝绸之路”得以恢复。“灵州—西域道”,复为中西交流的“丝绸之路”的重要一段。仍是从长安出发,向北经今陕西的乾县、永寿、彬县,进入甘肃境,经宁县、庆阳、环县,进入宁夏境,过萌城驿(原属灵州,今属盐池县),向北过朵儿灭站(即灵州),折向西南过鸣沙驿(今中宁),然后渡黄河西行过应理州(今中卫),再西行过野马泉驿进入甘肃境,再经永昌府(甘肃今地)、甘州(今甘肃张掖)、肃州(今甘肃酒泉)通向西域。但灵州境内的原“神仙路”，元时也即开通，成为去往元上都（置开平，位今内蒙古正蓝旗东北闪电河北岸）的近便之路。元忽必烈中统元年（1260），意大利旅行家马可·波罗的父亲尼古拉和其叔父马飞拉，沿着“丝绸之路”过沙州经今银川，于灵州石坝渡过黄河，顺着原“神仙路”经今水洞沟、红山堡、清水营等，转而北上至元上都。到至元六年（1269），奉忽必烈大汗之命返回威尼斯。至元八年（1271），马可·波罗跟随其父亲和叔父，沿前行原路东行至元大都，他在元朝做了 17 年官。在他的《马可·波罗游记》中，较详细地记叙了他在今宁夏的见闻和元时这一地区的特产，从而把宁夏宣传到了全世界。元朝在“丝绸之路”的发展中，突出的贡献是自宁夏至内蒙古东胜（今内蒙古托克托），再次开辟了水上交通线，即沿着黄河水路设置了水驿。中统四年（1263），这条长 1708 里的水驿开通，今宁夏境内设有应理（今宁夏中卫）驿、灵州驿等，造新船舶 30 艘，调拨旧船 36 艘，调着水手式衣服的兵士 200 名为驿卒，每个水驿站给牛 10 头、羊 100 只，并置馆舍、划拨土地。这种新航线的开通，更增加了宁夏等地在丝绸之路中的运输能力。

随着东西方政治、经济、文化的交流，沿“丝绸之路”东来的阿拉伯人、波斯人以及唐宋时就寓居中国的波斯、大食人的后裔，尤其是蒙元时期探马赤军签发东来屯戍、经商等，在元代时灵州逐步形成了回族人民的定居点，将伊斯兰文化带到了灵州。到明代时，中国回族共同体形成，灵州为其中之一。自此灵州成为回族聚居区之一，各种经济、文化交流成果在此显现。

明代时，“丝绸之路”在边境贸易中，马、茶、盐等成为商品交流的主体，尽管丝绸等生活用品仍在交易，但在万历（1573—1620）以前，并不占边贸的主流。因明初明朝廷对边境贸易控制很严，尤其是茶、盐为朝廷严格控制的物品。明中叶以后，明逐渐走向衰弱，瓦剌、鞑靼崛起，入居河套地区，和明处于战争状态，“丝绸之路”严重受阻。而位于河套地区的宁夏平原，处于防守瓦剌、鞑靼的最前线，防守任务艰巨。为了加强防御，明朝廷于成化十年（1474）、嘉靖十年（1531）先后沿灵州境内原隋长城修筑明长城，自灵州清水营起筑了两道长城，又叫“两道边”，即“头道边”“二道边”，合为“东长城”。但随着社会生产力的发展，处于战争状态的明朝和鞑靼等，都有进行物质交流的愿望。经双方有志之士的努力，终于在明隆庆五年（1571）八月，明穆宗“诏予市红山墩暨清水营”（《明史》卷一十九），九月“市成”（《明史》卷三百二十七），成为明代宁夏丝绸之路经济交流的一种特殊形式,称为“茶马互市”,简称“马市”。明初,为刺激边防贸易,且减轻朝廷向边境运粮的运输压力,曾实行“盐引”制度,即每向边境缴纳2.5斗边粮,即可获得“一盐引”,可贩盐200斤。明中叶以后,随着国力的日衰,每向边境缴纳1.5斗边粮,就可获得“一盐引”,今红山堡至清水营等地区,引来了大量盐商于此“商屯”。到万历四年(1576),马市繁荣,交易规模更加扩大,连广东佛山的铁锅、铁犁、铁铧也入市交易,出现了“商贩满关隘,茶船遍江河”(万历《四川总志》)的局面。其间,民族团结之花的“三娘子”,“历配三王(忠顺王),主兵权为中国守边保塞,众威服之”,为鞑靼三代“忠顺夫人”,致力于民族团结,“自宣大(今张家口、大同)至甘肃不用兵者二十年”(《明史》卷三百二十七)。其时,原灵州“丝绸之路”中的“神仙路”,改称“宁(今银川)—盐(今盐池)大道”,是宁夏境内最繁荣的商道,被称为“黄金商道”。这条道路东接陕北有防卫的平安大道,可南下到达中原腹地甚至更远,客商往来很有安全感,也是明重点守护的商道。直到明以后,灵州虽成为军事防守的内地,但这条古“丝绸之路”,仍是通往陕北的重要道路。康熙三十六年(1697)三月,康熙帝三征噶尔丹,从北京出发前往今银川,进入宁夏境,走的就是这条路。民国年间,水洞沟旧石器时代文化遗址的发现,也与古“丝绸之路”大有关系。1919年,比利时传教士肯特,沿古“丝绸之路”从今银川出发,由灵武石坝渡口过黄河去往陕北(其时人们从银川去往陕北往往还走这条路),途宿水洞沟古“丝路”道边的张三小店,晚间在外乘凉时,突然发现小店对面的崖壁上有磷火闪现,这引起了肯特的注意。第二天他到崖壁下去勘察,果然发现了古人类活动的遗迹,自此揭开了中国古人类遗址震惊世界考古界的秘密。

清初,“红山—清水营马市”转移到灵州水路交汇的横城堡,直到民国年间,俄罗斯及欧洲一些国家也于此设庄开埠,再续“丝绸之路”交易之盛。但其时广大劳动群众,却处在饥寒交迫之中,无多少购买力,参与交易的多为远近的大商人所为。

洒落在灵武“丝绸之路”上的记忆,犹如明珠,至今犹在提醒着人们,其时的灵州是何等的辉煌!1985年,出土于灵武和盐池毗邻的苏步井硝池子村窨子梁山坡的唐3号墓主人,为武周久视元年(700)中亚粟特何国人,后入居灵州“六胡州”的“兰池州”墓室。两扇石门上,雕刻着一对跳胡旋舞的胡人:虬髯卷发,深目高鼻，宽肩细腰，体魄健壮。身着圆领紧身窄袖衫，下身着紧腿裙，足蹬长筒皮靴，立在一块编织精美的小圆毯上，双人对舞。胡旋舞石刻墓门，与敦煌石窟胡旋舞壁画形态、舞姿基本相同，为研究唐代乐舞提供了珍贵实物资料，被定为国家一级文物。2014 年年末，胡旋舞墓门参加国家博物馆举办的“丝绸之路文物展”，旋转千年的舞姿，依然长袖舞风。还有处于古代“丝绸之路—萧关道”上的灵武原白塔寺石窟、出于灵武“丝绸之路”段具有西域风格的人面陶炉、具有隋唐风格的浅绿色玻璃瓶、有外文字母的铜纽扣、波斯金银币、西域人物石雕、鹌鹑造型琉璃瓶等，都见证了古代灵武在“丝绸之路”中的辉煌。

在新世纪，“丝绸之路”仍发挥着陆路运输和交流的重要作用，被称为“横跨欧亚大陆的金腰带”。如今，随着国家“新丝绸之路”经济政策的实施，灵武迎来了更加辉煌的新机遇、新挑战。正如联合国亚太经济社会交通运输部门负责人巴里·凯布尔所说：“这是丝绸之路的新生，这一项目不仅会为那些被包围在内陆的中亚和东欧国家提供机会，也使那些与海洋相隔较远的贫瘠地区受益。通过这笔高额投资，沿线国家都将分享到全球化为各国经济带来的好处。”灵武何不如此？随着国家“一带一路”经济带的建设，文明、文化建设等被提上重要日程，有着悠久历史、灿烂文化的灵武，地理条件得天独厚，如何在全新的历史时期实现经济、文化的全面发展，将是摆在每一个灵武人面前的重要任务。

红旗漫卷西风

——宁夏红色文化遗产

马建军

宁夏境内，从黄河两岸到六盘山区，都留下了丰厚的红色文化遗产，六盘山、将台堡、兴隆镇、单家集都是长征时红军的重要驻扎地。20世纪30年代末，中国工农红军二万五千里长征、西征以及解放宁夏的重大军事行动，塑造了气壮山河、可歌可泣的宁夏红色文化，是中国共产党领导的新民主主义革命在宁夏创造的特定区域文化，有着重大的政治文化价值、人文旅游价值和品牌价值。红色文化资源具有数量多、品质高、多样性等鲜明特色，对现实的影响最为直接、深刻，已融入社会、政治、经济、文化生活的各个领域。包括见证宁夏新民主主义革命的遗址、遗物、纪念物等物质文化在这一革命过程中孕育出了具有宁夏特色的革命历史、革命精神、革命文艺等非物质文化形态。

一、六盘山上高峰

六盘山，位于宁夏、甘肃、陕西交界地带，南北逶迤200多千米。宁夏境内横跨宁夏泾源、隆德、原州区两县一区，总面积6.78万公顷，森林覆盖率达80%以上，是西北重要的水源涵养林基地。主峰米缸山海拔2942米，既是关中平原的天然屏障，又是北方重要的分水岭，历来有“山高太华三千丈，险居秦关二百重”之誉。整体山系南北走向，南段称陇山，北段西坡和缓，东坡陡峭，山路险狭，须经六重盘道才能到达峰顶，因此得名“六盘山”。六盘山有这样一个传说。很久以前，六盘山森林茂密，泉水潺潺，山脚下有一座古庙，庙里有一个老和尚终日念经，以求正果。有一天，老和尚到小溪提水，看见一只小梅花鹿也在溪边饮水。梅花鹿见有人来扭头就跑，老和尚随后紧追。不知追了多长时间，忽然抬头一看，已经攀上了山顶。这个故事传开后，人们把这座山称为“鹿攀山”，当地方言把“鹿”与“六”发同一个音，再加上那山势盘旋而上，渐渐地“鹿攀山”演变成“六盘山”了。

六盘山是泾河的发源地，也具有深厚的历史、文化积淀。华夏远祖神农氏、黄帝、王母都曾在这一带生活。发掘的古人类遗址有300多处，是中华民族重要的发祥地之一。六盘山是中原农耕文化和北方游牧文化的接合部，是古丝绸之路东段北道必经之地，也是历代兵家必争的军事要塞。秦始皇统一中国第二年（前220），巡陇西、北地，出鸡头道、过回中宫。汉武帝24年内6次路过六盘山。唐太宗也曾在六盘山区观马政，一代天骄成吉思汗更是把军事大本营设在六盘山，元在六盘山东麓的开城建安西王府，成为灭南宋、大理的后方军事大本营。

六盘山也是中国工农红军长征途中翻越的最后一座大山，红二十五军，红一、红二、红四方面军先后经过六盘山地区，并在六盘山下的将台堡会师，在这里打了青石嘴战役。1935年10月5日至9日，中央红军在毛泽东、周恩来、张闻天、王稼祥等指挥下，进入宁夏境内，前后活动5天。10月7日14时许，毛泽东率军翻越六盘山，登临主峰，时值仲秋，云淡天高，毛泽东目穷千里，心潮逐浪，遂构思了《长征谣》。8日，毛泽东率军到达彭阳长城塬，在紧张的行军途中饱览了六盘山的雄姿，带着青石嘴和古城川战斗胜利的喜悦，在长城塬乔家渠登上著名的战国秦长城后，遥想红军走过的艰难历程，展望革命的未来前途，以无产阶级革命家的伟大胸襟，临风寄景，诗性勃发。晚上，宿乔生魁家的窑洞里，在如豆的油灯下，毛泽东写下了气壮山河的《清平乐·六盘山》著名诗篇的雏形——自由体歌谣《长征谣》。

天高云淡，望断南归雁。不到长城非好汉，同志们，屈指行程已二万！同志们，屈指行程已二万！六盘山呀上高峰，赤旗漫卷西风。今日得着长缨，同志们，何时缚住苍龙？同志们，何时缚住苍龙？

这首气吞山河的《长征谣》写出后，在抗日根据地和八路军、新四军中广为流传，1942年6月1日在《淮海报》副刊发表。1946年8月1日，又在上海《解放日报》上刊发。后经毛泽东8次修改，即成为气势磅礴的《清平乐·六盘山》：

天高云淡,望断南飞雁。不到长城非好汉,屈指行程二万。六盘山上高峰,红旗漫卷西风。今日长缨在手,何时缚住苍龙?

本诗中,将高山美景、红军英姿、伟人壮志传颂天下。1961 年 9 月应宁夏人民的请求,毛主席亲自手书回赠给宁夏,成为宁夏人民的宝贵精神财富。如今,六盘山红军长征纪念馆高耸于山顶,每年大量游客慕名而来,感受毛泽东诗词中描写的意境。“六盘山”这个光荣而伟大的名字,像母亲一样哺育了一代又一代的六盘儿女,像一座不朽的丰碑,深深地印在中国人的心中。

毛泽东率领的中央红军长征经过宁夏六盘山区,在宁夏境内活动 5 天 4 夜,留下了诸多宝贵的革命史迹,永照后人。

单家集清真寺。一个古老而又充满传奇色彩的地方,它的名字早在康熙二年(1663)就被载入地方史志。1935 年 8 月至 1936 年 10 月,红军 3 次路经单家集,驻守 42 天,成立了“单家集苏维埃政府”,成为西吉县境内革命史上第一个红色政权。1935 年 8 月 15 日,红二十五军来到西吉县兴隆镇、单家集一带,决定休息 3 天。单家集是回族聚居的地区,约有 300 户人家,一条小街东西贯通,西南角是高大的单南清真寺。军政治委员吴焕先事先了解到反动政府实行大汉族主义统治及军阀部队在这一带造成的恶劣影响,在红军进入回民聚居地区以前,红二十五军首先在军内进行了民族政策的教育,规定了“三大禁令”和“四大注意”,严格要求部队一面行军打仗,一面认真做好回民地区的工作,扩大红军的政治影响。军长程子华、副军长徐海东、政委吴焕先亲自拜访了清真寺的阿訇,并赠送了“回汉兄弟亲如一家”锦匾。红军医院院长钱信忠还带领医护人员主动上门给当地回民病人免费治病,深受群众欢迎。红军战士每天早晨都要把村庄和住房打扫干净。红军的实际行动渐渐打消了原先存在于回族人民心中的戒备和恐惧心理,赢得了广大回族人民的信任和支持。红二十五军以严明的纪律,真诚的态度,赢得了当地群众的信任,短短两三天时间,红军和兴隆镇的回族群众结下了深厚的友谊。一个半月后,当毛泽东率领的中央红军路经此地时,回族群众以前所未有的热情回报了红军。红二十五军为中央红军顺利通过回民区打通了道路,奠定了良好的群众基础。1935 年 10 月 5 日,毛泽东率中央红军途经单家集,当地群众盛情接待。在清真寺北厢房,毛泽东主席与马德海阿訇促膝交谈,阐明党和红军各民族团结、平等以及尊重回族习俗等政策,当晚夜宿于与清真寺相连的一家农家小院。今天，单南清真寺仍基本保持原状，当年毛泽东与阿訇交谈的房子以及住的窑洞都完好地保存着。6 日拂晓，毛泽东和红军撤离此地，就在红军离开单家集的那天上午，国民党的飞机在单家集上空投下了 7 枚炸弹，毛泽东住的房子及清真寺，都被炸弹炸了很多洞，现保存的北厢房，弹痕累累，历历在目。1993 年 12 月，在纪念毛泽东同志 100 周年诞辰之际，单家集穆斯林群众，在单南清真寺前和毛主席当年住宿的原址上修建了纪念碑，纪念碑正面是“人民救星，一代天骄”，背面的碑文详细记述了毛泽东主席率领中央红军长征途经单家集并且留宿的经过。2006 年对纪念碑、广场等进行了改扩建。单家集的红军长征纪念碑，记载了红军与回族人民的深情厚谊。

毛泽东主席长征宿营地——小岔沟和乔家渠。1935 年 10 月 7 日夜晚，毛泽东率领中央红军陕甘支队走进小岔沟村，夜晚住宿村民张有仁家的窑洞中。村民张有仁为红军宰了 4 只羊，给马上了料，并吩咐家人精心做了一餐饭，端到毛泽东主席住的窑洞前。张有仁家的小院落依山而建，占地面积 1000 余平方米，院内原有窑洞 8 孔，现存 5 孔，中间一孔曾为毛泽东当年居住，这是毛泽东一生中住的第一孔窑洞，现为“自治区级文物保护单位”。乔家渠毛泽东长征宿营地位于城阳乡长城村乔家渠乔生魁旧宅，这是红军长征途经彭阳时毛泽东的第二处宿营地。1935 年 10 月 8 日晨，红军分别从驻地出发，仍分两路向白洋城(现彭阳县)前进。天刚过午，敌飞机突然前来轰炸，部队立即散开到沟底防空。这时，敌人的尾追部队也快接近，并有迂回包围之势，于是红军立即转向东北方向行进。左路大部队一直走到深夜，到达城阳东北部的堡子岘贾新庄、王洼、小岔子、杨家园子一带宿营。右路一纵队和中央队，天黑以后到达城阳以北 10 多里的长城脚下，宿营于赵山畔、乔渠等村。因为这一带人烟稀少，民房不多，部队多在野地里露宿。毛泽东就住在乔家渠村乔生魁家窑洞内。乔生魁后代至今还保存着当年毛泽东留宿时用过的缸、盆、门、桌凳等生活用具。

青石嘴红军战斗纪念碑。在固原青石嘴村矗立着一座红军长征青石嘴战斗纪念碑，碑体高 19.35 米，两侧翼高 10 米，碑铭高 7 米，象征着 1935 年 10 月 7 日红军长征在青石嘴战斗的日期。纪念碑的雕塑采用锻铜工艺制作的红军战士手持大刀骑战马形象，象征中国工农红军第一支骑兵侦察部队，即骑兵第一连的诞生。1935 年 10 月 7 日，毛泽东率红军陕甘支队到达张易堡，国民党三十七军二十四师李英部紧追不舍，妄图与驻固原地区的东北军骑兵第七师门炳岳部形成前后夹击，消灭红军于六盘山区。红军前卫部队翻过六盘山进到青石嘴以西约两里的一个山洼时，抓到敌人便衣侦察人员。经审问，得知敌骑兵第七师十九团500多人以及20辆马车，刚刚进入青石嘴休息。又经瞭望侦察，发现青石嘴的敌人正在起火做饭，锅灶冒烟，车辕仰起，马鞍子卸在地上，马匹散放在路边吃草。绝大多数敌人到村子里吃饭，只留下少数人看守。红军前卫部队派人向毛泽东报告了青石嘴敌情。毛泽东亲自部署兵力，命令一大队、五大队从两侧迂回夹击，四大队由正面进行突击，并防备从固原、开城前来援助之敌。十三大队大队长陈赓、政委邓飞率部插向右翼，切断敌人退路，同时向瓦亭、平凉方向警戒。红军各大队受命后，迅速组成战斗小组，利用河沟、草丛作掩护，分路隐蔽接近敌人。不到半个小时，战斗就结束了。青石嘴一战，红军共毙俘敌军200多人，缴获军马300多匹，各种枪200余支和10多辆马车军装、布匹、子弹。红军用缴获的100多匹军马装备了一个骑兵侦察连。就这样，红军拥有了自己的第一支骑兵侦察连。连长梁兴初，副连长是日后驰骋晋察冀抗日根据地的骑兵团团长刘云彪。从此，这支威武的骑兵队伍在党的领导下，转战南北，逐步发展为骑兵营、骑兵团。在抗日战争、解放战争中英勇作战、屡立战功，在中国革命史上写下了光辉的一页。

二、三军会师将台堡

1936年5月，红一方面军东征胜利回师陕北后，中共中央审时度势，作出三大主力红军会合的战略决策。红一方面军改编为西方野战军，由彭德怀任司令员兼政委，挥师西征，迎接红二、红四方面军北上。7月初，红二、红四方面军在甘孜会师后并肩北上，向西方野战军靠拢。10月9日，红一、红四方面军在甘肃会宁城会师。21日，红二方面军长征进入西吉县境，红二方面军总指挥贺龙、政委任弼时、副政委关向应和随红二方面军行动的原红军参谋长刘伯承在平峰镇，与红一方面军一军团代理军团长左权、政委聂荣臻、政治部副主任邓小平等会面。22日，红二方面军总指挥部及二军团（军团长由贺龙兼，政委由任弼时兼）与红一方面军一军团二师（师长杨得志、政委肖华）在将台堡胜利会师。两军首长和会师部队1万余人在将台堡东侧大广场上举行了规模盛大的联欢会。宣告红军长征红一、红二、红四方面军三大主力胜利会师，结束了伟大的长征，同时宣告了国民党反动派聚歼红军阴谋的彻底破产，开创了中国革命的新局面。将台堡会师是红军长征中的一次重要会师，是一个名垂青史的重大历史事件，在中共党史、军史、中国革命史上写下了极其光辉灿烂的篇章。

1996年10月，为了纪念长征胜利结束60周年，西吉县委、政府在将台堡修建了“中国工农红军长征将台堡会师纪念碑”，碑名由时任国家主席江泽民同志题写。2006年10月，适逢中国工农红军长征胜利会师70周年，西吉县委、政府对将台堡红军长征纪念园进行了重建。重建的纪念碑高26.36米，碑顶雕像是岩石雕刻的3位英姿勃发的红军头像，象征红一、红二、红四方面军胜利会师，造型气势宏伟，巍峨耸立。登上60级台阶就是碑座，上有浮雕，从“过雪山草地”一直到“三军大会师”，浓缩了红军长征所经历的重要事件。

纪念碑身后就是历史悠久的将台堡，始建于北宋。将台堡自古以来就是兵家必争、厉兵秣马、调兵遣将之地。1920年海原大地震中遭到损毁，之后在原址上缩小面积重建，堡内现存有当年红军指挥部旧址的一间小房子。1936年10月24日，时任红一军团政治部副主任的邓小平，向红二方面军营以上的干部传达瓦窑堡会议精神和毛泽东《论反对日本帝国主义的策略》，并作了统一战线和回族人民问题的报告。还有改建的三军会师纪念馆，陈列着红军在将台堡活动的照片、电报、文件及活动路线图等。纪念馆东侧是一片碑林，展示着参观过的百位将军留下的翰墨碑刻，其中有革命家马文瑞1996年写下的一句话——将台堡会师是形成抗日统一战线的里程碑、新起点，精练地概括了将台堡会师的意义。如今，将台堡已列为全国近现代重要史迹及代表性建筑、全国100个经典红色旅游景区，全国爱国主义教育基地和宁夏红色旅游地。

三、红军西征在宁夏

1936年，在中央红军进行万里长征的同时，党中央发布命令，在陕甘宁根据地发展的红军组成西方野战军向陕北根据地的边界地区进军，以策应红二、红四方面军长征北上，这就是策应红军长征的又一壮举——西征。5月中旬，毛泽东在延川大相寺给团以上干部作了题为《目前的形势与任务》的东征总结和西征动员报告。会后以红一方面军主力组成西方野战军，彭德怀任司令员兼政委，叶剑英为参谋长,刘晓为政治部主任。西方野战军下辖红一军团、红十五军团和红二十八军等,分左、右两路从驻地出发,西出甘肃、宁夏,开始了闻名中外的西征。红一军团为左路军(辖一、二、四师)在代理军团长左权、政委聂荣臻的率领下,5月19日从延川出发,经永坪、蟠龙、保安、吴起南下,向曲子、环县出发,扩大根据地,并配合右路军钳击三边及宁夏之敌。红十五军团(辖七十三、七十五、七十八、八十一师)和红二十八军为右路军,在军团长徐海东、政委程子华率领下,出三边,攻盐池、豫旺一带。

左路军红一军团在解放了曲子、环县大部分地区后,继而北上,进抵豫旺堡(今属同心县)和固原的七营川、清水河一带,右路军红十五军团七十八师韩先楚部于6月17日一举攻克定边城。6月19日,七十八师将定边防务移交给红二十八军,韩先楚、崔田民带着七十八师连以上干部,骑着在定边缴获的战马,前往盐池侦察地形,了解敌情,骑兵团派部队担任警戒,随后大部队直逼盐池。

盐池地处宁夏、陕西、内蒙古之接合部,地理位置十分重要。盘踞在这里的反动地主武装、商豪劣绅,互相勾结,经常对陕甘边区进行骚扰、破坏。盐池是军阀马鸿逵苦心经营的一个堡垒,是直接威胁边区安宁的一颗钉子。所以解放盐池,对保卫边区安定,打击蒋、马之军的侵扰,扩大根据地,开展统一战线和发展边区经济建设都有十分重要的意义。盐池县城虽不很大,但城池坚固,易守难攻。盐池县县长屈伸,外号"屈胡子",听说红军攻克定边,直逼盐池,十分惊慌。他一面向马鸿逵求援,一面把由五六百人组成的壮丁队和临时拼凑的商团、民团统统集结进城,日夜操练,准备负隅顽抗。马鸿逵得报,急派骑兵二团一营营长孙兆祥驰援盐池。骑兵营是清一色的黑马队,装备精良。骑兵营开进城后,屈胡子立即与孙兆祥谋划对付红军的办法。6月19日晚,红军七十八师向盐池城发起进攻。战斗打响后,红军指战员勇猛攻击,战斗十分激烈。盐池城周围地形开阔,隐蔽条件很差,加上红军指战员长途奔袭,鞍马劳顿。而敌人居高临下,依托高而厚的城墙易守难攻的特点,拼命顽抗。经过两个多小时的激战后,师指挥部鉴于部队无重武器和爆破器材,便下令撤出战斗。6月20日,红军对盐池城围而不攻,部队抓紧时间休息和做群众工作,并向群众了解城内敌情、地形,重新研究部署了攻城方案。天黑后,红军从东、南、北三面向敌人发起猛攻。在机枪掩护下,红军指战员架设云梯奋勇登攀。红军战士几次登城都被压了下来,十几名战士英勇牺牲。城头上喊杀声、枪弹声响成一片，敌首屈胡子见大势已去，慌忙揣着县政府大印，从西城墙纵身跳下，向西逃去。6月21日凌晨3时，盐池解放。盐池一仗，俘敌200余人，缴获各种枪械200余支(挺)，战马200余匹。

在红十五军团七十八师克定边、攻盐池的同时，红十五军团七十三师、七十五师在军团长徐海东直接指挥下，越过定边，经盐池南部红柳沟、麻黄山、大水坑，直插豫旺县境。6月20日，七十三师包围了下马关，占领了红城水，七十五师进抵王家团庄一带。下马关是国民党豫旺县政府所在地，豫旺县县长董天祥、马鸿逵部骑兵第四团二营营长孔庆福把城外民房全部拆毁，强令居民和附近壮丁千余人守城。红军到达后，对下马关围而不攻，一面向城内喊话，反复讲解红军北上抗日、回汉团结和优待俘虏等政策，造成了强大的政治攻势，一面挖地道准备攻城。城内壮丁人心涣散，士气低落，加之城内没有饮水，于是人心惶惶。6月26日，徐海东军团长发出了夜袭下马关、歼灭孔庆福、夺取县城的命令。红军指战员登上云梯，冲上城头。县长董天祥被打死，营长孔庆福从城墙下面挖洞逃走。27日，红军解放下马关，俘敌200余人，缴获长短枪180余支，战马150匹。6月28日，红七十五师与七十三师包围了下马关以北20千米的韦州城。韦州是个纯回族聚居地区，由于反动派的欺骗宣传，群众对共产党的宗教政策、民族政策极不了解。守城司令苏廷瑞与地主苏元、苏魁等奉马鸿逵之命，抽夫筹款，纠集敌骑兵营、保安团和壮丁数百人拼力死守。同时鼓动反动上层人士在回民中进行反动宣传，迷惑不明真相的回族群众拼死守城。红军围城后，军团首长派回民独立师师长马青年与苏廷瑞等进行了4次谈判，向他们解释中国共产党的抗日主张，宣传回汉民族团结、保护清真寺、宗教信仰自由的政策，呼吁他们和平献城，以免群众的生命财产受到损失。7月3日夜，红军攻打韦州城，战斗极为激烈。马鸿逵认为韦州具有重要的军事地位，担心韦州失守，危及金积、灵武，动摇其老巢宁夏城，遂派骑兵分别从金积、吴忠等地出发，驰援韦州，并派出飞机，协同地面部队作战。红军在徐海东军团长指挥下，攻城甚急。7月4日，攻城红军腹背受敌，决定退守红城水，韦州城未能解放。

红一军团进至固原以北、豫旺以南后，国民党东北军六十七师何柱国部进驻固原，与马鸿宾部会合。红军根据瓦窑堡会议的方针，为建立抗日民族统一战线，展开对国民党东北军和马鸿宾部的争取工作。红一军团政治部及其指战员都参加了以抗日为内容的宣传活动，战士们到处唱响《松花江上》《打回老家去》等歌曲。当国民党东北军向七营川红军进攻时，红军在阎家沟消灭了国民党东北军骑六师一个团，俘获大批人马。红军向俘虏宣传共产党的抗日政策，揭露蒋介石借红军之手消灭东北军的阴谋，并派肖华参谋长将所俘人马和枪支、行李还给东北军。大部分东北军官兵深受感动，表示再不和红军打仗。于是，红军与东北军沿清水河一线驻扎，双方关系缓和，签订停战协议。东北军在红军的教育下，倾向反对内战、共同抗日。红一军团代理军团长左权亦两次写信给马鸿宾部骑兵团长马培清，向他解释中国共产党的民族政策，晓以团结抗日救国之大义，劝其停止对红军的进攻。马鸿宾自与红军作战以来，损兵折将，打内战的态度日渐消极，因而马培清复信表示，只要红军不主动进攻，他们决不进攻红军。红军的这些活动，为开辟西北的抗日局面奠定了基础。

在红军西征中，为了团结回族上层人士，使中国共产党的主张能被当地回族群众接受，红军通过内线传递消息、积极分子做工作、红军代表登门拜访等形式，逐步沟通了红军与当地宗教界人士的关系。红军曾多次把一些有名望的回族老人和阿訇请到总队，给他们反复讲解红军一不派捐款，二不催粮食，三不拉夫抓丁，决不骚扰老百姓。红军通过做好民族宗教界上层人士的工作，使他们逐步了解红军，支持革命，在广大穆斯林群众中起到了良好的引导作用，为红军在回族地区开展工作提供了极为有利的条件。当时，红十五军驻守豫旺一带，为了做好伊斯兰教上层人士的工作，红军曾几次派干部到敌占区洪家岗子，拜访虎夫耶教派教主洪寿林。洪教主为人正直，平易近人，深受教民的尊敬，在回族群众中享有比较高的声望。经过宣传，洪教主对中国共产党的民族宗教政策和救国救民的主张表示理解和支持，他认识到红军确确实实是“穷人的军队”，是“回民的军队”，就暗下决心帮助红军，向回族群众宣传中国共产党的民族宗教政策和革命道理。有一次，两位红军代表来到洪家后，被当地国民党民团发现，敌人就在洪家周围进行监视。洪教主深明大义，怕红军被敌人抓去，就果断地将红军藏在自己的“禁房”内，而且亲自送茶送饭，晚上与红军代表亲切交谈。红军向他宣传中国共产党的民族宗教政策，宣传抗日救国的道理。红军代表的言谈引起了洪教主的共鸣，他感动地说：“红军是顺民之师，必定胜利。”红军代表在他家住了 7 天 7 夜，最后为了安全起见，洪教主将红军代表打扮成阿訇模样派人护送回豫旺城。

从那以后，他向教民宣传革命道理，动员教民给红军送粮食，做了很多有益的工作。

红十五军团为了表彰和感谢洪教主对红军的支持，以军团政治部敌工部长唐天际和程子华的名义给他赠送了一面上书“爱民如天”4 个大字的红缎锦幛，并由回民独立师师长马青年带领 60 多名战士送去 150 只羊。洪教主接受红军送来的锦缎和羊只后，心情十分激动，立即让家人宰羊招待红军，并按穆斯林的规矩，给每个战士回赠 3 块银圆。7 天后，他请人赶制了一面绿缎锦幛，亲笔题词，送给红军，并特备两箱蜡烛，赠给红军领导照明使用，寓意红军为“太阳之光，普照大地”。洪教主去世前拿出红军送的锦幛对儿子说：“我留给你红军的这面锦幛，比什么家产都珍贵，你要不惜一切代价将它保存下来，等待红军回来。”他的儿子洪清国遵照父亲遗嘱把锦幛放在一个瓷罐子里，用黄蜡封上口藏在炕洞里，一直保存到中华人民共和国成立后，才将这面凝结着红军对回族人民深厚情谊的锦幛献给了宁夏博物馆。

1936 年 7 月底，西征战役胜利结束。盐池、豫旺和固原、海原东部，以及宁条梁、定边、曲子、环县、华池、镇原等广大地区，全部获得解放，在陕、甘、宁交界地区，开辟了纵横 700 余里的新苏区，这一带便成了陕甘宁革命根据地的一个组成部分。豫旺堡成了西方野战军总部所在地，彭德怀在这里指挥了西征的军事活动，接待了美国友人埃德加·斯诺的来访。同时在西征过程中建立了宁夏第一个红色政权，成立了中国第一个回族自治政权，留下了豫旺堡革命史迹等。

豫旺堡。位于同心城东部 72 千米处，东靠甘肃省环县，豫旺城古镇建于元代初年。如今城内标志性建筑有鼓楼、古城墙，还有西征红军纪念碑。1936 年 6 月，西征红军总部和红一军团司令部就设于此。以彭德怀总司令为首的红军将领左权、聂荣臻、邓小平、聂鹤亭、李富春、陈赓、肖华、贺龙、程子华、唐天际等红军将领在豫旺整训并指挥了红军西征战斗。国际友人美国记者埃德加·斯诺和医生海德姆不畏艰险，辗转万里到豫旺堡，斯诺拍摄了大量珍贵照片，写出了世界名著《西行漫记》。在《西行漫记》中，有 1/4 的篇幅记述的是他在同心地区的所见所闻。其著名照片《抗战之声》以及红军司令员彭德怀在马背上的照片均为他在豫旺堡所拍。海德姆在同心县改名马海德，并决定留下来参加中国革命。

同心红军西征纪念园。为纪念在红军西征中牺牲的革命先烈，缅怀先烈的光辉事迹，2006 年 5 月至 10 月，修建了同心红军西征纪念园。该纪念园景区由 1 座“西行漫记”雕塑、2 座园林建筑（凉亭）、园内景观小亭等组成。

四、第一个县级回民自治政权

西征红军在解放盐池的同时，主力会集于豫旺县以南地区，先后解放了豫旺县王家团庄、同心城和豫旺县治下马关。豫旺县除韦州以外，全部被红军解放，并先后在豫旺县和固原县东北部建立了豫旺、固北两个县级工农民主政府。西征红军占领的宁夏南部地区，回族人口众多，根据中共中央“帮助回族和蒙古族人民建立独立政府”的方针，中共陕甘宁省委决定将豫旺县的一部分和海原县东部地区合并，建立我国第一个县级回民自治政权——豫海县回民自治政府。

1936 年 8 月初，中共陕甘宁省委书记李富春专程到同心城指导回族自治政府的筹备工作，并组织筹备委员会，成员有李富春、王首道、程子华、唐天际、王伯栋、黄镇、杨奇清、马青年。筹委会认真分析西北的形势，研究回民自治和抗日救国等问题，起草了回民自治政府的决议等文件，拟订了召开豫海县回民自治代表大会的会议议程。筹委会首先在下马关、豫旺堡、同心城等地建立起基层政权组织。同时发动回民群众，组织“回民联合会”“回民解放会”等群众组织，还把在汉民地区打土豪得到的胜利果实分配给回族人民，先后向回民群众发放粮食 6 批、羊 5 万多只、耕畜千头左右，并废除了回民的税负和劳役。回民群众感谢共产党和红军的好政策，喜气洋洋，歌声不断，开明绅士和宗教人士也与红军建立起良好的关系。随着中国共产党民族政策的贯彻执行，广大回族人民的政治觉悟不断提高，回民自治政府建立的条件逐步成熟。10 月初，筹委会给中共中央、毛泽东主席和各团体、红军各部发出《召开豫海县回民自治政府代表大会通电》。经党中央批准，筹委会决定于 10 月 20 日在同心城清真大寺召开豫海回民自治代表大会，成立豫海县回民自治政府。

1936 年 10 月 20 日清早，人们从四面八方涌向同心城。本来不太宽敞的同心街上，人山人海，整个同心城一片欢腾。上午，同心清真大寺上空飘扬着印有镰刀斧头的党旗和各色彩旗。参加大会的正式代表有 180 多人，加上部队和群众的代表共 300 余人。代表以回民为主体，还有汉、蒙古等民族。其中有工人、农民、商人、自由职业者，有 80 多岁的老阿訇，有 10 多岁的放羊娃，还有回汉妇女代表二三十人。中共陕甘宁省委书记李富春,红军部队负责人徐海东、程子华、王首道、杨奇清和马青年等到会祝贺。会议开了3天,通过了《豫海县回民自治政府条例》《减租减息条例》《土地条例》等有关决议案,选举产生了豫海县回民自治政府领导人。雇农出身的原豫旺区苏维埃主席马和福(回族)当选为主席,李存德(回族)为副主席。自治政府下设军事、文化、土地、财政、保卫和没收委员会等部门。大会正式启用了"陕甘宁省豫海县回民自治政府印",印章为圆形,印的上端为汉文,下端为阿拉伯文,中间刻有五角星和镰刀斧头组成的党徽。中国历史上第一个县级回民自治政权诞生了。

豫海县回民自治政府成立后,管辖8个巩固区、4个游击区。8个巩固区是:同心城、王家团庄、高崖、马家河湾、窑山、下马关、李旺堡和豫旺堡。4个游击区是:喊叫水、韦州、惠安堡和关桥堡,全县总面积约为8200平方千米,总人口3万多人。县自治政府成立的同时,中共陕甘宁省委从中央党校抽调党员干部组成中共豫海县委。自治政府在同心城驻了一个多月后,移驻同心城南的王家团庄。这里是原属甘肃省管辖的海原县和宁夏省管辖的豫旺县交界的地方,又靠近西征前线,有利于更好地进行支前工作。10月25日,豫海县回民自治政府发表布告,号召各区捐粮捐款,支援红军,团结起来,共同抗日。同时发表了由主席马和福签署的《告北圈子四周同胞书》,号召在中华民族的紧急关头,不畏一切艰苦,誓死为中华民族的独立解放而斗争。

在豫海县自治政府和中共豫海县委的领导下,各区、乡都先后建立了回民解放会,其任务是协助政府宣传红军抗日救国主张,反对苛捐杂税与派草派粮抓壮丁等,组织回民自己的游击队,武装保卫自己。为保卫新生的自治政权,县上成立了由40多名回族群众组成的回民游击大队,主席马和福兼任大队长。8个巩固区也成立了以回民为骨干的游击队,他们在镇压敌对分子、打土豪、帮助红军警戒放哨、抬担架等方面发挥了重要作用。另外,还组建了一支"抗日救国江湖游击队",总指挥是窑山的一个名叫马玉龙的煤矿工人,政委是红十五军团地方工作部部长王伯栋。江湖游击队的队员一部分是当地贫苦的回汉群众,一部分是哥老会的成员。主要任务是争取哥老会,改变哥老会对红军的敌对情绪,协助红军牵制敌人。自治政府还发动群众,打击土豪劣绅,筹粮筹款,支援红军、支援前线。自治政府的大部分成员都是当地回民骨干,他们了解回族群众的基本要求和当地的实际情况。因此，自治政府的工作得到回汉群众的积极拥护和支持。人们解除了政治束缚和经济压迫，心情舒畅，人心稳定，很多回族青年参加了回民独立师，这里成为西征红军的重要基地。11 月 12 日，西方野战军与红二、红四方面军主力齐集豫海县境，在同心城西门外召开万人军民联欢大会。朱德、张国焘、彭德怀、贺龙、关向应、萧克及豫海县回民自治政府主席马和福参加了大会，朱德等领导同志讲了话。豫海县出现的前所未有的回汉团结局面，对周边地区产生了极大的影响。马鸿逵统治的吴忠、灵武地区的回汉群众，不断投奔苏区，有的参加红军，有的到苏区经商。

豫海县回民自治政府的成立，是回族下层群众第一次组成的自己的政权，自己管理自己的事情。回族群众中涌现出了一批革命者，豫海县回民自治政府主席马和福就是其中杰出的代表之一。马和福出生于甘肃河州锁南坝一个贫苦的回族农民家庭，幼年时随祖父逃荒至西吉县沙沟，以后又到吴忠、锁家岔和豫旺堡一带打长工。后来定居豫旺堡，给清真寺打杂。1936 年 6 月，红军西征来到豫旺堡一带，马和福在与红军的接触中，阶级觉悟不断提高，他主动帮助红军发动群众，斗争土豪，购粮购草。他夜以继日地为群众办事，为红军工作，在群众中得到好评，受到党和红军的信任。在豫旺堡建立基层政权时，他当选为豫旺区苏维埃主席。在豫海县回民自治政府成立时，他又被选为自治县政府主席，并且光荣地加入了中国共产党。马和福在任职期间，不辞劳苦，不避艰险，走庄串户，发动群众，积极宣传中国共产党的抗日主张和民族宗教政策，为革命做了很多工作。

1936 年 10 月 28 日，因形势的变化，西征红军撤离同心城，11 月中旬撤出豫旺堡、下马关一带，准备向陕甘宁根据地转移。临出发前，总部政治部派人通知马和福，指示他利用宗教和帮会，秘密发动组织回民打游击。红军撤离豫海地区后，国民党和马鸿逵组织“还乡团”，搜捕自治政府干部人员。马和福根据红军的指示，带领 20 余名战士坚持游击战争。1937 年 2 月底，马和福在回豫旺途中，待在锁家岔一个亲戚家里，不幸被逮捕。1937 年 4 月 3 日，他在同心城西门外英勇就义，时年 44 岁。

豫海县回民自治政府的活动虽然只有短短几个月的时间，但是它在回民解放史上是一次伟大的实践，它把中国共产党领导的工农革命与民族解放运动结合起来，把回族的解放与整个中华民族的独立斗争结合起来，正确处理了阶级斗争与民族问题之间的关系，是中国共产党在新民主主义革命时期解决民族问题的典范，也是建立抗日民族统一战线的重要方面。同心清真大寺也因此闻名遐迩，现为全国重点文物保护单位、全国百家爱国主义教育基地、全国百个红色经典景区、全国民族团结进步教育基地、宁夏国防教育基地。

五、红色边区

盐池县陕甘宁红色边区一度是陕甘宁边区的经济中心、西北门户和前哨阵地，也是中国共产党开展宁夏工作的桥梁和解放宁夏的干部培训基地、后勤保障基地。盐池革命烈士纪念园是盐池红色文化的缩影。

1936 年 6 月 21 日，西征红军红十五军团七十八师在师长韩先楚、政委崔田民率领下，解放了盐池县城及附近地区，并留下一个连开展地方工作，帮助盐池人民建立宁夏第一个红色政权——盐池县苏维埃政府。但是，在盐池开展工作的条件是很艰苦的。一是盐池地处陕、甘、宁、绥交界处，是陕甘宁边区的西部门户和前哨，虽已解放，但军阀马鸿逵并不甘心丢失这一堡垒，随时都有反扑的可能；二是盐池地形复杂，环境艰苦，风大沙多，人烟稀少，素有"老不走东，少不走西"的说法；三是由于国民党长期的反共宣传，老百姓很惧怕红军，当红军打下盐池县城时，城中有钱的、没钱的人大都跑光了，县城几乎成了空城，商店关门，学校停课，没跑的居民也将家门紧紧关闭。面对这种情况，留下来开展工作的红军官兵按照野战军政治部的指示，首先从宣传教育入手。他们组织了 10 多个宣传小组，刷标语，散传单，走家串户，召开宣传会、座谈会，向群众宣传中国共产党的政策，宣传红军是人民的军队。通过各种方式广泛发动群众，渐渐地，群众对红军有所了解，也愿意接近红军，跟红军一起活动，并在贫雇农中涌现出了一批积极分子，局面逐渐打开。

经过准备工作，6 月 26 日，红军在县城财神庙召开群众大会，宣布成立盐池县城临时政权机构——盐池县城市革命委员会，王锡林任主席，袁兆瑞任副主席。大会还宣布了城市革命委员会下属机构武装部、财政部、肃反委员会、文教委员会、土地委员会、贫农团、妇救会的负责人，这些负责人都是由当地贫雇农群众担任。同日，在环县河莲湾，西征军政治部主任刘晓宣布了此前在瓦窑堡确定的中共盐池县委组成人员：书记惠庆祺，组织部长王敬民，宣传部长王作元。20

多天后，惠庆祺带着县委班子及其他干部20多人到盐池开展工作，建立民主政权。

7月中旬，盐池县委召开群众大会，宣布盐池县苏维埃政府正式成立。主席为袁兆瑞，副主席张常山。盐池县苏维埃政府隶属陕甘宁省苏维埃政府，县内划分为5个区、26个乡、318个行政村，共有人口1.1万余人。在县委和县苏维埃政府的领导下，盐池县开展了各项工作。各区乡建立党团组织，发展党团员，发动群众打土豪、分田地，发展生产，支援前线，成立工会、农会、商会、妇女会和少共等群众组织。在此期间，中共中央派巡视团到定边、盐池了解情况和帮助工作。经过一系列工作，盐池县广大人民群众的觉悟逐步提高，革命热情普遍高涨起来。

中国共产党领导下的盐池县，以陕北革命根据地为后盾，发动群众，不断壮大革命力量，到1938年年初，盐池、定边已有8000余人的自卫队。为粉碎国民党反动派对陕甘宁边区的经济封锁，毛泽东主席于1942年发出"自己动手，丰衣足食"的号召，在边区各地掀起了大生产运动，中共盐池县委、县政府作出决定，要求干部及其家属带头学习纺织技术，每人再包教3人，并组织下乡传艺，很快在全县形成了一支纺织队伍，有力地支援了前线。1943年，全县业余纺织工达2236人（其中男1685人），制造纺车1262架，织布机20余架。盐池县作为陕甘宁边区在宁夏的前沿阵地，发挥着十分重要的作用。

另外，在盐池县这片革命沃土上还孕育了一位著名诗人——李季。1942—1947年，李季在陕北三边工作，他在担任盐池县政府秘书期间，认真学习毛泽东《在延安文艺座谈会上的讲话》，深入生活，坚持业余创作，在《三边报》上连续发表了长篇叙事诗《红旗插到死狼湾》，中共中央机关报《解放报》转载时改名为《王贵与李香香》。中共中央宣传部部长陆定一在《解放报》转载时写了按语，指出它是新诗歌的方向，标志着我国新诗歌发展史上一个重要的阶段。中华人民共和国成立后，这首长篇叙事诗被选入中学语文课本。

六、宁夏解放

抗日战争胜利后，蒋介石发动内战，向解放区发动进攻。马鸿逵也不甘落后，于1947年3月向陕北解放区的三边地区发动进攻，于3月24日攻占了盐池，4月2日攻占定边，4月中旬占领靖边，三边大部分地区被马鸿逵占领。此时进攻环县的马鸿宾部被解放军击溃。在陇东战役结束后，解放军第一、第二纵队挥师北上，6 月底解放定边，7 月底解放盐池，重新收复三边地区。

在解放军对国民党胡宗南部发起进攻时，蒋介石命令青海的马步芳、宁夏的马鸿逵组织青海兵团和宁夏兵团，向陕西进发，支援胡宗南。宁夏兵团集结了 4 万余人马，但由于马鸿逵与马步芳为争甘肃省主席一职产生矛盾，马鸿逵命令宁夏兵团保存实力。此时，中共中央军委为解放大西北，在西安解放后，把华北解放军的第十八、第十九两个兵团划归第一野战军指挥，因而使西北战场解放军的力量与敌相当。1949 年 7 月中旬，解放军在扶眉战役中歼敌 4 万余人，使解放军的力量由相对优势变为绝对优势，为彻底消灭宁夏、青海“二马”（马鸿逵、马步芳）创造了有利条件。

马鸿逵一贯奉行保存实力的政策，当解放军围攻胡宗南和马步芳时，他急令其宁夏兵团从陕西前线撤往平凉。1949 年 7 月 30 日，解放军解放平凉，直逼固原。此时马鸿逵企图利用固原南部三关口、瓦亭、任山河一带险峻地形进行抵抗，命其所部一二八军扼守瓦亭、三关口，十一军守任山河。解放军第十九兵团之六十三军及骑兵旅于 8 月 1 日向任山河、瓦亭、三关口一线发动进攻，很快突破马军阵地。马部被歼 5000 余人，军心大乱，纷纷向固原溃退。8 月 2 日，解放军六十四军的一九一师解放固原，8 月 3 日解放隆德，8 月 9 日解放西吉，8 月 11 日解放海原。与此同时，三边地区的解放军部队也开始向马鸿逵部发起进攻，收复三边、盐池。8 月下旬，解放军独立一师、二师解放同心豫旺、下马关地区。8 月上旬，中共中央军委决定先解放兰州，截断西逃之敌退路，令十九兵团六十四军驻固原监视宁马之敌，六十三军和六十五军参加兰州战役。

1949 年 8 月 26 日，兰州战役结束。彭德怀司令员命令十九兵团解放宁夏，中央指示对宁夏“二马”（马鸿逵、马鸿宾）可在军事打击下尽量争取和平解放。9 月初，解放军十九兵团兵分三路，西路由六十三军一八八师担任，9 月 2 日从兰州出发，经景泰、营盘水一线向中卫进发，17 日抵达中卫。中路由六十三军一八七师、一八九师和六十五军担任，9 月 5 日从兰州出发，沿黄河东岸取道靖远、香山向中卫、中宁前进，15 日到达中卫黄河以南地区，在常乐堡歼灭马鸿宾部八十一军的两个团。此时由回族上层人士组成的“和平代表团”已抵达银川，与马鸿宾商讨之后，到中宁与解放军接洽和谈。国民党八十一军军长马惇靖与解放军六十四军军长曾思玉谈判后，于9月19日签署了和平协议，八十一军被改编为解放军西北军区独立第二军，马惇靖任军长。六十三军解放了中卫，在石空渡河，沿黄河西岸进攻，直指银川。东路由留驻固原的解放军六十四军担任，于9月10日从固原沿银平公路北上，12日解放同心，14日攻占鸣沙，截断中宁至金积的公路，进驻中宁。

中国人民解放军十九兵团3军会师中宁后，于9月17日打响了解放宁夏的最后一战——金积、吴忠、灵武之战。此时马鸿逵已逃离宁夏，宁夏兵团司令马敦静企图依靠青铜峡天险，以牛首山的广武岭、小西天为屏障，阻挡解放军前进。马家军早已被解放军的声威吓倒了，不堪一击。解放军六十四军于17日轻取牛首山，18日占领青铜峡，打开了金、灵地区的大门，河东马家军主力一二八军和贺兰军已成瓮中之鳖。然而马家军中的个别死硬分子妄图垂死挣扎，河东国民军司令马得贵竟令部下掘渠放水，企图用洪水阻挡解放军的进攻，金、灵大片地区成为泽国。19日，解放军对金、灵发起总攻。马敦静乘飞机逃走。20日，解放军进攻金积县城，城内马部一二八军副军长率部投降。当晚，解放军六十四军主力攻占吴忠，马部官兵纷纷向银川、灵武逃跑。21日，灵武马部守军投降。至此，马鸿逵部一二八军全部被歼，除7000余人被俘外，其余大部溃散。马敦静逃走后，留下的国民党宁夏军政高级官员经过商议，决定通电接受和平协议。9月20日，宁夏方面发出通电，接受和平条件，宣布起义。21日，彭德怀复电表示欢迎。22日，宁夏方面派代表至中宁，23日与十九兵团司令员杨得志会晤，双方签订和平解放宁夏的五项协议。从9月22日起，驻银川的马鸿逵部第十一军开始溃散，驻大坝、小坝的贺兰军亦相继溃散，两日之内，数万军溃散殆尽，散兵游勇四处抢掠，黄河以西地区秩序大乱。宁夏方面请求解放军尽快进入银川安定秩序，并派出30余辆汽车至仁存渡口迎接解放军。按协议，解放军应于9月25日接管银川，但在各界一致请求下，杨得志批准六十四军派一个师先行入城维持秩序。9月23日，解放军六十四军一九一师受命由仁存渡河接管银川，该师五七二团二营、三营作为先遣队连夜乘汽车进入银川，占领城内各制高点和四门，在各街口设岗布哨，并分兵至新城接收马部第十一军残部和飞机场，解放军控制了银川。解放军大部队于24日与25日入城，至此，宁夏全境解放。9月26日，解放军十九兵团总部入城，发布公告，要求国民党军政人员到指定地点登记、集结。并宣布成立中国人民解放军银川市军事管制委员会，杨得志为主任，马鸿宾、朱敏、曹又参为副主任，办公地点设于中山公园内的怀远楼，同时发布了军管会第一号公告。

1949年10月1日，中华人民共和国成立。10月7日，银川市2万多回汉人民和解放军举行盛大集会，庆祝中华人民共和国成立和宁夏解放。10月18日，经中央批准，中共宁夏省委成立，潘自力任书记，朱敏任副书记，委员会由13人组成。12月23日，宁夏省人民政府成立，经中央批准，潘自力兼任省政府主席，李景林、马鸿宾、孙殿才任副主席。

（作者系宁夏回族自治区文物保护中心主任、研究员）

宁夏回族自治的足迹

吴晓红

一、红军首创回族自治县

(一)红军解放宁夏回族聚居区

1936年5月,为了巩固和扩大党中央和中革军委所在的陕甘宁革命根据地,并迎接红军第二、第四方面军北上会师抗日,中革军委决定以红一方面军(中央红军)、陕北红军和红二十五军共同组成西方野战军,开展西征战役,彭德怀担任野战军司令员兼政委,统一指挥左、右两路军等部,向宁夏省南部和甘肃省东部进军。左路军由红一军团(红一方面军)代理军团长左权、政委聂荣臻率领,从延川出发,经永坪、蟠龙、保安、吴旗南下,连克曲子、环县、阜城等地,进抵宁夏、甘肃两省交界地区的七营川和清水河一带,与东北军、马鸿宾部隔河对峙;右路军由红十五军团(陕北红军与红二十五军整编组合)团长徐海东、政委程子华率领,从延川出发,经永坪、蟠龙一线挺进"三边"地区。两军并肩作战,于6月中旬先后解放了定边、盐池、环县、豫旺等县(县治下马关)的大片地区,彭德怀率西征红军总部进驻豫旺堡(属豫旺县)。由于这一带多为宁夏、甘肃两省的回族聚居区,所以西征红军一军团政治部还给连队印发《回民问题》学习材料,号召全军上下尊重回族人民,教育团结回族人民共同抗日。当时美国记者埃德加·斯诺、医生乔治·海德姆(后改名为马海德),曾对西征红军进行过前线采访,后来写成《红星照耀中国》一书(该书初名《外国记者中国西北印象记》,后改译为《西行漫记》),第一次将中国工农红军的真实情况介绍给外面的世界。

西征战役中,红军第一、第二、第四等三大主力部队于1936年10月中下旬,先后在会宁和将台堡分别会师,并于11月21日,打赢了山城堡之战,胜利结束了西征战役。

红军西征期间，不仅取得了军事上的伟大胜利，完成了红军三大主力的会师，结束了长征，而且在红色革命政权建设方面也有很大成绩，时中央决定在宁甘交界地区建立陕甘宁省委，下辖豫旺、环县、曲子、固北、安边、盐池、静宁等县和豫海县回民自治政府等基层革命政权，巩固并扩大了中央革命根据地。

（二）豫海县回民自治政府诞生

宁夏南部的豫旺县与甘肃东部的海原县和沿清水河一带城乡，历史上就是回族人民的聚居地区。西征红军解放这里以后，立即就在各地成立了乡、区一级苏维埃政权，同时也组建了“回民抗日救国会”“回民解放会”“回民联合会”“回民游击队”，以保卫回族人民翻身解放的胜利果实。为了培养一批回族干部，党组织还举办了回民教导团、讲习所等干部培训班，一批回民积极分子涌现出来。在此基础上，中共陕甘宁省委决定在宁甘交界回民聚居地区，成立一个县级回民自治政权——豫（旺）海（原）县回民自治政府。省委书记李富春和当地驻军首长程子华、王首道、唐天际和马青年等对筹备工作亲自指导。1936 年 10 月初筹委会向中共中央及毛泽东和各界人民团体、红军各部队发出《召开豫海县回民自治政府代表大会通电》。10 月 20 日至 22 日，全县代表大会在同心城清真大寺隆重召开，通过《豫海县回民自治政府条例》《土地条例》《减租减息条例》等有关议案，选出雇农出身的本地回族农民马和福担任自治政府主席。自治政府设于距同心城 15 千米的王家团庄，下辖 8 个巩固区、4 个游击区，总面积约 8200 平方千米，总人口约 3 万。与此同时，省委又批准成立中共豫海县委，贺恩宽任书记。11 月中旬，西征红军东撤，自治县转入地下活动，马和福自愿留下坚持战斗，后因叛徒告密被逮捕，于 1937 年 4 月 3 日被杀害，年仅 44 岁。

豫海县回民自治政府的成立，存在时间虽短暂，但它是我国第一个县级回民自治政权，是回族人民争取解放的先声，也是党的马克思主义民族自治政策的一次伟大实践。

二、中华人民共和国初试基层回族自治政权

（一）加强民族团结和民族政策教育工作

中华人民共和国成立后，党和人民政府大力宣传马克思主义民族宗教政策，还召开阿訇座谈会，成立回民文化协进会、伊斯兰教协会，组织民族参观团赴内

地观摩学习，并积极培养回族干部，参与各级人民政权工作。1949年9月23日，宁夏解放。9月26日成立代行宁夏省最高权力机构——银川市军事管制委员会，解放军第十九兵团司令员杨得志担任主任委员，在3名副主任委员中，就有1名回族人（马鸿宾）。同年10月29日，新宁夏省人民政府领导班子成立，主席由解放军十九兵团副政委、政治部主任潘自力兼任，在3位副主席中，回族起义将领马鸿宾位列第二副主席。在1949年12月1日召开的省会银川市第一届各族各界人民代表会议上，回族人士纳长麒当选唯一的副市长。1950年9月23日，在宁夏省第一届各族各界人民代表会议中，选举产生省政府委员29名，其中少数民族委员7名；在产生的省协商会议的45名委员中，少数民族委员18名，其中回族委员13名。全省各级政府机构中，担任乡科级、县处级、厅局级和省级领导干部，层层都有回族成员。

在大力培养民族干部的同时，加大民族团结、民族自治的宣传力度。1953年省委颁布了《在回族地区工作应注意事项暂行条例》。同年，省政府副主席孙殿才还向干部作了《关于民族区域自治政策的报告》，加强对全省干部民族政策教育。

（二）建立基层回族自治政权

1952年8月13日，《人民日报》发表题为《加强民族区域自治的工作》社论。同年12月7日，中共中央发布《关于少数民族地区五年建设计划的若干原则性意见》，公布了《中华人民共和国民族区域自治实施纲要》，中共中央西北局亦指示要积极落实中央的有关指示。1953年1月，中共宁夏省委书记指示，宁夏省要分别成立专区级、区级、乡级民族自治政权。省民委宣布了《本省实施民族区域自治计划初步意见》。1954年上半年，全省建立26个民族自治政权。其中回族自治乡（后改民族乡）18个；县直属回族自治区2个；其他民族自治区（县级）3个；专区级自治区3个。其中回族自治政权如下：

回民自治乡（改民族乡）：银川市6个，贺兰县9个，永宁县5个，平罗县5个，宁朔县1个。另外，还设立一些回族比例较低的民族民主联合乡政权，称联合乡（亦称民主乡），数字不详。回族乡合计为26个，如果加上撤销宝丰、灵沙2个自治区后改设的4个回族乡，合计应为30个回族乡。

县直属回族自治区：惠农县宝丰回民自治区，地处贺兰山北段山河之间，以惠农县原2区改制。1954年成立，区机关设宝丰镇。区人民代表37人，其中回族22人,占59.4%。区委员15人,其中回族11人,自治区主席马文祥(回族)。自治区包括惠农县第2区的7个乡,总面积为65平方千米,人口16250人,其中回族9822人,占总人口的60.48%。

惠农县灵沙回族自治区,地处贺兰山北段山河之间,以惠农县原5区改制。1954年成立,区机关设灵沙堡。区人民代表36人,其中回族24人,占66.7%。区委员11人组成,其中回族7人,自治区主席马生祥(回族)。自治区包括惠农县第5区的6个乡,总面积112平方千米,人口11635人,其中回族8200人,占总人口的69.99%。

以上两个县直属回族自治区,于1956年撤销,改建惠北、灵沙、礼和、宝丰4个回族乡。

县级自治区:泾源回族自治区(后更名泾源回族自治县)、阿拉善旗自治区、额济纳旗自治区。

专区级自治区:宁夏省河东回族自治区(后改吴忠回族自治州),下辖灵武、同心、金积和吴忠4县市。甘肃省西海固回族自治区(后改固原回族自治州),下辖固原、西吉、海原3县和隆德、静宁、靖远3县部分回族乡。

三、宁夏回族自治区成立

(一)筹备成立

中华人民共和国成立之初,回族人口350多万,仅次于壮族和维吾尔族,理应成立一个省级自治区。甘肃、宁夏二省是回族聚居地区,应成为这个自治区的首选地。党中央高瞻远瞩,为了适应回族人民的未来发展需要,于1954年9月,将宁夏省建制撤销,并入甘肃省。10月国家民委就向中共中央提出《关于拟在西北回族聚居区建立回族自治区的请示报告》。1956年2月,中央同意国家民委的报告,倡议在甘肃省东部地区筹建一个省级回族自治区。中共甘肃省委和省人委(政府)积极响应中央的倡议,并从同年5月开始,就对关于筹建回族自治区的问题,在全省党内外进行广泛讨论、协商,做了大量细致的调研工作。1957年在甘肃省人委会和省政协联席会议上,对中央的倡议正式表示拥护,并提出在甘肃省东北部建立一个省级回族自治区,即宁夏回族自治区的方案。同年5月27日、28日,全国政协第四十二次常委扩大会议,对甘肃省的方案表示赞同。6月7

日，在周恩来总理主持召开的国务院第五十一次全体会议上，国家民委副主任汪锋作《关于建立宁夏回族自治区的报告》，会议同意这个报告。7 月 4 日，周总理向全国人民代表大会（以下简称全国人大）一届四次会议提交《关于成立宁夏回族自治区的议案》（以下简称《议案》）。7 月 15 日，全国人大批准《议案》。与此同时，于 1957 年 11 月 5 日，经中共中央批准，中共宁夏回族自治区工作委员会成立，并在北京召开第一次会议。1958 年 3 月，中共宁夏工委由北京迁宁夏办公。1958 年 6 月 16 日，宁夏回族自治区筹备委员会在银川召开成立会议，宣布国务院任命的筹委会组成人员。刘格平任主任，马玉槐、吴生秀任副主任。中共中央书记处还听取了中共宁夏工委和自治区筹委会关于筹备工作情况的汇报，邓小平等中央领导对宁夏回族自治区的工作提出希望并作出了指示。

（二）自治区成立

1958 年 10 月 24 日至 30 日，宁夏回族自治区第一届人民代表大会第一次会议在银川隆重召开。25 日，大会选举产生了自治区人民委员会组成人员，他们是：主席刘格平（回族），副主席马玉槐（回族）、吴生秀、王金璋、王志强（回族）、马腾霭（回族），选举郝玉山、黄执中、李景林、马信（回族）等 35 人为委员，宣告宁夏回族自治区正式成立。

中共中央、全国人大常委会、国务院特派中共中央政治局委员、全国人大常委会副委员长林伯渠，率中共中央代表团专程前来祝贺。大会向中共中央和毛泽东主席、刘少奇委员长、周恩来总理发了致敬电。会上还宣读了全国人大常委会、国务院和中央有关部委、解放军有关部队以及兄弟省区的贺电。《人民日报》发表题为《祝宁夏回族自治区成立》的社论，《宁夏日报》发表题为《高举旗帜，乘胜前进》的社论。

宁夏回族自治区首府设在银川市，下辖银川市、固原专区、吴忠市和永宁、贺兰、惠农、平罗、陶乐、宁朔、灵武、金积、盐池、同心、中宁、中卫、固原、西吉、海原、隆德、泾源等 17 县（其中银川市和贺兰、永宁、惠农、平罗、宁朔与中宁 7 市县地处贺兰山东麓）。全区总面积 6.64 万平方千米。

（作者单位：宁夏回族自治区宁夏社会科学院）

中共地下党在陶乐

王跃荣

1938年年初，中共三边特委（是年2月改为三边分区党委）派杨一木到省城（今银川市）开辟宁夏银川及以北地区地下党的工作。杨一木派李向甫（化名徐先生，陕西省绥德县人，中共党员）到陶乐。李向甫在高仁镇乡（今平罗县高仁乡）下八顷较有名望的牧业户边发成（边家老四）家落脚，利用边家在当地的绅士身份和社会关系，先后在高仁镇、马太沟、五堆子等地，用游说方式宣传党的抗日统一战线政策，提高人民爱国觉悟。李向甫还在贺兰、平罗一带活动过。6月，国民党秘密颁布防止共产党活动办法规定："共产党活动最烈之区域应实行连保连坐法。"自此，国民党加剧了对各地的反共活动，国共合作局面被破坏。国民党宁夏当局制造反共摩擦，在宁夏与陕、甘、宁边区交界地设封锁线，各交通要道设卡置哨，宁夏境内设立特务据点，警、宪、特四处活动。

1938年12月，杨一木在黄渠桥被敌人发现，被迫离开宁夏返回边区。1940年4月，宁夏工委遭到严重破坏。在地下党的活动越来越困难的情况下，按照宁夏工委3月会议的具体布置："一部分暴露的党组织，尽快由半公开状态转入秘密斗争；一部分暴露党员身份的同志尽快调回边区。"于是，李向甫回边区进入延安党校学习。

宁夏工委被敌人破坏后，宁夏地下党的工作由三边分区党委（1943年1月改为地委）统战部负责。三边分区党委对马鸿逵统治区逃到三边的难民、移民、逃兵等均给予妥善安置，并在他们和来往的客商、探亲访友人员中入手进行工作，宣传党的统战政策，扩大党的影响。1944年，中共三边地委为加强宁夏工作，建立了伊克昭盟（鄂尔多斯市的旧称）三段地据点。派王延（宁夏石嘴山人，1938年入党）前往该据点为负责人，专做宁夏工作，在陶乐、惠农、平罗、磴口4县和阿拉善旗一带活动。1940 年,农民李双双(今平罗县红崖子乡人)以运碱、做小买卖,往返于三段地和陶乐之间,开始为党工作。

三段地据点按照三边地委“注重在宁夏国民党统治区工人、农民中发展党员,建立党组织的方针”的指示,在移民、难民中选择建党对象,交代任务做一定工作,经考察了解选其成熟者发展入党。1945 年,李双双经王延介绍入党。李双双经常以贩碱为名,赶着小毛驴辗转于三段地、察汗淖、盐池、陶乐等地,调查了解马鸿逵统治区的政治、军事等各方面的情况。李双双还介绍五堆子乡逃荒到三段地的农民 5 人入党。1946 年 6 月,三边地委在定边召开余庄子、红井子、三段地各据点负责人会议,宣布中共宁夏工委重新建立。在此之前三段地只有王延 1 人做宁夏工作。宁夏工委重建后,又派王茜(今平罗县黄渠桥人,北平大学化工系学生,1938 年入党)到三段地,加强据点的工作。

1947 年 1 月,由于战争形势紧张,为便于开展工作,统一领导,中共中央西北局决定“宁夏工委与伊克昭盟工委合并为宁绥工委,对外仍以三边地委统战部名义出现”。在宁绥工委领导下,三段地在原据点的基础上建立了工委,在陶乐、惠农、磴口、平罗一带进行地下工作。其主要任务是巩固进步力量,打击反动势力;党组织隐蔽发展,不组织起义,不搞游击战争;注意了解群众疾苦,做群众工作,搞清马鸿逵的内部组织情况;做好民国县政府政工人员和表现好的保、甲长的联络关系工作。3 月,胡宗南部进攻延安,西线马鸿逵侵占三边、盐池后,抓捕共产党员,强化其统治,三段地党组织被破坏。5 月,李双双因在三段地活动暴露而返回陶乐。6 月,宁夏当局依照国民军伊南边防司令部提供的情报,下达对李双双的通缉令。同月 19 日,民国陶乐县警察局在陈家湾子(今属平罗县红崖子乡辖)以抓兵为名将李双双逮捕,当晚将李双双绑吊在陈家堂屋的房梁上毒打致死。李双双宁死不屈,表现了中国共产党人的英雄气概。

1948 年 8 月,中共中央就国民党统治区的斗争,要有清醒头脑和灵活的策略问题发出“应坚决实行疏散隐蔽,积蓄力量以待时机的方针”的指示。此后,随着全国解放战争形势的好转和宁夏工作的逐步开展,中央西北局决定恢复中共宁夏工委伊西工委(即三段地工委),按照宁夏工委提出的任务:“寻找旧有党员,恢复党的组织,恢复旧有统战关系、建立新的联系对象;调查了解宁夏国民党统治区的政治军事情况。”由专做宁夏工作的负责人王茜派康善积(陕西省靖边县人,小商人出身,1950 年入党)到平罗、惠农、陶乐做地下工作,工作侧重点在陶乐与石嘴山。在陶乐,康善积先到高仁镇乡(今平罗县高仁乡)农民米家山家(住民国县政府附近),通过米家山结交了郭长吉(中华人民共和国成立以前在民国县政府民政科任主任科员),后又结交了白风隆(曾任民国陶乐县民财建教委员会主任,民主人士)。郭、白二人给康善积透露民国县政府的政务活动等情况,还保护了康善积。此间党的地下工作者在陶乐、石嘴山搜集了国民党的党、政、军民组织及主要负责人的状况和动态,以及仓库、军火库、学校、保甲、国民兵训练、兵役等材料。进一步掌握了马鸿逵部的军事行动和工事修建,以及广大群众盼望解放宁夏的愿望,起到了埋伏生根、配合解放军加快宁夏解放的作用。

1949 年 7 月,中国人民解放军西北野战军向甘肃、宁夏进军。中央西北局决定:三边地委负责接收宁夏政权。9 月 23 日宁夏解放。9 月 24 日,解放军进驻陶乐城,成立军管会。10 月 25 日,中国共产党陶乐县委员会成立。2003 年,陶乐县建制被撤销,原陶乐县城更名为陶乐镇。除了原陶乐县月牙湖乡划归银川,其余地方划归平罗县管辖。

(作者系平罗县交通运输局退休干部)

单家集的红色记忆

拜学英

六盘山西麓，宁夏、甘肃两省交界处的西吉县兴隆镇回族村庄单家集，这是一个因毛泽东长征时曾住过而闻名遐迩的村庄。它被黄土梁峁围拢在一处相对开阔平坦的区域，黄褐色的土屋依一条大路而建，穿梭于黄土高原的马帮、驼队、脚户踏起一路土尘，从单家集而过，在广袤的黄土高原上闯荡，寻找着属于自己的光阴与生活。天亮以后，单家集平常的黄土路上，有了当地回族人民的吆喝声，有了开张的摊位、店铺，赶路的脚户行至单家集，把马和骆驼拴在路边的树桩上，喝上一碗大碗茶，吃上一大碗浆水面，长长顺一口气。抑或在小店的土炕上伸展腰身，睡一个踏实觉，再上路。单家集成了过往者的歇脚地，过往的马帮、驼队、脚户在记忆深处留下了对单家集挥之不去的印象。

那一年(1935 年 10 月)，当一支衣衫破烂，满脸疲惫，并佩戴着红五星的队伍经过单家集时，坐落在单家集村中的陕义堂清真大寺的阿訇和社头像迎接贵客一样，迎接了这支队伍。他们端上了回族待客最丰盛的“九碗席”，泡上了香甜的盖碗茶，队伍的首长与阿訇在土炕上彻夜长谈。事隔多年以后，当年的老阿訇去世了，尚健在的老社头和单家集的人才知道，他们曾接待过的在单家集土炕上睡了一夜的部队首领是中国工农红军的最高首长——毛泽东。当时，人们难以相信这一曾经发生的事实。然而，毛泽东当年的警卫班长陈昌奉拉着曾做“九碗席”的社头拜文海一遍又一遍地说，这是真的。

一件让单家集引以为荣的大事，在尘封了几十年之后，才揭开面纱，还原了历史的真实，这其中隐含着符合当时情景的缘由。当年，社会动荡，民不聊生，单家集村道成为南来北往者们的必经之地，民团、匪帮耀武扬威地路过，国民党的队伍也曾频繁在甘宁交界的单家集一带活动，他们各有目的。哪一支人马路过立有集市的单家集都想停留一番，吃一席“长盛堂”的饭菜，世代在瘠薄黄土地上刨食，靠小买卖为生的单家集人慢待或看轻哪一支人马都有可能招致一场灾难，似乎已形成一个不成文的规矩。因此，只要是路过者，热情好客的单家集回族人民都要以礼相待，使路过者心满意足，好让单家集安静的日子继续过下去。因为单家集的人们在动荡的社会环境里，懂得一个道理——持枪的队伍得罪不起。穿着灰军装的红军路过，单家集的人自然以礼相待，何况红军又向人们不停地宣传自己的主张，自己是穷人的队伍，尊重回族的风俗习惯。单家集的人似乎对红军更有好感，他们卸下店铺的门板让习惯睡床板的毛泽东在宁静的单家集睡了一个踏实觉。单家集的人从细枝末节上似乎已经看出他们接待的是一位重要人物，但他们万万没想到会是毛泽东。

听单家集的老人们说，第二天傍晚，人们簇拥着毛泽东离开单家集不到两个时辰，空中响起了人们从来没听过的巨大吼声。几架像六盘山里常盘旋的老鹰似的飞机，向单家集飞奔而来，投下几枚炸弹，在单家集以人们从来没有经历过的响声爆响。单家集在剧烈的爆炸声中颤抖，清真寺院子被炸开一个巨大的深坑，毛泽东与阿訇谈话的房子门窗被飞起的弹片击打得伤痕累累，所幸的是毛泽东和他们的人马已安然无恙地离开单家集。

随后，紧接而来的是国民党快速开进的部队，向人们打听红军的去向，让人们告诉红军的番号。单家集的人说他们弄不清是哪支队伍，天没亮就离开了村子，哪知道去向。国民党军队只好悻悻地离开单家集，继续搜寻红军去了。恬静了多少年的单家集在那一年真是热闹而惊险，听见过那次爆炸声的老人至今仍心有余悸。

单家集依旧在恬静中过着光阴。事隔多年之后，毛泽东当年的警卫班长陈昌奉来到单家集，在陕义堂院子里深情回忆当年的情景：“当年长征时，我陪着毛主席在陕义堂院子里吃饭，有个回族社头为毛主席做了一席回族丰盛的‘九碗席’。”有人指着拜文海说：“就是这位老人。”陈昌奉握着拜文海的手久久不愿松开。单家集，一个回族聚居的小村庄与中国革命、与一代伟人紧密地联系在一起。而当年曾为毛泽东做“九碗席”的社头拜文海在晚年却再也闲不住了，机关部队请他去回忆讲解当年那段历史；各路记者采访他，让他谈当年为毛泽东做“九碗席”的情景，饱经人世沧桑的回族老人却平静地说：“当年我们并不知道接待的是毛泽东。”

陕义堂清真寺里当年毛泽东住过的房子，伤痕累累的门窗和发黑的老木柜、大方桌，向人们诉说着那段红色记忆。老一代单家集人过世了，但这一段值得记忆的历史却永远留给了单家集。

岁月依旧流淌，单家集这个回族村庄注定是一个留下更多记忆的地方。1996 年，西吉县隆重举行纪念红军长征 60 周年和将台堡会师纪念碑落成典礼，毛泽东的孙子毛新宇和他的母亲来到单家集，在毛泽东曾睡过的土炕上与回族群众忘情地交谈着。单家集乡亲们听说毛泽东的孙子来到陕义堂，便都围聚而来，面对热情的单家集的回族群众，毛新宇深情地说：“当年我爷爷领着红军长征路过单家集，回族群众热情地接待了他。60 年后的今天，我们又来到单家集，受到单家集回族群众的热烈欢迎，这种热情，我永远忘不了。”

六盘山下的单家集，就这样被人深情地记忆着、诉说着。

（作者单位：宁夏回族自治区政协机关纪检组）

不忘初心　牢记使命

——记永宁县委党校

郭勤华

59 年的奋进，标志着历史变迁的刻度；

59 年的跨越，彰显着不忘初心，牢记使命的执着。

这是中共永宁县委党校始终保持忠于党、忠于马克思主义信仰、忠于人民的政治自觉，诠释党校姓“党”，忠诚于党的本色。

一、历史使命，穿越时空

中共永宁县党校成立于 1958 年 7 月 29 日，既是在永宁县委直接领导下培养党员领导干部和理论干部的学校，是永宁县委的一个重要部门，又是轮训和培训党员领导干部，培养党的理论队伍，学习、研究、宣传中国共产党以马克思列宁主义、毛泽东思想、邓小平理论、“三个代表”重要思想和科学发展观、新时代中国特色社会主义思想的主阵地，也是培养、轮训全县党员干部的主阵地，更是党员干部党性锻炼的熔炉。遵循新时代中国特色社会主义思想和党的基本路线的指导，以研究社会主义现代化建设的实际问题为中心，坚持理论联系实际，培养忠诚于马克思主义、德才兼备的党员领导干部和理论人才。承担轮训全县各级党员领导干部，培训中青年党员领导干部，培训意识形态部门的领导干部和理论骨干，协同组织人事部门，对学员在校期间进行考核、考察，围绕国际、国内出现的新情况、新问题，开展科学研究，宣传新时期党的路线、方针、政策。

中共永宁县委党校的发展可根据历史划分为四个阶段。

1958 年 7 月成立至 1968 年 3 月为党校的初创和发展时期。1956 年社会主义改造基本完成后到1966年,是全面开始大规模进行社会主义建设的10年。这10年中先后开展了整风运动、反坏人坏事运动等,在农村还开展了几次整社整风和整社整党工作,1964年开展了以农村为重点的社会主义教育运动。围绕着这些运动,永宁县委党校仍然能够以马列主义、毛泽东思想基本理论、党的方针政策及科学知识、专业知识为职责,全面武装全县党的干部,举办短期训练班,轮训党员和干部,提高干部政治素质和文化理论水平。

1968年3月至1978年11月为党校的曲折发展阶段。1968年10月,县委党校搬迁至杨和乡(现为杨和镇)王太村,改称永宁县“五七”干校。1972年10月又恢复原称谓。这一时期,全国各级党校处于混乱状态,校党委和校行政机关全部瘫痪。1972年年底,永宁县对下放到“五七”干校的县级以上领导干部,全部分配使用;对原来使用不当的进行了调整;对历次运动中错误处理的做了纠正。为了提高干部、党员的素质,从1972年开始,县干校分期分批对干部进行轮训,各公社对党员进行了轮训。各级党委还培养选拔了一批年轻干部进入各级领导班子。

1978年12月至1998年为党校的恢复和正规化建设时期。这一时期,永宁县委党校先后两移校址,1995年搬迁至县城,先在公安局综合楼办公,1997年迁至宁和南街目前所在地,并形成了一定的办学规模,办公教学条件得到根本改善。1998年又成立了永宁县行政学校,在永宁县委党校挂行政学校的牌子,实行“两块牌子,一套班子”的管理体制。依据1995年9月《中国共产党党校工作暂行条例》,规范了永宁县委、政府对全县党员干部、机关工作者及专业技术人员的教育培训体制,集中整合优化了全县干部教育培训资源,充分发挥了干部教育培训的重要作用。

1998年至今,为改革和创新发展时期。这一时期,永宁县委党校依据《中共中央关于面向21世纪加强和改进党校工作的决定》《干部教育培训工作条例(试行)》,不断加强班子和队伍建设,始终坚持党校姓“党”的宗旨不动摇,积极组织开展党员干部教育培训,努力提升党员干部的政治理论素质、党性修养和执政水平,充分发挥主阵地、主渠道作用和熔炉作用,为永宁县的经济社会发展作出了不懈的努力。

永宁县委党校在与时俱进中成长壮大,认真贯彻党对党校工作的一系列重大方针、政策，坚持围绕中心、服务大局，不断加强和改进干部教育培训工作，在不平凡的历史进程中，培养了一大批优秀合格人才，为促进永宁县改革开放和现代化建设作出了重要贡献。特别是改革开放以来，永宁县委党校按照党中央关于各级党校建设的目标要求，改善办学设施，调整教学布局，认真开展领导干部轮训、培训工作，培养了一大批党政领导干部和理论宣传骨干。在服务大局中创新，在不断创新中提高。始终坚持党校姓“党”的原则，坚守阵地发展，在不断发展中提高，较好地发挥了“三个阵地，一个熔炉”的职能作用，培训了大量的各级领导干部。进入改革开放新的历史时期，党校全面落实中央关于加强和改进党校工作的指示精神，全面加强干部教育培训工作，重视教学理念和教学方式的改革创新，围绕永宁县改革开放和现代化建设的实际，围绕全面建设小康社会的宏伟目标，认真开展教育和科研工作，为永宁县委、政府科学决策提供了许多有价值的参考，为促进永宁县经济社会又好又快发展作出了重要贡献。党校不断探索和改进教学方式，全面实施规范化教育，大力加强师资队伍建设，教师的知识结构进一步优化，教学质量进一步提升，干部培训工作呈现出蓬勃发展的态势。

二、探索实践，秉承事业

中共永宁县委党校在不同的历史时期，秉承党校教育事业，为推动全县党员干部学习培训工作厉行各项职责。1958 年自永宁县委党校开办以来，校长均由永宁县委书记或副书记兼任。成立初期，根据永宁县委指示，训练全县党员干部，恢复正规干部理论学习制度，对不同文化程度干部提出迅速提高文化程度各个层次学习任务，对提高党员干部马克思主义理论水平和党性修养，都有很大帮助，对提高党员在社会主义建设过程中的带头作用和思想觉悟、坚定革命意志、活跃党的民主气氛奠定了基础。

1968 年 10 月，永宁县委党校改称为“五七”干校，主要配合阶级斗争和路线教育，开展活学活用毛泽东思想群众运动。1972 年秋恢复永宁县党校称谓。1979 年 11 月，中共永宁县委下发《关于恢复永宁县委党校的决定》，决定恢复中国共产党永宁县委员会党校。这一时期党校举办的各种学习班，坚持以党的十一届三中全会和中央工作会议精神为指南，紧紧抓住党的工作重点转移到现代化建设上来这一中心思想，重点学习党的思想理论和社会主义经济理论，为党的工作重点的转移奠定了思想基础。

党的十一届三中全会后，党校工作走上正轨。党校的任务从短期轮训干部为主逐步转向正规化培训为主，这是我国社会主义现代化事业的需要。1983 年全国党校工作会议提出了党校正规化培训干部的任务和要求，永宁县委根据当时干部队伍的状况和经济建设的实际情况，逐渐把党校教育工作的重点放在干部短期培训教育和学历教育上。1987 年，中央提出了党校“四个为主”的办学方针，永宁县委在贯彻“四个为主”的方针时，决定永宁县委党校在完成党政干部轮训班的同时，逐步把党政干部教育的重点转到以马克思主义理论学习上来，对党校教师队伍采取“基本稳定、个别调整、专业定向、培训提高”的办法，加强党校教师队伍建设，认真贯彻执行“培训对象以现职干部为主，学制以短为主，课程设置以学习马列主义基本理论和党的路线、方针、政策为主，教学方法以自学为主”的办学方针，提高了教师教研水平和干部教育质量。1989 年后东欧剧变、苏联解体，使中国的社会主义事业面临着严峻考验，加强党校的理论宣传阵地作用变得尤为重要。在此期间，永宁县党校教育事业获得了重大发展，党校教育以马列主义基本理论和党的十一届三中全会以来的路线、方针、政策为主课，以服务于经济建设和改革开放为重点，开设了党政专业和经济管理专业多门课程，使学员增长了马克思主义理论知识、科学文化知识和党政领导工作必备的专业知识，提高了组织领导能力和分析解决现实问题的能力，加强了党性锻炼，使党校教育成为党的建设的重要组成部分，成为中国特色社会主义教育事业的重要组成部分，成为全县各级党政领导干部培训轮训的主渠道和重要教育机构。大多数学员已成为德才兼备的领导骨干和理论骨干，他们分布在县、乡镇及企事业单位的领导岗位上，在改革开放的伟大事业中为振兴永宁县发挥着重要作用。

1995 年 7 月，中共永宁县委党校由杨和镇（原杨和乡）王太村搬迁至县城，在公安局综合楼办公。1997 年 8 月，中共永宁县委党校由公安局综合楼迁至宁和南街。1998 年 1 月，永宁县委、政府把党校长期以来作为宣传窗口的一个事业单位改为永宁县委的一个重要工作部门并实行校务委员会制，按照“精简、统一、效能”的原则设置机构。在宁夏回族自治区党校和银川市委党校的大力支持下，中函宁夏分院在永宁成立并开始招收首届大专、本科班学员，揭开了永宁县委党校学历教育的新篇章，函授教育成为党校工作的重要组成部分。

面对21世纪国际国内形势发展和建设中国特色社会主义伟大事业对我党各级干部素质提出的新要求，中共中央提出全党必须进一步提高对党校教育重要性的认识，大力加强和改进党校工作。中共永宁县委党校围绕永宁县委政府的工作大局，按照实事求是、与时俱进、艰苦奋斗、执政为民的要求，以增强执政意识、提高执政能力为重点，推动学习型政党、学习型社会建设，为全面建设小康社会，加快推进社会主义现代化建设提供思想政治保证、人才保证和智力支持。2010年以来，中共永宁县委党校为适应新形势、新任务对干部教育培训工作的新要求，不断推进各项改革，以改革拓宽生存空间，求得自身发展。在深入研讨的基础上，出台了《永宁县委党校改革方案》，加大教学改革力度，为构建和谐永宁，对全县党员干部的培训提出了新的要求。不断创新培训理念，改革培训内容，改进培训方式，完善培训机制，提高培训质量，为永宁县干部教育培训工作作出了有益的尝试。在培养对象上，有主有辅，主辅结合。在学制上，有长有短，长短结合，以短为主。在办学方式上，有内有外，内外结合，以内为主。在重点办好校内主体班次的同时，既请急需培养人才的单位来党校办班，也走出校门，到要求办班的单位去办班。在调节机制上，实际计划与市场相结合，逐步扩大了市场调节的范围，走开门办学之路，形成以主体班次为主、其他班次为辅，充满活力的班次格局。根据培养对象的实际情况，以提高学员分析解决问题的能力为目标，增强教育的针对性、科学性，形成生动活泼、灵活多样的教学方法体系。

三、开拓创新，培训提升

中共永宁县委党校历经59个春秋，特别是党的十一届三中全会以来，永宁县委党校充分发挥“三个阵地，一个熔炉”的作用，围绕永宁县委、政府的中心工作，努力探索党校教育的新路子，大力培训党员干部，为永宁社会经济发展作出了应有的贡献。

党员干部轮训公务员培训方面，按照永宁县委、政府关于干部教育培训的安排，认真组织举办好各类培训班，坚持年年普遍轮训全县在职党员干部的制度，年均轮训党员干部在75%以上。特别是十一届三中全会以来，组织举办了党员干部学习党的各次代表大会的路线、方针、政策精神和党的基础理论知识培训班。从20世纪80年代末到21世纪，党校对全县党员干部暨国家公务员进行了公务员过渡培训;举办了公务员市场经济与法律法规、依法行政等的培训。创新开办党员干部“周末讲堂”专题培训。坚持每月两期,闲时多学、忙时少学、随用随学,培训范围从科级干部扩大到党政机关全体党员干部,培训内容从政治理论到经济、文化、科技、心理健康等,在有效解决工学矛盾、实现随用随学的同时,达到了资源共享、提升效果的目标。党校还推广小班化专题培训。按照“干什么、学什么、缺什么、补什么”和“走出去”培训的理念,把“内培”向“外培”延伸,把专题培训、实地考察、调研交流结合起来,形式更灵活,重点更突出,效果更明显。

村级干部培训方面,永宁县委党校创新开办村级干部业务大专班,加强对村级干部的培训,每年对全县各行政村的党支部书记、村干部进行培训。围绕提升基层党员干部的素质能力,举办以经济管理为专业的永宁县村级干部业务大专班,培养了一批既有专业知识又有管理能力,具有大专文化程度的农村、社区党员干部骨干。

继续教育方面,永宁县委党校加强对机关工作者和专业技术人员的技能教育培训。组织开展了计算机一级、二级培训;组织开展了企业事业单位专业技术人员评聘职称计算机等级资格证书培训;组织开展了公务员、机关工作者计算机应用能力培训,等等。

学历教育方面,充分发挥党校教育资源优势,拓宽思路、联合办学,为社会培养有用之才。从 1981 年 9 月开始,永宁县委党校与银川市委党校联合,在永宁县创办了首届经济管理业余教育专科班,共举办了 10 届经济管理专科班,已毕业学员 600 余人。1997 年 9 月,永宁县委党校又与宁夏党校联合,在永宁县举办了首届法律业余教育本科班,共举办法律本科班 7 届,已毕业学员 267 人。通过与区市党校联合举办成人教育学历班,解决了永宁县在职人员学历偏低的问题,使他们学有所用,有些毕业学员被提拔到了各级领导干部的岗位,为永宁社会经济的发展作出了贡献,同时联合办学优化了党校教育资源,弥补了党校办学经费的不足,为党校的巩固发展打下了坚实的基础。

至 2017 年,永宁县委党校共举办各类培训班 7200 余期,教学人次约 12 万人次。其中,举办全县党员干部轮训、公务员培训班 320 余期,培训人员约 5.6 万人次;深入基层党支部、街道办、部分企业、部门开展党史宣教活动,共宣讲 260 余场次,培训约 1.3 万人次;举办党员干部“周末讲堂”18 期,教学人次达 6890 余人次；等等。党校还充分利用宁夏干部教育培训网络学院资源优势，成立永宁县干部教育培训网络学院，组织全县在职处级、科级领导干部和公务员在线进行学习培训，全县参与各级干部约2000余人。

四、不忘初心，牢记使命

永宁县委党校教育事业在半个多世纪的实践和发展过程中，充分发挥广大教职工的积极性、创造性，培养一大批高素质的领导干部和党员队伍，为全县经济和社会发展作出巨大的贡献。

随着习近平总书记在全国党校工作会议上讲话精神的学习贯彻落实，永宁县委党校秉承：党校承担着为领导干部补钙壮骨、立根固本的重要任务，必须坚持党校姓“党”这个党校工作根本原则，更加重视干部教育培训工作，切实做好新形势下党校工作。坚持党校姓“党”，并把培养造就一支具有铁一般信仰、铁一般信念、铁一般纪律、铁一般担当的干部队伍作为自己的使命，做到“三个坚持”，即一切教学活动、一切科研活动、一切办学活动都坚持党性原则、遵循党的政治路线；坚持以党的旗帜为旗帜、以党的意志为意志、以党的使命为使命，严守党的政治纪律和政治规矩；坚持在党爱党、在党言党、在党忧党、在党为党。归根到底一句话，就是要在思想上、政治上、行动上自觉同党中央保持高度一致。坚持做到“突出主体责任、突出办学主题、突出主课主业、突出教师主导”，把抓党的理论教育和党性教育结合起来，在习近平新时代中国特色社会主义思想的指导下，党校站在新起点上再出发，牢固树立“四个意识”，在学习宣传贯彻党的十九大精神上做表率，不断学习，与时俱进。

（作者系宁夏回族自治区社会科学院副编审）

"宁夏十景"诗联谜赞

韩　东

六盘红岳

伏羲女娲曾居间，红旗漫卷过六盘；
风云际会任风云，身在陇岭心在天。
葱麓苍翠森林园，龙潭飞瀑任九旋；
而今游客眺望处，一代雄文指在前。

对联：六盘红岳物华天宝
　　　九曲黄河人杰地灵

灯谜：再三打听赤岭（猜宁夏十景）

谜底：六盘红岳

沙湖翔鸥

雁鸥翔集湖沙边，菡萏池塘国色鲜；
塞上江南福乐地，鸟语苇荡话钓船。
驼铃悠悠客常满，漠漠黄沙似金山；
一船戏水笑靥盈，万顷碧波海上天。

对联：沙沙沙沙去人来杨柳绿
　　　湖湖湖湖清天蓝牡丹鲜

灯谜：戈壁滩洞庭好鸟飞（猜宁夏十景）

谜底：沙湖翔鸥

贺兰岩画

贺兰山高宁蒙连，炎夏六月晴雪现；
刀耕火种镂心史，峰岭别有岩画刊。
睡佛享躺蔚壮观，沟沟树挂樱桃甜；
先民图腾太阳神，国际研讨论不完。

对联： 西聚新秋贺兰山
东流古道黄河水

灯谜： 努力动员三上八达岭凿石绘丹青（猜宁夏十景）

谜底： 贺兰岩画

沙坡鸣钟

大河拐弯富宁夏，沙坡闻名著治沙；
飞越黄河腾格里，劈波斩浪任涛筏。
古寺翠柳鸣钟沙，名碑列岸说奇葩；
王维神笔孤烟直，党项后裔赏梨花。

对联： 溯千载楹花花映黄河两岸
观万坡联果果香紫塞九霄

灯谜： 水土保持排第一（猜宁夏十景）

谜底： 沙坡头

西夏王陵

亘古东方金字塔，巍峨矗立大西夏；
辉煌金碧鸱吻立，台殿宏伟超皇厦。
妙音唱曲谁知她？陵冢见证折戟沙；
游客今来觅圣迹，碑础并列伴晚霞。

对联： 夏陵沧桑铸成深沉气度
金塔肃穆赢得博大胸怀

灯谜： 要上中国昭君墓（猜宁夏十景）

谜底：西夏王陵

阅海蜃楼

绿水蓝天阅海湾，蜃楼迷幻水云间；
翠柳婆娑中阿路，一轴贯通担江山。
丝绸金路泽宇寰，一带一路喜扬帆；
驿站驿道驿烽火，悠久文明谱新篇。

对联：海阅秀山青雨青山秀阅海
山览香柏新风新柏香览山

灯谜：吴楚东南坼　乾坤日月浮（猜宁夏十景）

谜底：阅海湖

同心古寺

回族古迹寺真传，种德牧福同心圆；
甘苦辛劳敬斋课，砖雕圣言做证鉴。
三军会师豫海县，领袖云集红旗展；
覆地翻天求解放，民族团结好风范。

对联：同心同圆中国梦
同德同奏太平音

灯谜：团结一致　廉洁务实求报国（猜宁夏十景）

谜底：同心古寺

黄河楼坛

长河一楼起大观，太极阴阳水中旋；
祭拜母亲恩泽厚，颂河祈福建新坛。
代代幸福随水迁，世世安康赖河堰；
回乡吴忠争创富，铜峡湾里笑声欢。

对联：瀚瀚丰功泽九野
煌煌圣德炳千秋

灯谜：油菜花开两岸大厦土台相辉映（猜宁夏十景）

谜底：黄河楼坛

镇北影堡

海内轰动红高粱，影城两堡创辉煌；

中国电影耀世界，贤亮大师卖荒凉。

文学影视两臂张，月亮门上彰贤良；

人生演绎多名篇，还我自然还我狂。

对联：镇北堡镇南堡土牢卖荒凉坚持梦想

　　　绿化树菩提树黑炮出龙种再创辉煌

灯谜：玄武城围墙看荧屏（猜宁夏十景）

谜底：镇北影城

水洞燧火

先人耕耘四万年，沟洞源水渡轮天；

文明燧火燃聪灵，一代骄民在洞边。

水草丰美畜塞川，种云播雨遗迹斑；

雅丹地貌围长城，谁是当年那大仙？

对联：天若有情天亦老

　　　水能随遇水长流

灯谜：为灾后重建，遂同去北泉到西湖（猜宁夏十景）[①]

谜底：水洞燧火

（作者单位：宁夏回族自治区宁夏社会主义学院）

---

① 灾后重建，两个“火”；去北泉剩“水”，西湖为三点水，加“同”为“洞”，“火”加“遂”为“燧”，还有一“火”。

秋到镇北堡

贾 峰

一

也许是在家门口，总以为随时可以去，所以很多人对本乡本土的名胜反而没有机会去，或不容易下一个去的决心。正因为如此，我对于镇北堡的西部影城，几年来心里老是惦记，却一直没有缘分去看看。

镇北堡位于贺兰山脚下，离银川市区仅有三十多千米，自驾半个时辰的车便可到达。秋天去游镇北堡一定是一年当中最好的季节。恰好国庆放了长假，有朋友相约，我们便去了。真是不凑巧，中午还是风和日丽，天蓝得可见。一转眼的工夫，便下起了小雨，我们事先没有任何准备。我说:“真糟糕，好不容易出来一次，又赶上这般鬼天气。”朋友对我说:“这有什么，晴天固然好，但赶上雨天也别有一番滋味。”

我们伴着小雨，顺着一条黄土路向镇北堡的方向寻去。

二

远远望去，空旷的荒野上比肩而立着两座城堡。后来才知道一个叫明城，一个叫清城，分别是明清时期防御贺兰山以北蒙古骑兵南侵而设置的驻军要塞，本地人称之为“土围了”。据说这种破败荒凉的“土围子”当年遍布大西北的荒漠戈壁，百年过后，唯有这镇北堡的“土围子”破而未“败”，荒而未“凉”。

我们先去了清城，进了城门刚走了几步，便到了西关。从西关门向里望去，只见一条近百米长的古街，大致是模仿清时期的风格，由于天色已近傍晚，这里的游人不是很多，街上显得有些冷清。看到这里横七竖八的酒店、肉铺、布坊，一一走进，发现酒是假的，罐子是真的，肉是泡沫做的，饭是水泥做的，黄土烧制的金砖金元宝堆满了桌子……什么都是假的，不由得发现自己看了那么多国产电影，竟然被视觉给骗了。街西头有两家规模较大的酒楼，里面的陈设也很精细讲究，尤其是摆放的明清家具大多是货真价实的精品，为这座古堡更增添了几分古朴的味道。听近旁的游人介绍说，白天这里人多的时候，在酒楼外还会有古代婚俗表演，工作人员扮作“新娘”站在绣楼上向游人抛绣球招亲，哪位游客接到绣球就要和“新娘”当众举行“婚礼”，拜完了天地，还要入“洞房”呢！场面热闹得很。没错，这也是影视城里很有特色的活动之一。据说，很多游客为了能参加婚礼，一到西部影城，便先到这里等着，希望自己也能接到绣球，和“新娘”携手走进“洞房”，体验一次古代婚俗。

百花堂，在镇北堡有“影城博物馆”之美誉。走到门口一看，是用黄土夯成的，进门后才发现，里面却是很现代的装修。只见这里四周的墙壁上大大小小有上百个电视屏幕，每个屏幕都播放着不同的电影或电视剧，原来这里播放的影视作品都是在镇北堡拍摄或取过外景的。细细一数，足足上百部，原来就在自己身边的镇北堡西部影视城竟有如此大的魅力，得到了中国影视界的广泛认同，让许多知名导演和电影电视艺术家们在这片荒凉的黄土地上充分施展了自己的艺术创造力，将中国影视作品推向了世界。

由此看来，是影视作品给昔日凋败衰落的古堡带来了新的生命力。

三

明城则与清城大不相同，当地人俗称明城为“老堡”。

清乾隆年间，宁夏发生了一次大地震，震毁了明朝时修建的“老堡”，后来人们又在距“老堡”不远的地方修筑了一座“新堡”，这就是人们今天看到的清城。而现在的明城墙只剩下了不高的土坡，当年的气象已荡然无存，见到的则是中国近现代北方小城镇的景象。

游到这里，我们不难看出，影视城的主人张贤亮先生在明城遗存的设计上，夹杂了很多个人的人生经历和情感。1957 年，他因在《延河》上发表《大风歌》一诗，被下放到贺兰县西湖农场劳动改造，释放后转到银川市的南梁农场当农业工人，从此的 20 年里他几乎全部时光与铁锹一起度过，文学创作没有丝毫的进展。一次，张贤亮先生去附近的镇北堡赶集，远远看见一片旷野，附近没有任何建筑物,唯一的生命就是几撮卧地而息的芨芨草。走近时,他猛然发现黄土地上矗立着两座古堡,形状虽败但气势犹存,城墙上斑驳的伤痕述说着当年这里金戈铁马、沙场点兵的悲壮历史。张贤亮先生被古堡发自黄土地深处的顽强生命力震撼,从中感受到了我们民族不屈不挠、昂扬向上的奋斗精神。他能重新写作后,便将镇北堡改为"镇南堡"写进了小说《绿化树》。后来,他把镇北堡推荐给了著名导演张军钊,拍摄了电影《一个和八个》。其后,谢晋导演根据他的小说《灵与肉》改编拍摄了电影《牧马人》,也将镇北堡选为外景地。几年后,张艺谋带着《红高粱》剧组来到镇北堡。

在拍摄《红高粱》时,还有一段戏剧性的故事。据说,在拍完电影场景与镇北堡告别时,张艺谋将自己在影片拍摄过程中穿破的一双运动鞋埋在了古堡附近的黄土里,并立下誓言,如果这部电影不成功,他将永远不走电影这条路。后来,《红高粱》捧回了"柏林金熊奖",不但使张艺谋一举成名,也让外界真正认识了镇北堡。在镇北堡西部影视城成立时,张贤亮先生向附近居民打听,果真挖出了那双"破鞋"。今天,那双鞋就陈列在百花堂的展柜里,以此来证明艺术家走过的艰辛道路。

如今在城内仍保留着拍摄过的部分影片的原景和道具,供游人观赏。我们一路走马观花,看到了《红高粱》中的月亮门、九儿居室和出嫁时坐的轿子、盛酒的大缸,《新龙门客栈》中的客栈,《黄河谣》中的铁匠营……在这里,人们能找到《大话西游》里紫霞仙子剑指至尊宝的院落,至尊宝在这里脱口说出那句"曾经有一段真挚的爱情摆在我的面前,我却没有珍惜……"的经典独白。电影《红高粱》中那高耸在破墙上的月亮门,门上插着"十八里红"的酒幌子,之后在很多影视剧中都出现过,总能让观众产生一种古朴而苍凉的美感,如今它几乎成了一个经典的电影画面,也成了许多摄影家争先拍摄的"模特"。

张贤亮先生曾说:"上天和我开了一个大大的玩笑,让我受了二十年苦,又给了我一个极大的惊喜。那二十年是我人生最苦难的时期,我几乎没有了生活的勇气,但那二十年又成了我日后书写苦难文学的丰富素材。"是的,在张先生的文学作品中很多情景都是可以在镇北堡找到原型的,但同时我们也发现今天镇北堡的很多建筑原型也来源于张先生文学作品中虚拟的物象,可以说镇北堡的建筑就是张先生书写的一个个凝固的文字,它们早已融入张先生的生活中,并产生了不可割舍的情感。

四

镇北堡历尽沧桑，曾是一座被遗弃在大西北荒漠中的废墟，它不仅没有被历史的长河湮没，反而在数百年后的今天，以其雄浑、古朴的风格，成为贺兰山下一颗璀璨的明珠，并以它特有的神秘、悲壮、苍凉和黄土味、民间化的审美内涵，放射出耀眼的光彩。

我站在月亮门下，看着被秋风吹起的“十八里红”的幌子，不远处贺兰山上最后一丝夕阳照射在这座古堡上，一种从未有过的凄美油然而生。我不禁向这段曾经被岁月尘封已久的古堡发出一声呐喊：这样一种荒凉与文化的结合，不正是中国古代与近现代发展变迁的一个真实写照吗？如果没有这样一个创造，中国历史的许多侧面将杳无可寻，这便是镇北堡西部影视城所独有的历史价值、文化价值以及荒凉之美的美学价值。

于是我想到，贺兰山不仅是一座山岳，它是镌刻着原古记忆符号的传说；西夏王陵也不仅是一座古墓，它是印写着大夏文明脚印的见证。镇北堡一定也是这样，两座破败荒凉的“土围子”，为何吸引了如此多的中外游人的浓厚兴趣？

朋友顺手买了一本《我与镇北堡》，是张贤亮先生的著作。我借来翻阅，突然发现在书的首页有张贤亮先生撰写的一副对联，这为我的疑惑做了最好的解答：两座废墟经艺术加工变瑰宝；一片荒凉有文化装点成奇观。

（作者单位：宁夏回族自治区社会科学院文化研究所）

春天我走在西河桥渠埂上

张 纪

塞上的春天来得迟。

渠边的小草才露头，青绿青绿，星星点点。我心一动，忽然发现这是刚绿——用一种精神和毅力抵御风沙暴虐的侵袭，从而向天地展示自己顽强的生命意识与青春毅力！

说是踏青来，我却不忍踩上去——我不能踩疼了这上等春色！

再往前走，是一方块一方块的麦田，是一片片一片片嫩嫩的柔柔的绿。麦苗还没有铺严地，麦地却折射出亮亮的绿光，美丽而又宁静。把绿光吸入五脏六腑，让我忘却喧闹、浮躁、烦忧和伤痛……这时候人与自然是如此的互爱、和谐与统一，如若将人的灵魂放在绿光里，定然会沾满安详、静谧，沾满锦绣而美好无比！

让春天生长在我们的笑容里……

同心[①]颂

周宪星

大寺[②]晨声，呼唤黎明。悠悠清河，洪涛汹涌。
罗山[③]叠翠，独矗荒洪。华路览胜，江南美景。
红城[④]碧泻，柳先报春。康济古塔，伫立王宫。
黑风[⑤]卧虹，滩塬沟通。集日闹海，邑里交融。
恐龙[⑥]乐园，石器[⑦]遗痕。烽火狼烟，疆场驰骋。
朱旃[⑧]徙国，韦州筑城。下马[⑨]雄关，兵家必争。
云青[⑩]莲花，造建险雄。豫旺钟楼，旌号催鸣。
汉设三水，平远镇戎。易名豫旺，迁徙半城。
南北要冲，扼锁三省。红色豫海，回民先声。
爱民如天，义护西征。引黄造祉，泽惠黎民。
玉带碧川，绿漫叠萌。回汉同胞，团结相融。

---

① 同心指吴忠市同心县。

② 大寺，即清真大寺，坐落于老城，建于明初，为中国十大古清真寺之一。1936 年豫海回民自治县在此成立，是自治区重点文物保护单位。

③ 罗山位于同心东北部，森林茂密，苍翠如染，峰峦叠嶂，涧流淙淙，被誉为“瀚海明珠”，现属国家级森林自然保护区。

④ 红城水在罗山脚下，甘泉喷涌，碧流竞冽，引泉灌溉的历史明朝就有史书记载。

⑤ 黑风沟下游叫折死沟，居同心三大沟之首，沟深且陡，千百年来阻隔豫旺塬和下马关滩的交通。

⑥ 县城东丁家二沟、顾家庄子、五道岭子等处发现地下藏有距今 1200 万年，20 多种恐龙化石，数量之大，种类之多，国内罕见。

⑦ 县境内已发现属马窑文化的新石器遗址有红梁、铁庄子、上流水等三处。

⑧ 朱旃为朱元璋十六子，册封庆靖王，洪武年间由江南来到韦州，修建王府、避暑地宫和拥翠楼，居九年后奉命徙国宁夏（银川），死后葬罗山东麓明王陵。

⑨ 下马关城始建于明嘉靖五年，南北东三城门分别悬刻“重门设险”“固镇第一关”“橐钥全秦”。因三边总制每秋防，必先下马于此，故名下马关。

⑩ 云青寺位于罗山东坡，宋时有佛教徒悟道于此，是同心及宁夏最早的佛教圣地。

三大节日[1]，白波涌动。一声色兰，心田温润。

地膜西瓜，大枣红葱。咸水枸杞，粒艳甘醇。

一绿三红，内外扬名。腴嫩羔肉，入驻京城。

金酥玉馓，干粮圆饼。特色佳肴，美味诱人。

民质精勤，善商亦农。走南闯北，踏出国门。

羊绒精英，叱咤风云。非公经济，主宰乾坤。

城乡和谐，万民欢腾。与时俱进，朝夕更新。

同心清真大寺

① 三大节日指回族开斋节、古尔邦节(宰牲节)和圣纪节。

初闻花枣香

赵建蕊

夏来风清杂树碧，
兰山[①]淡远隐乳巍。
平野麦秀百草茂，
枣花弥散满斗[②]堤。

（作者单位：石嘴山市大武口区隆湖五站小学）

贺兰山

① 兰山：贺兰山。
② 斗：淌水的人工大渠。

西夏王陵二题

杜学华

五绝・西夏王陵怀古(新韵)

日暮秋山冷,岚烟瀚海浮。
荒坟千里寂,帝冢万年孤。

七律・谒西夏王陵(新韵)

贺兰山下帝陵孤,亘古尘烟瀚海浮。
岁岁风吹丘冢瘦,年年沙砺草痕疏。
三千青史真还假,百二关河有作无。
旧日王侯终化土,世人命运几分殊?

西夏王陵全景图

西部影城

宁龙河

贺兰山下影视城，荒凉文化底蕴深。
金熊捧出高粱红，中国电影世界颂。
银川老街人攒动，熙熙攘攘接踵行。
购物餐饮品美味，小吃美名塞上闻。
兴致冲冲进土房，茶水清香散子橙。
千奇百态蚕丝洞，神秘文化藏其中。
影视作品是经典，感悟人生传统承。

西部影城之清城

人人来把民政夸(快板书)

梁红茹

女组：天高云淡艳阳天，
原州山城百花鲜。
男组：来来来，快点来，
都把快板拿起来。
（合）喜迎党的十九大，
听我们说说心里话。
今天不把别的夸，
专唱那，
民政为民，民政爱民的——民政歌！

甲：说民政，唱民政。
乙：民政工作为人民。
丙：为民服务是宗旨。
丁：民政爱民是理念。
甲：保障民生。
乙：发展民生。
丙：服务社会。
丁：民政的任务可不轻。
（合）对，民政的任务可不轻！
甲：先来说，困境儿童和孤儿。
有风有雨有困难，

民政部门走在前，
福利项目送保障，
把祖国的花朵来呵护。

（合） 嗯，把祖国的花朵来呵护！

乙： 再来说，养老、孝老和敬老。
居家养老为基础，
社区服务为依托，
机构养老为补充。
老有所养，老有所依，
老有所靠，老有所乐，
老龄事业发展好。

（合） 夕阳才能更美好！

丙： 再来说，关爱帮助残疾人。
命运为你关上门，
民政为你打开窗。
社区社会志愿者，
爱残助残在行动。
社会的公平和正义，
民政为民来体现。
老少残疾和特困，
小康路上不能少。

（合） 对，一个也不能少！

丁： 还要说，三社联动在行动。
社区社会和组织，
齐心协力来配合。
社区工作是平台，
网格管理更规范。
社会组织是载体，
社工人才来支撑。

打通这“最后一千米”。

（合） 对，打通民政服务这“最后一千米”！

甲： 受灾救助，医疗救助，
临时救助，社会救助，
民政兜底来保障。

（合） 民政兜底来保障！

乙： 以人为本，服务群众，
保障民生，改善民生，
肩负时代新使命。

（合） 肩负时代新使命！

丙： 优抚安置，特困供养，
社会救助，福利慈善，
坚守民生最底线！

丁： 解民之忧，谋民之利。
把和谐民政，规范民政，
效能民政，品质民政来建设。

（合） 对，把“四个民政”来建设！

（女组）说民政，唱民政。
跨越发展，奋勇争先，
争创一流，比学赶超，
干出实效，干在前头，
让各项工作上台阶。

（男组）牛壮了，羊肥了，
钱包一下子厚实了。
天蓝了，路宽了，
牵牛花儿上墙了。
党中央，国务院，
把民生问题放在前。
低保户，特困户，

一口吃了个定心丸。
就好比——
（合）春风化雨暖心田，
喜笑颜开比蜜甜。
女组：我们有个中国梦。
经济腾飞，民生改善，
文化繁荣，科技创新，
中国梦是发展梦。
男组：我们有个中国梦。
富国强兵，民族尊严，
国家统一，世界和平，
中国梦是和平梦。
（合）雄关漫道真如铁，
而今迈步从头越。
回顾过去，立足现在，
不忘初心，牢记使命。
民政工作为人民，
辉煌成就写未来，
写未来——

（作者单位：宁夏回族自治区固原原州区民政局）

百年宝湖话沧桑

何满群　叶建功

宝湖位于银川市金凤区唐徕渠电信桥西侧。因家近宝湖，笔者先后认识了世代居住于此的几位耄耋老人，他们回忆了宝湖的百年变化。

鲍金玉老人祖上系陕西大槐树人，清代后期迁入宁夏，到他爷爷辈时又辗转迁入宁夏城13乡北湖南侧，开荒种地定居下来。那时的北湖一带水网密布，称为七十二连湖，冬季湖面结冰，地面盐碱覆盖，天地一片白茫茫，夏日连绵的湖泊芦苇丛生，飞禽云集。当时农民终岁辛劳，仅能活命，一遇饥荒之年，即面临无以苟活之绝境。北湖村民为了度过饥荒，纷纷向湖水中觅食，他们撑船撒网捕鱼，用铁叉扎鱼，扎上苇排拨水抓鱼；在无尽的苇丛里觅鸟蛋，架粘网捕鸟；挖蒲草根的白嫩根茎部（当地称“蒲鸡”）生吃，炒了吃；沼泽地挖黑果子、茨果，煮了吃；湖边草丛里设套逮野兔、獾，挖野菜，找到了很多能充饥的食物。绝处逢生的村民们高兴地称赞该湖“真是个宝湖”，由此“宝湖”名称流传至今。

一、宝湖历史沿革

民国初年的宝湖叫鲍家堡，属甘肃省宁夏府宁夏县（即银川市）所辖，1913年宁夏府改为朔方道，鲍家堡属宁夏县13乡。1933年3月，马鸿逵主政宁夏后，设保甲制度，宝湖为13乡第一保，地域北邻保伏桥，南接寿家滩（现魏家桥），东以唐徕渠为界，西靠华雁湖（现正源南街），时称鲍家庄，庄子有倪家寨子、郑家、陈家等10多户人家。

1944年，宁夏县定名为银川市，此时宝湖村人口增至20多户，地域有保伏桥、佘家桥、南湖、岳家滩、鲍家庄、倪家庄、李家大沙枣。

中华人民共和国成立后经过土改,1953 年成立幸福农业生产合作社,87 岁(2017 年)的倪文榜当时是农业社社长,宝湖为保伏一队,人口 60 户左右。1958 年成立新城人民公社,保伏一队、二队合并,称保伏生产大队,此时地亩扩大,北邻银新路(现黄河路),西至现砖渠村,东、南部未变,人口近百户。

1960 年,宝湖经银川市政府决定调给市水产公司搞养殖,给保伏生产队 4000 元补偿,此事由时任生产队长的孙明老人经办,当时银川市长是陈玉田。市水产公司接手后垒高了湖岸,增大水面。

1982 年,撤销公社建制,恢复乡村称谓,宝湖叫良田乡保伏桥村。

1993 年,宝湖又经区储备局购得,先是拟盖仓库,在宝湖北端盖了一幢家属楼,兹后计划改建宝湖公园,因故延宕下来。

2003 年,宝湖划归银川市乡村建设土地管理局。

2004 年 10 月,银川市政府规划了兴庆区、金凤区、西夏三区,宝湖归金凤区城管局。2007 年 7 月,交由金凤区国有资产投资控股有限公司代管。

二、宝湖水域变迁

20 世纪初,宝湖周围水域广陆地少,官府对来此开荒种地的农民不予干涉,开垦的田地归己所有。当时靠唐徕渠一带和宝湖以南一片地势较高,村民多在此种地,随着岁月延续,陆续有农民迁入,为了生存设法多开垦土地,只是囿于单薄的生产力,尚无力抗衡大自然,湖泊略有减少。

此时宝湖旁唐徕渠处有 3 座木结构桥:西门桥、保伏桥、佘家桥,其中佘家桥在现电信桥南(1954 年倒塌),西门桥于 1957 年建成唐渠首座钢筋水泥桥。

1949 年后成立了农业合作社,集体力量壮大,政府开始对宝湖水域整治,增扩地亩,先是将唐徕渠段裁弯取直,又在唐徕渠建造了宁城闸(电信桥南),由此起开挖三一支沟排水沟,排水沟由东南自西北方向贯通整个宝湖区域,连通丰登乡西湖、北大沟,于是拉开了改造盐碱地,增加土地的序幕,宝湖水域地进水退。建宁城闸是为了预防唐徕渠银川段若出现溃堤险情,用作泄洪抢修之备用。

1958 年人民公社成立后,在以粮为纲、全面发展的战略决策下,保伏大队与全国一样开始了前所未有的大搞农田基本建设的生产热潮,拓宽深挖了三一支沟,又相继开挖了四条排水沟连通三一支沟,围湖造田,平整土地。为此,宝湖水域一年年迅速减少,加上多年来银川市地区降水量大大减少,宝湖水域呈日渐萎缩状态,宝湖一带皆由“沧海”变良田了。因宝湖水深,公社及保伏生产大队拟计划靠后撤水造田,由于1960年所属权交市水产公司搞水产经营,宝湖方得以留存下来。

2000年又开始修建宝湖路,土建日增,宝湖水面又减少。2003年银川市政府决定立项建设宝湖公园,经过几年的投入开发,现宝湖公园总占地面积1388亩,其中湖面553亩。2007年4月被建设部评为国家级城市湿地公园。随着艾依河连通宝湖,将进一步增加湖水面积,使宝湖日渐丰润起来。

三、宝湖农民今昔

若说宁夏平原是“塞上江南”,那么早期宝湖村庄则是“水上人家”了。几位老人相互印证说,小时候到处是水,仅有的一条自然形成的土路七坑八洼、七弯八拐地通向宁夏城小南门(光华门),秋季雨水大时,七十二连湖水涨漫溢,宝湖村庄就成泽国了,仅有的小路被淹没。北湖、南湖的鱼群便游过小路翻腾会合,一些地势低的房子水淹进屋,出现了鱼儿跃上炕的景象。村民出行只好撑船,时由倪家庄至李家大沙枣有船摆渡,若进城须撑船到唐徕渠下,上岸沿渠坝至西门进城。

那时种田引唐徕渠水灌溉,只灌不排,因泥沙中含有营养元素,流传有“淌三遍渠水顶上了肥”的说法,灌水、沉淀、清水排出,任其自流、沉积,久之形成冬春宝湖一带处处白花花的盐碱地。连年的渠水浸淫,也是造成湖泊众多的成因之一。因此宝湖村民以种水稻为主,叫“浪稻子”,驾耕牛将田里水搅浑,撒上稻种,自然成长,亩产200多斤。低产原因:一是撒播方式原始落后;二是稻苗出水后,终日被成群的鸟儿飞掠啄食,稻田里的鱼也咬吃秧苗。这里麦田较少,亩产不足200斤,麦子灌浆育穗后,抢食麦粒的鸟儿驱赶不尽,因此村民常常苦不堪言。由于田地潮湿,宝湖一带从来不种土豆。

种田要交官粮,麦收后交官粮到满城北街(现金凤区),收稻子后赶牛车到城隍庙(现兴庆区尚勇巷)交官粮。有交不上官粮的,乡公所差役拉去“揭背花”示众,打得脊背皮开肉绽,以警示众草民,还有一种夹五指的刑罚,惨叫声令人心惊。

村民种田填不饱肚子,便“开发宝湖”以补亏欠。春夏季打苇草、蒲草,驴驮牛车拉到城里,卖给车马店、碾坊、米粮市斗行喂牲口用。冬季割芦苇,“头秆”卖到小南门铁匠街柴草市,用作编芦席,百姓家铺炕用,还可扎巴巴柴建房铺房顶用;蒲草可用作编织过冬的防寒门帘，宁夏城里众作坊用具等。除此以外，还可以用作烧坊、糖坊、百姓家燃料用，还可做造纸原料。村民所得钱买油、盐、土布等生活用品。因为宁夏城四周多湖泊，苇草甚丰，供大于求，农民卖草得钱甚少，仅聊补无米之炊。

宝湖人生计艰难，人口生衍迟滞，还因自然环境恶劣，蚊虫叮咬人和牲畜太凶，七月流火天气在地里除草割禾时，蚊子蜂拥扑面叮咬，一手掌打下去，满手是蚊尸和血，随即蚊子又落满脸上。夜晚睡觉时，燃上湿草冒烟驱蚊，没有蚊帐，蚊子、臭虫恣意叮咬，无法安睡。张学信老人回忆到这里说："宝湖农民太苦了。"

那时马鸿逵抓兵也厉害，规定满 16 岁就要当兵，只剩下妇幼种田。鲍金玉刚到 16 岁时，一天深夜乡公所来抓兵，他跑得快躲进苇丛，拂晓时疾走贺兰县亲戚家躲了半年，那天夜间差点让蚊子咬死了。

还有可怜的人就是产妇，那时接生由年龄较大的村妇做产婆，若遇难产，产婆没辙胡折腾，往往危及产妇生命，故流传有"炕上生娃娃，地上支棺材"的说法。

而官宦人家则不一样了，抗战时期，为防日寇炸弹，省政府八大处官员考察宝湖离城近又僻静，纷纷在佘家桥西建起了防空木结构寓所，于是官绅携眷前来宝湖，一时间湖中画舫轻摇，荡波拂苇，粉黛回眸，笙歌浅酌的"仙景"让村民大饱了眼福。1939 年 9 月 15 日深夜，宝湖因捕鱼人点火取暖，日寇飞机误以为是宁夏城，遂投弹轰炸，幸无人伤亡，宝湖替城里人分担了凶险。

1949 年后，从农业社到人民公社，由于农业科学的发展，粮食产量节节攀升，到 20 世纪 80 年代以来小麦套种玉米，亩产可达 600 千克，水稻亩产近 600 千克。终于宝湖人填饱肚子再不用发愁，生活一天天富裕起来。

2003 年，随着经济的快速增长，城市化进程的加快，银川郊区土地陆续被征用，保伏桥村共有 600 多名农民的土地被征用，村民全部转为非农业人口，归金凤区长城路办事处管辖。宝湖人从此告别了土地，住上了成片楼群的保伏新村，开始了新的生活。

宝湖的变迁，是我国由昔日农业为主转向今日现代化科技工业为主的社会快速发展进程中的一个缩影。

今天的宝湖公园，作为城市中心区域的天然湖泊，为银川人民提供了一个休闲娱乐的好去处，同时调节了城市气候，是城在湖中的具体体现。

同心汤碗子

杨　柳

参加过同心县回族婚宴的人，肯定都吃过一道菜——汤碗子。汤碗子是当地回族在婚宴喜事及节日中都必不可少的一道美食。但是，汤碗子在街面饭馆里却是很少见到的，只有到回族人家中才能品尝。所以对于很多同心回族人来说，汤碗子代表着家的味道。

追溯起同心回族汤碗子的历史，已无从考证，被同心人祖祖辈辈传承至今，没有特定食谱秘诀，家家都会做。印象中，回族人每家碗柜中都会囤着一摞摞绣着各种花纹的瓷碗，平时基本用不到，这是专门为盛汤碗子准备的碗。过去，从屯碗的数量和碗的精致程度，就可以反映出家底的厚薄。

汤碗子最基础、最重要的食材就是肉汤，大多以牛肉汤居多，也有羊肉汤、鸡肉汤，这个根据喜好和宴客规模来选择，肉汤煮好了就算成功了一大半。同心回族人有着西北人热情豪放的情怀，吃汤碗子没有肉就像喝白开水一样无味，所以肉的选择也是有讲究的。牛肉多以精瘦肉为主，羊肉要去掉膻味、腥味，鸡肉最好是柴鸡，肉质要选择鲜嫩且弹性十足的。在食用时，各类肉可以切成薄片吃，还可以搓成肉丸子吃。汤碗子就像是一幅画，每个做菜的人都是画家，对菜的要求不固定，可以根据自己喜好选择，只要有肉汤做底料都可以做成美味。常吃的最基本的蔬菜主要有萝卜、粉条、土豆、凉粉、木耳、豆腐、辣椒等，蔬菜的选材根据季节变化也会有所不同。

做汤碗子的过程比较简单，提前把蔬菜切好，不易熟的还要提前煮熟，等到需要烩制时只需把切好的蔬菜倒在肉汤里煮一会儿即可。出锅后把切好的肉片盖在菜上，也有人喜欢把蒸好的肉丸子加在汤里，再往上面撒一撮绿油油的香菜叶，一道色香味俱全的汤碗子就算完成了。

汤碗子之所以让人们百吃不厌，代代流传至今，自有其魅力之处，总结起来主要有以下3个特点：

一是适合大众口味。无论是南方人还是北方人，面对一碗香醇的肉汤都是无法抵抗的，汤碗子在肉类选择上可以单一也可以混合。蔬菜可以根据地域、季节、口味等灵活搭配，喜欢吃清淡味的少撒点盐，喜欢吃辣的多放点鲜辣椒。能满足不同口味要求，这就是汤碗子的魅力之处。

二是绿色、营养、美味。汤碗子烹制过程简单，没有过多破坏食料原始营养成分，牛肉、羊肉、鸡肉是人们常吃的肉类且选料考究，对补充人体所需营养大有裨益，蔬菜可以根据人群、体质需求进行营养搭配，是一道不折不扣的绿色营养佳品。

三是简单、经济、实惠。汤碗子做法简单，不受季节、地域限制，食材取用便捷。同心回族人在待客时，汤碗子是首选，不用其他菜肴就可以独自撑起一桌饭菜，而且汤碗子可以随时烩制，随时享用，不会浪费。一碗汤碗子看似简单，却是回族人民最热情、最隆重的待客之食，尽显朴素之风、朴实之情。

对于同心人，有汤碗子的地方就是家。到家时，坐下来吃一碗热腾腾的汤碗子，这是何等的幸福！

黄渠桥不仅只有羊羔肉

闫 晶

不论是宁夏人，还是外地人，只要一提起黄渠桥，就会有一系列的生理反应——咂咂嘴、咽唾沫。不为别的，只为这里的一道名菜——黄渠桥爆炒羊羔肉。黄渠桥自古以来都是一座宁北名镇，以桥而兴、以路而兴、以菜而兴，或许不久的将来便可以游而兴。

一、集市小吃

在109国道上，道路两边商铺林立，门头基本统一为墨绿色，一家又一家“黄渠桥羊羔肉”从眼前闪过，这便是黄渠桥镇。以前听人说起黄渠桥，形容得颇为夸张——“皮带长的街，簸箕大的城”，足以描述它的小，小虽小，这里却暗藏了“四大名吃”：爆炒羊羔肉、卤水老豆腐、酥脆糖麻丫、筋爽扁豆粉。

爆炒羊羔肉。正宗的黄渠桥爆炒羊羔肉，选材用料都极为讲究。在羊羔肉选择上，一般选择15～20斤重的小羊羔，羊羔太小，肉嫩无味，羊羔太大，肉老不嫩。烹制羊羔肉，主要是在“爆”的基础上，兼用“焖”和“烩”的方法，使羊羔肉肥而不腻，色泽棕红，肉嫩味香。烹制好的羊羔肉，既有鸡肉的清香，又有兔肉的软嫩。黄渠桥井水略呈碱性，就是这种水造就了黄渠桥羊羔肉独特的风味。2007年，黄渠桥爆炒羊羔肉制作技艺被评为宁夏非物质文化遗产。2013年，该技艺申请了专利，注册了商标。

卤水老豆腐。豆腐古称小宰羊，意思是说滋味可与肉相媲美。黄渠桥的豆腐制作使用卤水点制，属老豆腐。老豆腐可荤可素，能变化出各种味道，吃起来味美四溢，清淡中藏着鲜美，柔软中含着筋道。质地细若凝脂，清鲜洁白如玉。

其形软而不散，于汤中久煮不碎，让人回味无穷。

酥脆糖麻丫。糖麻丫在回族饮食文化中有着重要地位。糖麻丫以色相光亮、甜香绵软、酥脆耐食而享有盛誉。在黄渠桥街头巷尾都有卖糖麻丫的，食者络绎不绝。无论是菜市场门口，还是街边小店，糖麻丫的销量一直不俗。听当地人说糖麻丫一定要吃新鲜的，过夜的糖麻丫总是很难保持原有风味。

筋爽扁豆粉。黄渠桥的扁豆粉以筋道可口而出名。地道的食用方法有两种：一种是冷食，把粉坨切成条、丝、块，拌上各种调料，味道非常鲜美可口；另一种方法是油煎，锅里放入香油，待油九分熟，放入凉粉块，煎至粉皮微黄时放入各种调料，起锅装盘即可食用，外焦里嫩，香入心脾。

二、古镇历史

一般来说，名吃迭出之地都是商贸繁盛、人口稠密之所，但以“皮带”和“簸箕”为喻的黄渠桥，为什么成就了如此多的美食呢？追溯历史得知，这还是因为黄渠桥因桥得名，因路而兴。

黄渠桥镇最古老的建筑便是黄渠桥，当地人也称其为通润桥，据说这是因纪念清雍正年间官员通智（时任兵部侍郎）开挖惠农渠之功而得名。平罗清时所建的桥甚至一些村落都以“通”字打头，这些名称至今不少还在沿用，像通伏桥、通平桥或是通润村。后因“通润桥”桥名犯了清朝某禁忌而弃用，当地老百姓索性用渠命名桥，因渠水浑黄，便得名黄渠桥。这座距今有300多年历史的桥位于平罗县城以北15千米处，正好处于惠农渠上游通平桥与下游张斗子桥的中间地段，曾是这一地区两岸人们出行的唯一交通要道，至今还是宁夏五大引黄渠系（即秦渠、汉延渠、唐徕渠、惠农渠和后来的西干渠）上赫赫有名的一座三孔石拱古桥。当年造桥时，人们为了祈求渠水充沛，水流顺畅，在桥拱立面还石雕了两条龙，张开的龙口半浸在渠水中，龙头深色威严，龙眼炯炯有神，两条龙的龙尾从桥的另一立面伸出，长两尺余，还调皮地弯曲着，足见当时造桥工匠智慧与技艺的高超。

早年间，黄渠桥一带也没有几户人，几经抗击匈奴的边关驻军及移民屯垦河套，尤其是惠农渠开挖灌溉，黄渠桥又与一条官道在此交会（即后来的包兰公路——宁夏段），这里的人气才越来越旺。因此，明清以来，黄渠桥也就逐步发展成一个回汉民族聚集的重镇。黄渠桥坐镇宁夏北大门，历来是兵家必争的边陲囤粮之地，也是各路客商、驼队出宁夏走包头赴京津或内蒙古往银川、兰州必经的咽喉要道与驿站。另外，石嘴子、红崖子等黄河航运码头的货物也在此集散。因而，这里逐步有了驿站、车马大店、饭馆，后来桥上又装了大门，盘查行人稽查私盐，黄渠桥镇由此热闹起来。

18 世纪初，做生意的人多了，黄渠桥也就成为周边众人约定俗成的集市。最先从牛羊牲畜牧副产品、生产工具到柴米油盐、针头线脑等日杂百货，尤其是黄渠桥镇水土奇特，炒烩出来的羊羔肉香色纯，更是吸引着人们。到了民国初年，黄渠桥镇已成为银北地区颇具规模的集镇，不仅吸引大批内地来的商贾，而且各商会带来的家乡文化，通过交流、表演、传播，更加丰富了黄渠桥镇的地域文化。1949 年宁夏解放，随后惠农县址驻地也从宝丰迁至黄渠桥镇，这对黄渠桥镇的发展起到了重大的作用，一些工厂、学校应运而生。如今，黄渠桥镇商铺林立，镇中有 109 国道及蜿蜒的惠农渠横穿而过，得天独厚的地理条件及人文脉络让南来北往的商贾、游客流连忘返，地方风味及特产更是让小镇名誉四方。

三、小镇未来

以前来黄渠桥吃羊羔肉，大家都会有这样一种印象：味道没得说，但用餐环境基本不用指望太好，卫生条件也无法要求太多，分量更是参差不齐，就连羊肉块的大小和汤汁的咸淡似乎都得看厨子心情。这所有的细节让人们对这种家门口的美食心存芥蒂，而很多店家做的本来也就是马路经济，一锤子买卖，对于长久发展缺乏考量和规划。但这种状况，已经在慢慢改变，如今再来黄渠桥品尝羊羔肉，已经是另一种面貌。

黄渠桥镇某羊羔肉餐厅的老板马志刚做这门生意已经 30 多年了，从一开始给各大餐厅供羊羔肉，到如今经营着一家 700 平方米的餐厅，他亲眼见证了黄渠桥羊羔肉从耳传面授到逐渐量化的过程。据他介绍，最早的黄渠桥羊羔肉餐厅主要集中在 109 国道上新渠到黄宝路大概 800 米长的这一段上，林林总总 10 多家，都是家族生意，虽然同样打着黄渠桥羊羔肉的名头，但各家有各家的炒法，从火候到调料，再到焖制的时间，有时只是顺序和时间的区别，就能让起锅的羊羔肉味道差一大截。他认为黄渠桥羊羔肉卖的就是货真价实,缺斤短两的生意自然无法长久。

为了让黄渠桥羊羔肉的名气更有含金量,2015 年 9 月,黄渠桥镇举办了首届文化艺术节,而开场第一天的饮食大赛,迫使这些羊羔肉餐厅老板的经营意识从马路经济转变成明厨亮灶。从就餐环境到菜品质量都有了很大的提升,羊羔肉装盘上桌前要复称,杜绝缺斤短两;八宝茶冲泡好了要验货,少颗核桃都不行。在这样严苛的要求下,大赛评出了 4 家名店,而这些名店会作为领头羊,让黄渠桥羊羔肉更加声名远播。除此之外,黄渠桥镇还设立了文化活动中心,展厅里展示着黄渠桥古老的历史、文明以及极具特色的红色文化,不同时期的教育成果和丰富的民间文化,书籍借阅室和电子阅览室免费面向大众开放,相信这一系列做法一定会让黄渠桥镇有更大的改变,有更好的明天。

银川小吃一条街的记忆

刘旭卓

每一座城市，都有烙印岁月的建筑；每一座建筑，都是城市生长的印记。前时，《银川市历史建筑保护与利用规划》确定了19处建筑保护名录，并提出了保护方法。这其中，就包括银川人熟悉的中山街红柱子、宁夏展览馆、绿洲饭店等。

下文要说的中山街红柱子，位于中山南街小吃街路段（新华街到南薰街路段），230米长的街道两边各有一排，已经历了32载城市光影变化。

一、毗邻明代庆王府

这段230米长的街道两边，粗壮的国槐枝繁叶茂，一根根红柱子之间，随处可见展开的躺椅，还有坐在马扎上摇着扇子的人。仿古的屋檐伸展出来，遮挡了些许阳光。

街道中间路段的两根红柱子之间，有个黑色的铁栅栏门，家住附近的80岁老人马玉凤每天早上从这里进出一趟，赶早市，然后一整天躲在家里，偶尔会下楼在院子里转转，和老伙伴拉拉家常。她说现在小区外边的那条街道店铺太多，人也多，她不大喜欢热闹。

1937年，马玉凤老人在这里出生。“小时候街道两边是土坯房，有住户，但不多，那时候还没有红柱子，街道东边房子的后边就是农田。”马玉凤的童年到青年时代的印象中，这条街好像一直都很安静。到了20世纪70年代，路的中间路段有了综合门市部，西北角多了个修自行车的，东南角有了蔬菜店。她听爷爷说，很早以前，这附近是官家的住所。马玉凤口中的“官家住所”，说的是明朝时候庆王的府第。第一代庆王朱栴是朱元璋的第十六子，洪武二十四年（1391），封庆王，洪武二十六年（1393），就藩宁夏。《弘治宁夏新志》的记载表明，庆王的府第位于明代宁夏镇城南薰门大街西侧，大致在现中山南街与新华东街十字路口西南侧。在明代宁夏城图上，可以清楚地看到，现在的红柱子所在地，就位于明代庆王府附近。

二、1985 年建起小吃一条街

在马玉凤老人眼中一直很安静的中山南街，在 1985 年，也就是她 48 岁的时候，变得突然热闹起来。

《银川百年大事录》的记载道出缘由：1985 年，市政府为了繁荣经济，决定在中山南街设立小吃一条街。当时的新华街、南门广场一带，算是银川最繁华的地段，南门汽车站也建在此处，因此人来人往，十分热闹。1985 年 3 月 8 日，银川市南门小吃一条街在中山南街奠基开工，6 月 15 日竣工。建筑风格为仿古式，现在的中山街红柱子，便是那时修建的，只不过当时不是红色的，而是原木。

包括马玉凤家在内的一排土坯房子拆迁后，取而代之的是街道东西两侧 118 套营业房。街面热闹起来了，但对马玉凤而言，44 岁到 48 岁那几年，却是她最为艰难的人生阶段，1985 年，她的小儿子才 5 岁。丈夫在公交公司上班，工资不够维持家用。她于是推上小车，卖起了冰棍。

马玉凤推着一个大铁筐，底下有 4 个轮子。铁筐的最上面放着木箱子，里面是批发来的冰棍，木箱子底下是她 5 岁的小儿子，孩子白天在广场上玩，晚上困了就在筐里睡。马玉凤早上 7 点多出门，晚上 11 点多回家，为了多赚点钱，中午不回家，给儿子的午饭是一个白饼子，她自己则不吃饭。1985 年前后，南门广场有夜市，汽车站还没有搬迁，小吃街也刚开业，那段时间她的冰棍生意还算不错，一天能挣 8 块钱左右。但好景不长，半年后，竞争者越来越多。“那时从四川和山东来了一帮年轻人，有力气，能挤到长途客车上去卖，我挤不过他们，生意不行，只好不干了。”回忆起几十年前的情景，马玉凤有些感慨。

三、宁夏第一家西餐厅

马玉凤为工作发愁的时候，同住小吃街附近的王斌才 10 岁，他最喜欢在这些木柱子之间，和小伙伴玩一种叫作“触电”的游戏。一根柱子算作一根电杆，摸到柱子就算安全，如果跑向下一根柱子的途中被小伙伴抓住，就算输。他们乐此不疲地玩着这个游戏，穿行于那些柱子之间，是童年最快乐的事。

而对当时24岁的王月娥来说，她满心期待的小吃街，好像并没有多少美食，现在想起来，那时候小吃一条街上的小吃店等餐馆，不超过10家，更多的是卖电器小百货和服装的店铺。对于小吃，她印象最深的还是南门广场上卖早点的一长排桌子，包子、油条、稀饭、豆浆，吃一顿最贵的时候才1元多钱。在正儿八经的“小吃一条街”上，最吸引她的是服装店里的一条蓝裤子。“我当时一眼就看中那条裤子了，在服装店的墙上挂着，一条裤腿是折起来的，很好看。”王月娥最终还是一步一回头地离开了，那条让她念念不忘的蓝裤子，在20世纪80年代就卖几十元钱，对王月娥来说，是承受不起的时尚。

同样让她觉得时尚的，还有当年开业的宁夏首家西餐厅。据《银川百年大事录》记载，1986年1月18日，上海西餐厅在小吃街开业。该餐厅为上海市虹口区饮食公司和宁夏小康生活服务公司联合创办的宁夏第一家西餐厅。“那家餐厅的门头很好看，但没进去过，刚开始也不知道西餐是什么意思。”王月娥笑着说。

关于红柱子最大的变化，是在2002年，王月娥回忆说，那一年，街上的木柱子钉上木龙骨，外边包了铁皮，被漆成了红色。

四、如今的电器一条街

马玉凤的冰棍生意干不下去的时候，她谋了一份新差事，1989年，她负责清扫包括小吃街在内的几条街道。也是在同一年，2岁的胡刚随父母从河南来到银川，他们家在中山街红柱子这里，开了一家卖小百货的店。从他记事起，父亲的店主要卖小风扇、小手电等，慢慢地有了VCD、DVD，如今专门做音响批发生意。

46岁的王萍对这些电器也印象深刻，1995年前后，许多人结婚的时候，都要买一台VCD机，那时候特别贵，一台VCD机差不多要2000元，后来没几年就被DVD取而代之。她说当时家里小到手电筒，大到VCD，家用电器几乎都是在小吃一条街上买的，现在走在红柱子之间，她还能记得当时和那些店主讨价还价的情形。

如今，中山街红柱子已经成为银川的特有印记，许多银川人依旧习惯叫这里小吃街，不过现在的红柱子之间，再也找不到昔日的西餐厅，只剩下两家餐厅，仙鹤楼依旧，还有一家四川餐厅。让王月娥念念不忘的服装店也不见踪迹，卖音响、摄像头等电器的店铺一家挨一家，这里成了名副其实的电器一条街。

岳飞与贺兰山

郑济洧

抗金名将岳飞，从靖康元年（1126）至绍兴十年（1140）的14年间，率部转战于黄河两岸的安徽、江苏、河南、河北等地，夺回大片失地。在郾城大捷后，占领距开封仅45里的朱仙镇，欲一举收复黄河以北。然而，宋高宗赵构只求偏安于一隅，强令岳飞班师。岳飞壮志未酬，悲愤难遏，写下《满江红》，抒发"收拾旧山河"的豪情壮志。其中"驾长车，踏破贺兰山缺"的千古名句，更将岳飞与贺兰山紧密相连。

一、中国有三座贺兰山

在今天中国的版图上，共有三座贺兰山，即宁夏与内蒙古交界的贺兰山、江西赣州的贺兰山和河北磁县的贺兰山。

清同治《赣县志》记载："郁孤台，在文笔山，一名贺兰山，其山隆阜，郁然孤峙，故名。"赣州老城西北部的贺兰山，海拔131米，登上山顶，可眺望赣州城全景。南宋淳熙二年（1175），辛弃疾在赣州就任江西提点刑狱，当年就写下"郁孤台下清江水，中间多少行人泪"的凄美诗句，抒发出"青山遮不住，毕竟东流去"的慷慨之词。由是，800多年来，"郁孤台"印在国人的心中。然而，人们只知"郁孤台"，而不知这座名台建于赣州的贺兰山上，更不知这座贺兰山的来历。

赣州贺兰山，原名"田螺岭"。宋钦宗靖康二年（1127）五月，康王赵构正式在南京登基继位，改元"建炎"，便是宋高宗。宋高宗绍兴三年（1133）夏，南宋朝廷命岳飞出兵吉州（今江西吉安）、虔州（赣州），镇压李敦仁兄弟领导的起义军。岳飞到达赣州后，了解到民间疾苦，没有执行宋廷"屠城"的密旨，使百姓免于被杀戮。在岳飞遇难后，虔州百姓感恩岳飞，就将"田螺岭"改名为岳飞《满江红》

中的"贺兰山",流传至今。今天的赣州人,说起这座贺兰山的名字,认为是当地"附庸风雅"。这个"风雅",显然指向大西北的贺兰山。

河北省磁县,也有座贺兰山。磁县,古称磁州,康熙《磁州志》载:"贺兰山在州西北三十里。山非高峻而蜿蜒起伏,长亘廿里。宋贺兰真人隐居于此,因以得名。"当地传,宋真宗爱慕贺兰真人,下旨将其栖居的"西山"易名为"贺兰山",这是宋景德二年(1005)的事情。北宋末年到南宋初期,岳飞曾在今河北一带率军抗金,磁县留下岳家军的足迹。《磁州志》记载:"岳城在县西南五十五里,宋建炎初年,岳武穆曾驻兵于此。"

中国西北的贺兰山脉,是宁夏回族自治区与内蒙古自治区的界山,南北长220千米,东西宽20~40千米,主峰海拔3556米,山势雄伟,物产丰富,人文历史厚重,乃华夏名山。贺兰山是中国一条重要的自然地理分界线,既是中国河流外流区与内流区的分水岭,也是季风气候和非季风气候的分界线。从秦汉至明代近两千年的历史时空里,贺兰山一直是中国北方各民族争夺的主要战场。贺兰山名的最早出现,就与战争有关。《隋书·赵仲卿传》记载:"开皇三年(583),突厥犯塞,(赵仲卿)以行军总管从河间王弘出贺兰山。仲卿别道俱进,无虏而还。"

二、唐诗咏颂贺兰山

唐代,贺兰山下发生了两次影响中国命运的大事件。其一,贞观二十年(646),唐太宗驾临灵州并于九月十五日举行灵州大会,这是中国古代历史上一次规模空前的民族团结盛会,奠定了唐王朝的昌盛。其二,安史之乱发生后,唐玄宗西逃,太子李亨北上至灵武,于至德元年(756)七月十二日,在灵武登基,是为唐肃宗,造成唐王朝中兴。这111年间的两次重大历史事件,都发生在贺兰山下,更使贺兰山声名鹊起,咏颂贺兰山的诗文更是层出叠现。

开元二十五年(737)的春天,状元王维奉唐玄宗之命,从长安出发,前往凉州慰问将士,来到今宁夏境内,目睹了"贺兰山下阵如云,羽檄交驰日夕闻"与"大漠孤烟直,长河落日圆"的奇观。诗人贾岛没有到过宁夏,却在840年左右作的《送李骑曹》诗中,描绘出"朔色晴天北,河源落日东。贺兰山顶草,时动卷帆风"的动人画卷。56岁中进士的顾非熊,以"贺兰山便是戎疆,此去萧关路几荒。无限城池非汉界，几多人物在胡乡”，展示贺兰山下各族角逐的场景。咸通十年(869)左右，翰林学士韦蟾《送卢潘尚书之灵武》，其中“贺兰山下果园成，塞北江南旧有名”的名句，为宁夏带来“塞上江南”的千秋美誉。晚唐名士卢汝弼的“朔风吹雪透刀瘢，饮马长城窟更寒。半夜火来知有敌，一时齐保贺兰山”诗句，道出唐王朝风雨飘摇的局势，但将士们依然在奋力保国。到了后唐，谭用之“秋风汉北雁飞天，单骑那堪绕贺兰”，则写出唐王朝结束后五代时期的凄凉。

唐代的贺兰山下是“塞上江南”，成就了唐王朝的兴旺；贺兰山外是军阵如云，护卫着京都长安。有唐一代，贺兰山以其巍峨庞大的身躯，耸峙于河套之外，令国人景仰、咏叹。

三、《满江红》的贺兰山就在宁夏

960 年，赵匡胤建立宋朝，进而基本统一中国，结束了大半个世纪的分裂局面。但中原北部的辽及后来的金，西北的西夏政权，却长期与宋朝对立。宋朝的有志之士，不断发出“收复失地”的呼声。

岳飞于北宋末年从军，10 余年的时间里抗击金兵，历经数百次战斗，人皆曰“撼山易，撼岳家军难”。就在朱仙镇大捷，岳家军所向披靡时，朝廷却连下 12 道金牌令其“班师”。岳飞悲愤写下“靖康耻，犹未雪；臣子恨，何时灭；驾长车，踏破贺兰山缺”的千古绝唱。尽管学界存在《满江红》是否为岳飞所做的争论，但中国宋史研究会副会长龚延明《关于岳飞〈满江红〉词讨论综述》说出国人的心声：“历史既然已把《满江红》词铸成岳飞爱国精神的载体，中国人民仰慕岳飞精神，它和岳飞名字连在一起的地位，是决然不可动摇的。”也有人以岳飞没有赴西北作战而怀疑词中的“贺兰山”不在宁夏，但学界形成共识：《满江红》里的“贺兰山”，就是宁夏的贺兰山。

宋时，文人常以“匈奴”指代金，以贺兰山泛指失地。北宋姚嗣宗给名将韩琦的《崆峒山诗》中有“踏碎贺兰石，扫清西海尘”的豪言壮语，岳飞的“踏破贺兰山缺”即由此典拓出。以“匈奴”代金，也寄托岳飞以汉代英雄卫青、霍去病为榜样，成就其“还我河山”伟业的鸿鹄之志。

如果说，没到过贺兰山就不能写“踏破贺兰山缺”，那么，苏轼的“持节云中，何日遣冯唐？会挽雕弓如满月，西北望，射天狼”，陆游的“胡未灭，鬓先秋，泪空流。此生谁料,心在天山,身老沧洲”等名句,岂不是“荒唐”之言?同理,岳飞的“直抵黄龙府”便也是夸夸其谈。

磁县贺兰山海拔仅百多米,绝对高度只有几十米,当年“号令风霆迅,天声动北陬”的10万岳家军,越之如履平地耳。如此的山身,怎能与“驾长车”“踏破”这样气势如虹的词语相匹配?以此山为背景的《满江红》还能表达岳飞气壮山河的气概吗?显然不能!只有面对巍峨雄浑的宁夏贺兰山,才能抒发出“待从头,收拾旧山河”的万丈豪情。

明初,日本南朝怀良亲王“复明书”中也曾发出与明朝“相逢贺兰山前,聊以博戏,有何惧哉”的战争狂言。这里约战的战场肯定是中外皆知的宁夏贺兰山,而绝非江西赣州与河北磁县的贺兰山。

景仰岳飞,千百年来,无数仁人志士,驻足贺兰山,“抬望眼,仰天长啸,壮怀激烈”。如今,与《满江红》同样气势豪迈的“岳飞送张紫岩先生北伐诗碑”,仍然屹立在银川中山公园内,与贺兰山相望相守。

鲁人勇:宁夏历史地名研究集大成者

李　鹏

鲁人勇先生,1941 年生于重庆市万州。1960 年,从交通部重庆航运学校毕业分配来宁夏,先后任技术员、文书、干事、调度员等。1980 年调交通史志办,1985 年任科技处副处长,1989 年任办公室主任,1998 年任副巡视员。2001 年退休。2000—2003 年,在交通部编修《领导干部交通知识读本》。完成后由宁夏交通厅返聘至 2008 年。2011 年被自治区政府聘为宁夏文史馆馆员。长期业余研究宁夏史志,主要研究领域为历史地理、丝绸之路、交通史,有 10 多部专著出版,发表论文百余篇,是宁夏著名地方史志专家,也是资深地名专家,现为宁夏地名学会专家委员主任委员。

一、宁夏交通类地名的权威

1980 年,鲁人勇先生开始编修《宁夏交通史》,于 1988 年出版,上起先秦,下止 1949 年 9 月。同年,又出版了《塞上丝路》,1993 年更名为《丝路宁夏段揽胜》在台湾地区复汉出版社出版。2003—2008 年,又主编《宁夏通志》交通邮电卷 130 万字巨著。这几本书中,难度最大的是古代交通史,光查资料,他就曾到过 20 多个图书馆、档案馆查找。光国家图书馆古籍部就去过 10 多次,时间最长的一次为两个多月。因此,他对古代驿道、驿站、桥渡等地名,以及各时期丝绸之路的路名、行程、途经地名、关隘、石窟等,都有深入研究。近代兴起后的路名、机场、车站,也在笔下写过。在写宁夏第一座黄河大桥叶盛桥时,鲁人勇先生发现当时的报道、后来的著述,对其桥长的记述出现 3 种数字,而且相差甚大。为了核实,他不仅核查了设计图、施工图,还到实地用皮尺丈量,其严谨作风令人赞叹。他又是“老交通”,亲历宁夏 58 年交通巨变。因此,也是宁夏交通地名的权威。

近年,鲁人勇先生又完成了《银川湿地历史变迁研究》,收集了明清至当代黄河、渠道、排水沟、湖泊、沼泽的大量资料。因此,对水利设施的演变、湖泊名及水域面积变化等地名,也相当熟悉。如七十二连湖地名的出处,所连通的湖名及消失的原因,都有深入研究。

二、宁夏第一本《地名词典》编修参与者

20 世纪 80 年代中期,全国第一次地名普查工作结束。为转化成果,决定编纂《中华人民共和国地名词典》,其中的宁夏分册于 1986 年启动,1993 年由商务印书馆出版发行,共 28 万字。编委会主任为自治区政协副主席吴尚贤,成员有宁夏人民出版社总编徐庄,地理学家汪一鸣等 13 人。鲁人勇先生也是编委会成员,作为史学专家,负责政区地名的历史沿革把关,并为历史地名、交通邮电类地名撰稿。他尽职尽责,使各词条尽量多地反映历史、文化,做到简明、严谨。

三、为历史地名正名

宁夏的古代建置沿革和地名,长期“家底不清”,各种著述谬误颇多。最多的错误是三类:一是地名的得名、含义考证错误;二是地名的位置考定不对;三是很多古地名被遗忘。对这些错误,鲁人勇先生先后在《西北史地》《宁夏社会科学》等期刊,发表了 30 多篇学术论文予以更正。

第一类有贺兰山、六盘山、青铜峡、大罗山等,多数为自然地理名。最典型的是贺兰山,各种著述都说,贺兰山形如骏马,蒙古语称骏马为“阿拉善”,音转为“贺兰”,连前几年新出版的《宁夏文化的源与流》都执如是说。这种说法有两个明显的错误:第一,贺兰山之名,在《隋书》中已普遍使用,最早为 581 年。此时蒙古族尚未形成,更没有蒙古语。第二,阿拉善之名出现于清代,是由贺兰山音转而成。第三,蒙古语的“骏马”发音,也与“阿拉善”相去甚远。而对贺兰山的得名,唐代的《元和郡县图志》早有明确记载,大意是:山上树木一片青,一片白,远看形如驳马,而北方民族又把“驳马”叫作“贺兰”。这个北方游牧民族,就是 5 世的鲜卑族贺兰部。由此看,贺兰山的得名,蕴含着厚重的民族文化内涵。又如宁夏另一座名山大罗山的得名,旧地方志未加考证,就采用了当时一位官员的说法,因“形似”而名“蠡(螺)山”。而鲁人勇先生的考证,采用了《元和郡县图志》

《太平寰宇记》的记述:唐咸亨年间,原居青海的吐谷浑国王诺曷钵被吐蕃打败,退守到狭小的大通河流域,要求内迁。唐高宗“欲其安且乐”,迁于灵州南境,置安乐州。吐谷浑人实现了安乐,故将山名称作“达乐山”(音同“大罗山”),最后融入中华民族大家庭。这种严谨的考证,既查清了历史渊源,又承袭了丰富的文化内涵。

第二类很多,以至于宁夏的一些历史名城、历史名人都被别人“抢”去。西汉的萧关,本在泾源县瓦亭,《庆阳府志》记在甘肃庆阳。西夏时的萧关,本在海原县高崖村,被说成在甘肃环县。出过皇甫谧、黄甫规等名人的朝那县,本在彭阳古城镇,被生搬在甘肃的灵台。出过抗金名将刘锜的德顺州,本在隆德,却被弄到甘肃静宁……对这些重要的历史地名原址考定谬误,鲁人勇先生都发表论文予以纠正,并得到学术界认同。

第三类就更多。很多宁夏的历史地名,成了“被人遗忘的角落”。如秦汉时的“新秦中”,是朝廷移民开发的重点。当时把关中叫“秦中”,把暴发户比作“新秦中”,足见这个地区之富。鲁人勇先生发表了《新秦中地望考》,确定为宁夏平原及其周边地区。唐代有“千金大陂”,是一个长 50 里、宽 10 里的长湖,他考证在今永宁靖益堡至阅海公园,是七十二连湖的前身,对银川平原环境变迁、湿地变化有重要意义。宁夏平原何时、为什么叫“塞上江南”,过去没人能说清。鲁人勇先生以经典著作《太平寰宇记》为证,将时间考定在北周宣政元年(578);其得名是因迁江东之人 3 万于此,带来“尚礼好学”的民风,使“习俗相化”,故名“塞北江南”。宁夏地名的文化内涵,由此可见一斑。

四、宁夏历史地名集大成者

鲁人勇先生与吴忠礼、徐庄合著,并由他统稿的《宁夏历史地理考》一书,则全面系统地记述、考证了先秦至清代的历史地名。全书分 16 卷,28 万字,共列历史地名 936 个,其中行政建置、聚落等人文地理地名 867 个,山川等自然地理地名 69 个。每个地名之下,分释文、征引、考辨三部分。释文是作者的结论,包括地名首次出现的时间、在今何处、所辖范围、名称来历和含义、历史沿革等。征引是考证的根据,分条照录相关古籍的原文,当代人的考证一律不收。这部分相当珍贵,全书采用古籍超过万部,由于都是原文,给研究者提供了极大方便。考辨是本书作者对征引文献的分析、考证,并说清为何得出释文中的结论。为了避免“闭门造车”的错误,鲁人勇先生利用他在交通部门工作的优势,除下基层、出差都坚持做实地考察外,还抽出时间专门到未去的地方“补课”,走遍了宁夏的山山水水。此书于 1993 年 12 月由宁夏人民出版社出版发行,一经问世,即抢购一空,被公认为宁夏历史地理的权威著作,也是研究人员的工具书。

1998 年,鲁人勇先生终于卸下了办公室主任的重担,于是他静下心来致力于西夏地名研究。由于西夏版图跨今宁夏、陕北、内蒙古中部和西部、甘肃西部、青海大部,而西夏文献又极少,光资料收集就达 6 年之久,写了 2 年。脱稿后,又因出版经费无着而束之高阁达 8 年,直到 2014 年才得以出版,书名《西夏地理志》。全书汇集了西夏的府、州、县、监军司、寨、堡、山川、古籍名胜等 1100 多个地名。

《宁夏历史地理考》和《西夏地理志》两本著作,属于历史地名专著,对地名的用字、读音、出现时间、别名、历史沿革、文化内涵等,都有高度概括,且尤重于考证。记述地名之多,运用史料之详,皆为人所称道,现已成为宁夏史学研究者的工具书,更是地名工作者的必读之书。鲁人勇先生以毕生心血凝练成这两部著述,足可称“宁夏历史地名研究集大成者”。

宁夏回族自治区民政厅印发《宁夏回族自治区标准地名地址编制规范（试行）》《宁夏回族自治区二维码标准地名标志制作设置规范（试行）》

各市、县（区）民政局：

为统一标准、规范管理，确保我区标准地名地址二维码管理工作顺利开展，自治区民政厅制定了《宁夏回族自治区标准地名地址编制规范（试行）》《宁夏回族自治区二维码标准地名标志制作设置规范（试行）》。

宁夏回族自治区标准地名地址编制规范（试行）

第一章　总　则

第一条　为满足城乡建设、社会经济发展、民生服务需要，适应“智慧宁夏”条件下的社会治理工作，全面提升标准地名地址管理服务水平，根据《国务院地名管理办法》《地名管理办法实施细则》《宁夏回族自治区地名条例》等法律法规，制定本规范。

第二条　标准地名地址是公民、法人及其他组织居住、工作和生活经营场所地理空间位置且根据国家有关法规经标准化处理，并由有关政府机构按法定的程序和权限批准予以公布使用的地名的标识。

第三条　标准地名地址信息是对实际地名地址进行采集、整理、编码和标注加工处理后，由文字和数字组成的、按特定结构排列且具有空间地理位置的数据集。

第四条　标准地名地址信息要素是指构成标准地名地址信息的基础信息项，包括标准地名地址全称、地址编码、行政区划、路名、片区、门牌号、居民点、楼栋、单元、户室、所属乡镇（街道）、所属社区/居（村）委会、地理坐标、属性标识等十四个要素。

第五条　标准地名地址行政管理属性。标准地名地址信息要素中，行政区划、所属乡镇（街道）、所属社区/居（村）委会构成标准地名地址的行政管理属性。同一门牌号下的标准地名地址，其行政管理属性必须唯一。

第六条 标准地名地址组分构成。地址组分是组成地址的基本成分，包括行政区域名、地理实体名和楼门牌号码等地址要素。如“兴庆区”是一个地址组分，“北京东路”是一个地址组分，“291 号”是一个地址组分。多个地址组分构成一个标准地名地址。

实例：(银川市兴庆区)上海东路 49 号、上海东路 49 号观湖壹号小区、上海东路 49 号观湖壹号小区 7 栋、上海东路 49 号观湖壹号小区 7 栋 1 单元、上海东路 49 号观湖壹号小区 7 栋 1 单元 101 室均可构成标准地名地址。

第二章 标准地名地址全称生成规则

第七条 标准地名地址全称是指对标准地名地址的通用性、规范性文字描述，每条标准地名地址对应一个全称。

第八条 标准地名地址全称使用汉字和半角阿拉伯数字、半角“-”、大写半角字母，不得使用全角、“+”“、”等其他字符。

第九条 标准地名地址全称由行政区划、路名、片区、居民点、标志物、门(楼)牌、单元户室等要素分层依次组合构成。

行政区划属于必需项，是指依据行政管辖范围，划分自治区(省级)、市(地级)、区(县级)、乡镇(街道)。描述为：宁夏回族自治区××市××区(标准地名地址所在地为区)或宁夏回族自治区××县/市(标准地名地址所在地为县或县级市)。应当符合 GB/T 2260《中华人民共和国行政区划代码》标准。例：宁夏回族自治区银川市兴庆区、宁夏回族自治区永宁县。

路名属于必需项，是指该标准地名地址所在乡(镇)名、村名、路名(自然村名、组名、队名)等标准地名以及部队名等。其中，城区的路名一般指所在地为街道或市区的道路名称，直接描述为街路巷名。例：(宁夏回族自治区银川市兴庆区)上海东路；农村的路名一般指所在地为乡镇的道路路名，描述为“乡(镇)名+路名”或“乡(镇)名+村名+路名(自然村名、组名、队名)”。例：(宁夏回族自治区银川市)闽宁镇蒲西北街、(宁夏回族自治区中卫市沙坡头区)香山乡南长滩村头道墩；部队的路名，直接描述为部队代号。例：(宁夏回族自治区青铜峡市)68216 部队。

门牌号属于必需项，是指街路巷(自然村、组、队)上具体的门牌号码后缀(子门牌)，以及部队分队号，描述为：××(半角数字)号或××(半角数字)-×

××(半角数字)号或××(半角数字)分队。例:(宁夏回族自治区银川市兴庆区北京东路)12 号、(宁夏回族自治区银川市兴庆区北京东路)12－1 号、(宁夏回族自治区青铜峡市 68216 部队)12 分队。

片区属于非必需项,用于描述可配置地址对象所在的小区域范围,由地片名、标识性地物名和专署区域名等组成。专署区域名称:包括各类大型经济开发区、高新技术区、产业示范区、工业园区、农垦区(农场、林场、养殖场)、机场(码头、港口)、风景名胜区等特定区域。

标志物属于非必需项,是指具有地理位置指示作用的建筑物、交通运输设施、纪念地与旅游景点等。标志物规范名称的文字描述。应当符合 GB/T 23705—2009《数字城市地理信息公共平台 地名/地址编码规则》。具体包括有建筑物中的房屋、亭、台、碑、塔、广场、体育场、中心、城等;交通运输设施中的汽车站、收费站、火车站、航空港(飞机场)、管站、公交车站、停车场、桥梁(公路桥梁、铁路桥梁、立交桥、过街桥等)、检查站、加油站等;水利中的井、水库、泵站、涵洞、堤堰、水渠等;电力中的输变电线路、发电站、输变电站等;通信中的通信线路、通信基站等;纪念地与旅游景点中的纪念地、遗址、公园、园林、风景区、自然保护区等。

居民点(建筑物群)属于非必需项,是指同一门牌号上的建筑物(群),主要包括城镇居民点,农村居民点,工矿点,农、林、牧场中的居民点等。描述为:×××小区(花园、苑、山庄、宿舍、自然村等)。例:(宁夏回族自治区银川市兴庆区天平街 97 号)观湖壹号小区;(宁夏回族自治区中卫市沙坡头区香山乡南长滩村)头道墩。

楼栋(建筑物)属于非必需项,是指单体建筑物(包括有单独门牌号的建筑物或建筑群中有楼牌的楼座),描述为××大厦(楼、中心等)或××座(幢、栋等),例:(宁夏回族自治区银川市兴庆区民族北街 243 号)宝丰大厦、(宁夏回族自治区银川市兴庆区天平街 108 号福星苑)1 栋。

单元属于非必需项,是指建筑物中以不同入口等划分的相对独立单元,描述为:××单元。例:(宁夏回族自治区银川市兴庆区天平街 108 号福星苑 1 栋)3 单元。

户室属于非必需项,是指建筑物中以不同入口等划分的相对独立单元,描述为：××室。例：（宁夏回族自治区银川市兴庆区天平街108号福星苑1栋1单元）301室。

第十条 标准地名地址采用分段组合的方式描述，由行政区域、基本区域限定物、局部点位置三大类要素构成。其中：行政区域可由自治区、市、县（区、县级市）、乡（镇、街道）、村（居）逐级构成；基本区域限定物可分为路、居民点、片区等；局部点位置描述为标志物、门牌、楼栋、单元、户室。

在基本区域限定物地名中，如遇有使用路名、居民点或片区名均可描述的情况时，路名优先于居民点、片区名；局部点位置中，遇有使用标志物、门牌均可描述的情况时，门牌优先于标志物。

第十一条 沿街地址生成规则。

（一）沿街党政机关、企事业单位、独栋建筑及独立商业店面按所在街路名称编制门牌，临多条街路的建筑物分别按照各邻近街路名称编制门牌。按"路名+门牌号"编制，写法为"××街路××号"；如：北京东路134号，"134"为门牌号。

（二）沿街的连排建筑（群）、企业、商业店面按所在街路名称编制门牌，并采取集合编码方式编制门牌。

单层连排建筑（群）、商业店面、整体建筑按"路名+主号"编制，写法为"××街路××号"；各店面按"路名+主号+支号"编制，写法为"××街路××-××号"。例：解放东街277-5号，"277"为主号，"-5"为支号。

双层及以上连排建筑物（群）、商业店面，均按"路名+主号+户室号"编制。其中，户室号由"楼层号+户室序列号"合并编制，写法为"××街（路）××号××号"。例：民族北街200号09010号。

第十二条 住宅标准地址生成规则。标准住宅门牌按"行政区划+街路巷名+居民点名+楼栋号+单元号+户室号"编制，写法为"×××区××××小区××栋××单元×××室"。例：（宁夏回族自治区银川市）兴庆区天平街208号1栋1单元101号。

其中，楼栋号以住宅区主入口处顺序编制栋号，栋号以自然序数排列；单元号以面朝单元门，自左向右顺序编制；楼层号以地面层为基数，自下而上，顺序编制；户室号按各单元分别编制。设电梯的住宅楼户室，以出电梯口，自左向右，按楼层依次编号；不设电梯的住宅楼户室，以背向楼梯口，按楼层自左向右顺序编制;户室号由楼层号与户号合并编制。

第十三条 别墅、平房等住宅只编制楼栋号、户室号,按"住宅区名 + 栋号 + 户室号"编制,写法为"××××小区××栋××号"。例:天鹅湖小镇1栋2号。

第十四条 道路两侧号码编制规则。起始于主要道路一侧,但达不到命名要求的分支街路(不与其他道路贯通),以主要道路名称编制:东西走向道路,按南单北双向内连续编号;南北走向道路,按东双西单向内连续编号。

第三章 标准地名地址编码规则

第十五条 标准地名地址编码采取全球唯一性编号,使用GUID编码规则(全球唯一标识符,36位),是由数字(0-9)、大写字母(A-F)和连接符(-)组成的字符串。

第十六条 标准地名地址信息其他要素可以修改、变更,但地址编码一经生成,保持不变。

第十七条 标准地名地址编码可对应生成二维码,便于智能终端的自动识读、接入应用。

第四章 标准地名地址标注规则

第十八条 标准地名地址的地理坐标信息通过地址标注产生,标识该标准地名地址的空间属性。

第十九条 标准地名地址的标注应依托于矢量或影像图进行,以单一建筑物为标注对象,获取的空间坐标信息为该建筑物所对应要素层级下所有标准地名地址的地理坐标。

第二十条 标注点应为建筑物底座的几何中心,门牌号地址应以安装门牌的建筑物为标注对象。

第五章 标准地名地址信息共享规则

第二十一条 标准地名地址信息应依托自治区标准地名地址库及其管理平台进行管理,实行全区分级登记、变更、注销、应用。

第二十二条 自治区标准地名地址库及其管理平台以信息共享方式向其他系统平台提供标准地名地址应用服务。

第二十三条 标准地名地址信息共享数据项见下表。

序号	字段名称	长度	备注
1	地址编码	36	GUID(全球唯一标识符)
2	地址全称	100	
3	行政区划代码	6	采用 GB/T 2260《中华人民共和国行政区划代码》中的全部数字代码
4	行政区划名称	60	
5	地名路名_地址编码	36	GUID(全球唯一标识符)
6	地名路名	60	
7	门牌号_地址编码	36	GUID(全球唯一标识符),指向小区的地址编码
8	门牌号	20	
9	小区_地址编码	36	GUID(全球唯一标识符),指向小区的地址编码
10	小区	30	
11	楼栋_地址编码	36	GUID(全球唯一标识符),指向小区的地址编码
12	楼栋	30	
13	单元_地址编码	36	
14	单元	20	
15	户室	10	
16	所属乡镇街道代码	9	前6位表示县及县以上行政区划,符合 GB/T 10114《县以下行政区划编码规则》
17	所属乡镇街道	60	
18	所属居村(委)代码	15	GAT 2000. 33 - 2014《公安信息代码 第33部分:社区、居(村)委会编码规则》
19	所属居村(委)	60	
20	城乡分类属性	3	采用 GA/T 2000. 42《公安信息代码 第42部分:城乡分类代码》
21	经度坐标	10	WGS—84 坐标系
22	纬度坐标	10	WGS—84 坐标系
23	属性标识	1	0—注销,1—启用,2—停用
24	启用日期	8	yyyy—mm—dd
25	停用日期	8	yyyy—mm—dd
26	注销日期	8	yyyy—mm—dd
27	登记单位名称	60	
28	登记单位代码	18	单位统一社会代码
29	登记时间	14	yyyy—mm—dd hh:mm:ss

续表

序号	字段名称	长度	备注
30	登记人	50	
31	最后变更时间	14	yyyy—mm—dd hh:mm:ss

第六章 附 则

第二十四条 本规范自2018年1月1日起施行。

第二十五条 本规范由宁夏回族自治区民政厅负责解释,此前规定凡与本规范不一致的,以本规范为准。

宁夏回族自治区二维码标准地名标志制作设置规范(试行)

第一条 为满足城乡建设、社会发展、民生服务需要,全面提升标准地名标志智能化管理服务水平,根据《国务院地名管理办法》《地名管理办法实施细则》《宁夏回族自治区地名条例》等法律法规和国家标准《地名 标志》(GB 17733—2008)要求,制定本规范。

第二条 二维码标准地名标志是指为社会公众使用所设立的,用于标示根据国家有关法规经标准化处理,并由有关政府机构按法定的程序和权限批准予以公布使用的地理实体名称且附着有基于标准地名地址编码对应生成的二维码信息的标志。二维码应当使用于乡镇(街道)名称地名标志、村(居)民委员会名称地名标志、街(路、巷)名称地名标志、居民点名称地名标志以及其他需要附着二维码的地名标志。

第三条 自治区对二维码标准地名标志设置实行分级实施。县级以上人民政府民政部门是二维码标准地名标志的主管部门,负责本行政区域内二维码标准地名标志的设置和管护。

二维码标准地名标志产品由自治区民政部门监制。

第四条 二维码标准地名标志的基材是钛或钛合金材料,应当符合国家标准《地名 标志》(GB 17733—2008)规定的基本性能。基板背景颜色一般为蓝色。街(路、巷)地名标志的背景颜色按方向确定东西向为蓝色时,南北向应当为绿色;楼栋地名标志的背景色应当由蓝色和白色组成,且符合GB 2893规定的安全色。基板附着的图文应当由国家标准《地名 标志》(GB 17733—2008)规定的长余辉蓄光发光材料制作，且初始亮度要达到 10000mcd/m^2，10 小时后不得低于 3mcd/m^2。长余辉蓄光发光材料颜色应当为黄绿色。

第五条 二维码标准地名标志的版面图文应当包括汉字名称、汉语拼音、门牌编号、单元编号、邮政编码等文字和矩形框、屋檐、二维码等图形。

第六条 二维码标准地名标志的文字应使用等线体的黑体字。其中，名称应当为标准地名和规范汉字，不得使用繁体字、异体字、自造字和简化字。单元编号应当使用规范汉字。

第七条 二维码标准地名标志上标准地名的罗马字母拼写，应当以国家公布的《汉语拼音方案》作为统一规范和国际标准，按国务院民政、语言文字部门制定的拼写规则执行。禁止采用外文和“威妥玛式”等旧式拼法拼写标准地名。

第八条 门牌编码、楼栋编号应当使用阿拉伯数字，邮政编码应当使用规范汉字和阿拉伯数字。

第九条 二维码标准地名标志设置的基本原则：

（一）乡镇（街道）名称地名标志应当设置在位于主要交通道路的行政区域界线上；

（二）村（居）民委员会名称地名标志应当设置在居民地的主要出、入口处；

（三）街（路、巷）名称地名标志应当设置在街（路、巷）的起止点、交叉口处。起止点之间距离超过 600 米，应当适度、合理地增加地名标志设置数量；

（四）居民点名称地名标志应当设置在该建筑物面向主要交通通道的明显位置；

（五）其他需要附着二维码的地名标志，应当按照方便、实用、清晰的原则设置。

第十条 二维码标准地名标志的材质、规格、形式，应当符合国家相关标准。附设的图形文字，不得影响地名标志的使用功能。安装后的二维码标准地名标志，不应出现失光、变色、生锈等质量问题，并保证正常使用期限达到 15 年。

第十一条 居民点地名标志的基材厚度是 0.8mm，包括大门地名标志、中门地名标志、小门地名标志和楼栋地名标志、单元地名标志、户室地名标志等。

大门地名标志（大门牌）的基材尺寸为 600mm × 400mm（图文书写平面尺寸 570mm × 370mm，外沿宽度≤15mm）。版面图文包括汉字名称、门牌编号、邮政编码和二维码等内容。版面图文中，名称在上部 1/5 的区域标示；门牌编号、二维码在中部 3/5 的区域标示（其左侧 3/5 的区域标示门牌编号、右侧 2/5 的区域标示二维码)；邮政编码在下部1/5的区域标示；二维码尺寸为100mm×100mm。适用于临街的院落、独立门户及单位。安装高度应当不低于1800mm，用膨胀螺栓或通过玻璃胶粘贴方式，贴墙固定于门右侧。

大门地名标志

中门地名标志(中门牌)的基材尺寸为400mm×300mm(图文书写平面尺寸370mm×270mm，外沿宽度≤15mm)。版面图文包括汉字名称、门牌编号和二维码等。版面图文中，名称在标志上部2/5的区域标示；门牌编号、二维码在下部3/5的区域标示(其左侧4/5的区域标示门牌编号、右侧1/5的区域标示二维码)。二维码尺寸为70mm×70mm。适用于临街的院落、独立门户及单位。安装高度应当不低于1800mm，用膨胀螺栓或通过玻璃胶粘贴方式，贴墙固定于门右侧。

中门地名标志

小门地名标志(小门牌)的基材尺寸为240mm×160mm(图文书写平面尺寸216mm×136mm，外沿宽度≤12mm)。版面图文包括汉字名称、门牌编号和二维码。版面图文中，汉字名称在上部2/5的区域标示；门牌编号、二维码在下部3/5区域标示(其左侧4/5的区域标示门牌编号、右侧1/5的区域标示二维码)。二维码尺寸为40mm×40mm。适用于村委会及自然村、组、队。安装高度应当不低于1800mm，用膨胀螺栓或通过玻璃胶粘贴方式，贴墙固定于门右侧。

小门地名标志

楼栋地名标志(楼栋牌)的基材尺寸为950mm×550mm(图文书写平面尺寸900mm×500mm，外沿宽度≤25mm)。版面图文包括小区名称、汉语拼音、楼栋编号和二维码等内容。版面图文中，小区名称、汉语拼音在标志左边3/5的区域标示(其上中部3/5区域标示小区名称、下部2/5区域标示汉语拼音);楼栋编号、二维码在标志右边2/5的区域标示(其上中部3/5区域标示楼栋编号、下部2/5区域标示二维码)。二维码尺寸为200mm×200mm。适用于楼栋。安装高度应当不低于9000mm,用膨胀螺栓或通过玻璃胶粘贴方式,贴墙固定于楼栋两侧。

楼栋地名标志

单元地名标志(单元牌)的基材尺寸为350mm×150mm(图文书写平面尺寸320mm×120mm,外沿宽度≤15mm)。版面图文包括单元编号和二维码等。图文中,编号、二维码在中部3/5的区域标示(其左侧3/4的区域标示编号、右侧1/4的区域标示二维码)。二维码尺寸为70mm×70mm。适用于多层住宅楼。安装高度应当不低于3000mm,用膨胀螺栓或通过玻璃胶粘贴方式,贴墙固定于单元门上侧。

单元地名标志

户室地名标志(户室牌)的样式可由开发商或物业结合整体建筑风格统一设计,基材参考尺寸为110mm×70mm。版面图文包括住户编号及二维码。图文中,编号在左边1/2的区域标示,二维码在右边1/2的区域标示。二维码尺寸为35mm×35mm。适用于多层住宅楼。安装高度应当不低于1800mm,用膨胀螺栓或通过玻璃胶粘贴方式,贴墙固定于户室门上侧。

户室地名标志

第十二条 乡镇(街道)名称地名标志(乡镇牌)的基材厚度为1.0mm,基材尺寸为2400mm×1200mm(图文书写平面尺寸2350mm×1150mm,外沿宽度≤25mm)。版面图文包括乡镇名称、汉语拼音和二维码等。版面图文中,乡镇名称在上部3/5的区域标示,汉语拼音和二维码在下部2/5的区域标示(其左侧3/5的区域标示汉语拼音、右侧2/5的区域标示二维码)。二维码尺寸为400mm×400mm。适用于乡镇区域名称。二维码乡镇地名标志为侧立柱悬挂式,高度应当不低于5500mm，各部位连接用不锈钢内六角顶丝紧固，采用挖坑混凝土固定。

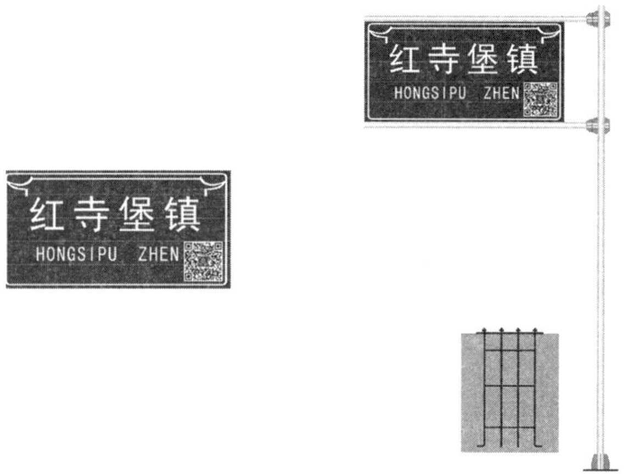

乡镇（街道）名称地名标志

第十三条 村（居）民委员会名称地名标志的基材厚度为1.0mm，基材尺寸为1600mm×1000mm（图文书写平面尺寸1560mm×960mm，外沿宽度≤20mm）。版面图文包括村名称、汉语拼音和二维码等。版面图文中，村名称在上部3/5的区域标示，汉语拼音和二维码在下部2/5的区域标示（其左侧4/5的区域标示汉语拼音、右侧1/5的区域标示二维码）。二维码尺寸为250mm×250mm。适用于村（居）民委员会名称。村（居）民委员会名称地名标志为单立柱式，高度应当不低于2900mm，各部位连接用不锈钢内六角顶丝紧固，采用挖坑混凝土固定。

村（居）民委员会名称地名标志

第十四条 街（路、巷）名称地名标志（路牌）的基材厚度为0.8mm，基材尺寸为1200mm×450mm（图文书写平面尺寸1170mm×420mm，外沿宽度≤15mm）。版面图文包括街（路、巷）名称、东（南）西（北）汉字、汉语拼音和二维码等。版面图文中，街（路、巷）名称在上部3/5的区域标示，汉语拼音和二维码在下部2/5的区域标示（其左侧4/5的区域标示汉语拼音、右侧1/5的区域标示二维码）。

二维码尺寸为150mm×150mm。适用于街(路、巷)名称。街(路、巷)名称地名标志为单立柱式,高度应当不低于3000mm,各部位连接用不锈钢内六角顶丝紧固,采用挖坑混凝土固定。

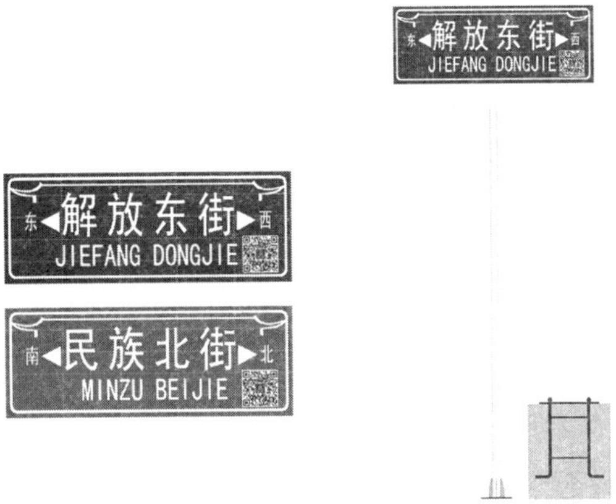

街(路、巷)名称地名标志

第十五条 自然村名称地名标志的基材厚度为0.8mm,版面图文包括自然村名称、汉语拼音和二维码等。版面图文中,汉字名称在上部3/5的区域标示,汉语拼音和二维码在下部2/5的区域标示(其左侧4/5的区域标示汉语拼音、右侧1/5的区域标示二维码)。

自然村名称地名标志采用贴墙固定时,安装的高度应当不低于2800mm。基材尺寸为900mm×600mm(图文书写平面尺寸860mm×560mm,外沿宽度≤20mm)。二维码尺寸为160mm×160mm。

自然村名称地名标志(贴墙固定式)

自然村名称地名标志采用单立柱安装时,安装的高度应当不低于3000mm。基材尺寸为1200mm×450mm(图文书写平面尺寸1170mm×420mm,外沿宽度≤15mm)。二维码尺寸为200mm×200mm。

第十六条 附着有二维码的标准地名标志是社会公益设施。县级以上民政部门,应当认真做好标准地名标志的设置和管理工作,为国家经济建设和社会各界交流交往服务。

第十七条 二维码标准地名标志是国家法定标志物,各级民政部门应当加

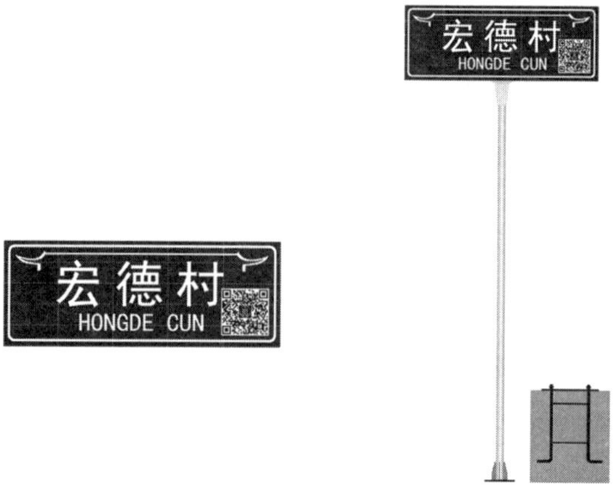

自然村名称地名标志(单立柱式)

强宣传,增强公民依法保护二维码标准地名标志的意识。

第十八条 二维码标准地名标志设置的具体方案应当由县级以上人民政府民政部门制定。

第十九条 二维码门(楼)标准地名标志的编码应当采用序数编码或量化编码(也称距离编码)进行。

采用序数编码的,从街(路、巷)起点起,每户一号,按照左单右双的原则编号。

采用量化编码的,以街(路、巷)起点到门户中心线距离量算,每2米为一个号,按照左单右双的原则编号。

第二十条 二维码标准地名标志的采购按政府采购法的有关规定执行。

参与竞标的企业,应当提供基材样品(裸板)及其厂家产品质量保证书;应当提供其近期产品样品(成品)及通过民政部地名研究所检测并出具检测报告。

中标企业在安装前,应当将产品做现场抽样送至民政部地名研究所检测并出具检测报告。

第二十一条 自治区民政厅每年对各地二维码标准地名标志设置管理工作进行一次检查,各市也要加强对所辖县工作的检查指导,并接受国务院、自治区民政部门的抽查。

第二十二条 二维码标准地名标志设置管理工作定期检查和抽检的主要内容:

(一)是否符合国家和民政部制定的相关标准和规定;

(二)是否符合自治区二维码标准地名标志制作设置规范;

(三)是否与城乡建设同步;

（四）密度、布局是否适宜、合理；

（五）标志是否完好、整洁、规范。

第二十三条 对检查不合格的，要限期整改，并将整改情况及时上报上一级民政部门，检查情况将在全区民政系统通报。

第二十四条 县级人民政府民政部门应将本行政区域内开展二维码标准地名标志设置管理工作形成的以下材料收集归档：

（一）二维码标准地名标志的设置办法和编码规则；

（二）二维码标准地名标志检测报告；

（三）二维码标准地名标志分布图；

（四）二维码标准地名标志登记表；

（五）二维码标准地名标志照片；

（六）二维码标准地名标志的检查、维修、更换等有关资料；

（七）二维码标准地名标志移动、拆除和查处损毁地名标志的有关资料；

（八）二维码标准地名标志招投标有关资料；

（九）二维码标准地名标志的其他有关资料。

第二十五条 二维码标准地名标志应保持清晰完整。对字迹模糊不清、污损严重的，应及时修复或更换。

第二十六条 其他部门、企业如需移动、拆除二维码标准地名标志，应报请县级以上民政部门批准，并承担相关费用。

第二十七条 二维码标准地名标志设置、维护、监督等经费，应当纳入县级以上地方政府财政预算，不足部分可以通过市场运作筹集。

第二十八条 偷盗、损毁或擅自移动、遮盖、涂鸦地名标志的，由县级以上民政部门责令其限期恢复原状。

第二十九条 各级民政部门工作人员在二维码标准地名标志管理工作中有玩忽职守、徇私舞弊等行为，尚不构成犯罪的，由所在单位或上级主管机关予以行政处分。

第三十条 本规范自2018年1月1日起施行。

第三十一条 本规范由宁夏回族自治区民政厅负责解释。此前规定凡与本规范不一致的，以本规范为准。

自治区

印发《宁夏回族自治区第二次全国地名普查验收办法实施细则》

2017年1月23日，自治区地名普查办根据国务院第二次全国地名普查领导小组办公室关于印发《第二次全国地名普查验收办法》的通知（国地名普查办发〔2016〕24号）要求，结合我区实际，组织有关人员制定了《宁夏回族自治区第二次全国地名普查验收办法实施细则》，并以《通知》形式印发至市、县（区、市）地名普查办。《通知》强调各级地名普查办应在自治区普查办组织全面验收、成果上报之前，分别组织完成本市、县（区、市）地名普查全面核查、自查工作。要加快普查进度，高质量、高标准地按照实施细则要求完成验收工作。

印发《宁夏回族自治区第二次全国地名普查成果转化规划（2017—2020年）》

开展第二次全国地名普查是党中央、国务院在新时期作出的一项重大决策，对全面查清我区地名底数详情、进一步加强和改善地名管理、提升地名公共服务能力、推进地名文化建设、地名文化遗产保护有着十分重要的意义。

按照国务院地名普查办工作部署，地名普查成果转化是第二次全国地名普查的一项重点工作，是推动普查成果应用、服务宁夏经济社会发展的重要途径，是体现普查最终成效的关键环节。

为了做好此项工作，自治区地名普查办组织有关人员，依据国务院第二次全国地名普查领导小组办公室关于印发《第二次全国地名普查成果转化规划（2015—2020年）》，研究制定了《宁夏回族自治区第二次全国地名普查成果转化规划（2017—2020年）》。

制定的地名普查成果转化规划，将通过五个方面大力推进成果转化工作：一是普查成果应用探索；二是标准地名图书编纂；三是地名文化遗产保护；四是地名信息化建设；五是地名公共服务。

召开第二次全国地名普查全面验收工作部署会议暨业务培训班

2017年3月22日，宁夏回族自治区召开第二次全国地名普查全面验收工作部署会议暨业务培训班，重点讲解了地名普查验收办法、地名普查验收量化指标及评分标准以及地名普查过程中的常见问题等内容，开展了地名标准化处理、标准地名词典编纂培训。自2014年6月第二次全国地名普查工作启动以来，自治区及各市、县(区)逐级开展普查工作，共普查地名词条超过12.2万条。目前自治区普查工作已完成数据入库，进入验收及成果转化阶段。根据部署安排，自治区各地级市、县(区)于2017年3月底前，自下而上逐级完成县级自查、地级核查、自治区级验收和上报审核工作，并随之启动地名普查成果转化工作。各市、县(区)将根据普查成果，建立覆盖自治区、市、县三级的地名数据支撑体系，推进标准地名地址库建设。同时，充分利用地名普查资料，重点做好《宁夏回族自治区标准地名词典》《宁夏回族自治区标准地名图集》《宁夏回族自治区标准地名录》《宁夏回族自治区标准地名志》的编纂出版工作。

召开第二次全国地名普查成果转化工作部署会议暨标准地名图录典志编纂(绘)业务培训班

2017年7月12日，自治区地名普查办在银川市召开第二次全国地名普查成果转化工作部署会议暨标准地名图录典志编纂(绘)业务培训班，自治区地名普查领导小组副组长、民政厅厅长杜正彬出席会议并作了重要讲话；民政厅副厅长佘瑞东主持会议。

杜正彬在会上，一是客观分析了我区第二次全国地名普查工作形势。他说，习近平总书记在中央城镇化工作会议上的讲话和有关批示中多次强调，要规范地名管理，保护、传承和弘扬优秀传统地名文化。近年来，自治区党委、人大、政府高度重视地名工作，先后颁布实施《宁夏回族自治区地名条例》，下发了农村地名标志设置、加快实施县域地名规划、贺兰山东麓葡萄产业及文化长廊地名规划和开展第二次全国地名普查工作等一系列文件，对于推进全区地名公共服务和全国第二次地名普查工作发挥了积极作用。二是进一步明确了下阶段地名普查工作的重点任务。2017年是全面完成第二次全国地名普查工作的决战之年。上半年自治区已经全面完成普查第二阶段工作，下半年要重点推进普查成果转化。全区要从贯彻落实党中央国务院决策部署的高度，充分认识地名普查成果转化工作的重要性和紧迫性，按照自治区地名普查领导小组统一部署，切实加快进度，加大力度，加快推进成果转化工作，尽早形成一批人民群众看得见、摸得着、用得上的普查成果。三是地名普查成果转化工作是一项复杂的系统工程，全区各级普查办要把成果转化工作作为当前和今后一个时期的一项重要工作。要高度重视，切实把思想和行动统一到自治区部署上来，把成果转化工作摆上重要议事日程，加强组织领导，采取有力措施，坚决打赢地名普查成果转化攻坚战。

杜正彬指出，要按照“四个精准”的要求拓展普查成果转化成效。一是要在精准保障上发力，加强对地名普查成果转化工作的沟通、协调，合理安排地名普查经费，解决好成果转化工作中出现的实际问题。二是要在精准转化上聚力，注重挖掘地名文化特色，创新标准地名图录典志编纂工作，形成地名普查成果转化、标准地名图录典志编纂上下联动、齐头并进的工作态势。三是要在精准督导上用力，把地名普查转化工作列入民政工作的重要议事日程，纳入各级督查、年度工作考核范畴，适时开展好评估工作，确保地名普查成果转化的顺利实施。四是要在精准服务上出力，利用地名普查成果，建立系统、权威、完整、准确的地名普查档案，开展地名文化学术研究、传承和弘扬优秀地名文化，将普查成果纳入“数字城市”等地理信息公共服务平台，加强与旅游、交通、文化等部门的产业融合，着力提升地名公共服务水平。

会议还邀请山东地名研究所副主任、编审董珂同志，南京师范大学地理科学学院教授、博士生导师张雪英同志为培训班授课。银川市等7个市、县(区)做了交流发言。全区各级地名普查办领导及工作人员、地名普查监理和外包服务单位等130余人参加会议和专题培训。

中国地名学会监理工作组在我区开展第二次全国地名普查监理和质量评定工作

2017年2月12日至16日，受国务院第二次全国地名普查领导小组办公室委托，中国地名学会监理工作组在张清华理事带领下，一行5人对我区石嘴山市惠农区、吴忠市红寺堡区、隆德县、海原县、永宁县的地名普查开展了监理和质量评定工作。

监理工作组在召开的座谈会上，介绍了进行普查监理和质量评定的工作安排。通过听取汇报、调阅地名普查文件及资料、外业实地踏勘等形式，详细了解5个县（区）第二次全国地名普查工作进展情况。从组织管理、地名调查、地名标准化、地名标志、数据库建设、成果表、检查验收、普查档案等8个方面，对5个县（区）的地名普查工作进行了认真细致的分析测评。

工作组针对5个县（区）地名普查情况指出，应采取有力措施，加快地名普查进度，强化对服务单位的日常监管，监管到普查的每一个环节和部位。同时，各县（区）开展地名普查全面自查的基础上，要认真配合地市、自治区的全面核查、验收和成果上报工作，为迎接国务院地名普查办的全面审核、复验做好准备。

在监理过程中，自治区地名办李波主任指出，今后务必要在实际工作中将地名普查进度与成果转化利用结合起来，探索创新地名工作，推进普查成果转化利用的步伐，更好地服务社会民生。通过提高地名法制化、标准化、信息化水平，使地名效益更快地转化为社会效益，更好地为社会提供地名公共服务。

多地开展地名标准图录典志的编纂工作

2017年6月以来，固原市启动市级图录典志编纂工作，认真组织人员参加自治区地名办举办的培训班。学习标准地名图录典志编纂规范，把图录典志编纂作为一项重要工作，列入地名普查成果转化的重要议事日程，加强组织领导，明确职责分工，确保工作进度。惠农区、红寺堡区积极开展门牌设置相关工作。

金凤区、泾源县挖掘历史地名，传承地名文化。通过组织专家讨论进一步挖掘历史地名，研究地名的变化轨迹和有地方文化特色的地名信息。对旅游区、古迹以及有重大历史事件的地名筛选取优。

国务院地名普查办抽验组对宁夏第二次全国地名普查工作予以充分肯定

按照国务院地名普查办《第二次全国地名普查验收办法》的规定，自治区地名普查办上报了经全面验收的地名普查成果。2017年8月2日至3日，民政部区划地名司副巡视员陈克相一行3人，代表国务院地名普查办来宁开展地名普查现场抽查复验工作，抽取我区贺兰县和永宁县作为抽查复验县区。

通过抽查，抽验组对贺兰县和永宁县地名普查工作予以充分肯定。认为各级政府对地名普查工作高度重视，普查过程扎实，普查程序规范，普查成果丰富，普查工作保障有力，宣传工作形式多样，内容丰富，普查各个步骤资料齐全，有据可查。一是充分发挥普查监理和专家咨询委员会的作用，确保普查质量，形成比较完备的地名普查验收三级质量评价报告；二是保密措施做得非常好，组织普查人员进行保密法、涉密设备管理培训工作，涉密人员均取得保密证书，普查设备都安装了“三合一”保密系统，是宁夏地名普查工作的亮点，也是抽验组在抽验过的省区中首次发现。抽验组同时认为：宁夏地名普查克服困难，务实工作，取得了看得见、摸得着的初步成果，实属不易，反映了宁夏地名立足实际、务实创新、锐意进取的工作精神。

抽验组指出：这次抽查验的主要目的是帮助发现问题、解决问题，提高普查成果质量。通过抽验发现了一些细节、技术、局部方面的小问题，没有重大和原则问题，在下一步工作中，希望宁夏回族自治区普查办，一是对发现的问题组织全区进行认真整改。二是保密工作是宁夏的亮点，前期工作做得比较好，希望后期应该保持，确保普查工作不在保密工作方面出问题。三是要确保地名普查资金专款专用。四是按照国务院普查办的时间节点要求，有力推进成果转化工作，特别是图、录、典、志编纂工作。五是对普查资料要更加重视，加强普查资料的整理工作。六是提炼总结地名普查工作当中涌现出来的优秀人物和优秀事迹。国普办对各地的普查成果全面审核尚未结束，地名普查工作还没有完成，一定要保证各级普查办人心不能散，工作不能乱，继续做好后面的工作。

佘瑞东副厅长最后表态，感谢抽查复验组一行对宁夏地名普查工作给予了很高的评价。宁夏将以此次抽查复验为契机，以抽查复验的情况作为标尺，正确对待提出的问题，不仅仅在银川市整改，在全区范围内也要整改，切实要求各县区负起主体责任。严格要求各县（区）加强普查资金的监管使用。争取向国务院交一份满意的答卷，向社会提供合格的成果产品。

各市（县、区）地名普查标准图录典志编纂（绘）工作进度统计情况通报

根据各市（县、区）地名普查办上报的标准地名图录典志编纂（绘）工作进度

情况，自治区地名普查办进行汇总，在全区范围内予以公示，希望还未开展编纂（绘）工作或进度缓慢，领导不够重视的市（县、区），引起足够的重视，未开展工作的尽快组织开展，进度缓慢的要加快进度。同时，也希望各市（县、区）普查办互相借鉴学习，有效推进此项成果转化工作。自治区地名普查办将会在后续的时间每半个月通报一次，对通报后进度依然慢的市（县、区）将约谈政府主管领导。具体进度统计情况如下：

2017 年 10 月 27 日

市（县、区）	标准地名图集	标准地名录	标准地名词典	标准地名志	备注
银川市	50%	10%	50%	16%	
兴庆区	90%	50%	86%	95%	
金凤区	80%	40%	50%	85%	
西夏区	80%	0%	48%	55%	
永宁县	90%	50%	90%	95%	
贺兰县	90%	50%	90%	95%	
灵武市	85%	50%	35%	95%	
石嘴山市	5%	5%	5%	5%	
大武口区	30%	30%	80%	70%	
惠农区	30%	30%	80%	70%	
平罗县	30%	30%	80%	70%	
吴忠市	30%	10%	15%	15%	
利通区	90%	0%	30%	35%	
红寺堡区	5%	7%	55%	60%	
同心县	80%	30%	70%	62%	
盐池县	80%	10%	85%	85%	
青铜峡市	80%	10%	20%	40%	
固原市	0%	0%	0%	0%	
原州区	50%	50%	75%	75%	
西吉县	0%	50%	75%	75%	
隆德县	0%	0%	10%	50%	
泾源县	0%	0%	30%	30%	
彭阳县	80%	0%	10%	60%	
中卫市	85%	80%	70%	70%	

续表

市(县、区)	标准地名图集	标准地名录	标准地名词典	标准地名志	备注
中宁县	95%	95%	95%	70%	
海原县	95%	95%	95%	70%	
沙坡头区	95%	95%	95%	70%	

(注:表中数据以百分比的形式作统计。)

各市(县、区)地名普查标准图录典志编纂工作进度情况汇总表

为了加快我区第二次全国地名普查中标准地名图录典志编纂工作进度,自治区地名普查办根据全区标准地名图录典志编纂的进展情况,进行了统计汇总,并给予通报。希望还未正式开展标准地名图录典志编纂工作或进度缓慢,领导不够重视的市、县(区),要引起足够的重视、加快进度。同时,也希望各市、县(区)普查办要互相借鉴学习,有效推进标准地名图录典志编纂和其他项目的成果转化工作。自治区地名普查办将会在后续的时间中,每半个月通报一次标准地名图录典志编纂工作进度。对通报后进度依然缓慢的市(县、区)将继续启动约谈机制。全区各市(县、区)标准地名图录典志编纂进展情况,具体统计如下:

市(县、区)	标准 地名图集	标准 地名录	标准 地名词典	标准 地名志
银川市	初稿完成 (待审核)	初稿完成 (待审核)	初稿完成 (待审核)	初稿完成 (待审核)
兴庆区	初稿完成 (已一审)	初稿完成 (待调整)	初稿完成 (已一审)	初稿完成 (已一审)
金凤区	初稿完成 (已一审)	初稿完成 (已一审)	初稿完成 (已一审)	初稿完成 (已一审)
西夏区	初稿完成 (待审核)	未完成 (60%)	未完成 (60%)	未完成 (60%)
永宁县	初稿完成 (已一审)	初稿完成 (待补充)	未完成 (60%)	初稿完成 (待审核)
贺兰县	初稿完成 (待审核)	初稿完成 (待调整)	初稿完成 (待审核)	初稿完成 (待审核)
灵武市	初稿完成 (待审核)	初稿完成 (待审核)	未完成 (10%)	初稿完成 (待审核)
石嘴山市	初稿完成 (待修改)	初稿完成 (待修改)	初稿完成 (待修改)	初稿完成 (待修改)

续表

市(县、区)	标准地名图集	标准地名录	标准地名词典	标准地名志
大武口区	初稿完成(待修改)	初稿完成(待修改)	初稿完成(待修改)	初稿完成(待修改)
惠农区	初稿完成(待修改)	初稿完成(待修改)	初稿完成(待修改)	初稿完成(待修改)
平罗县	初稿完成(待修改)	初稿完成(待修改)	初稿完成(待修改)	初稿完成(待修改)
吴忠市	初稿完成(待审核)	未完成(60%)	未完成(60%)	未完成(60%)
利通区	初稿完成(待修改)	初稿完成(待修改)	未完成(70%)	未完成(70%)
红寺堡区	初稿完成(已一审)	初稿完成(已一审)	初稿完成(已一审)	初稿完成(已一审)
同心县	初稿完成(待审核)	初稿完成(待审核)	未完成(60%)	未完成(60%)
盐池县	初稿完成(待审核)	初稿完成(待调整)	初稿完成(待审核)	初稿完成(待审核)
青铜峡市	初稿完成(待审核)	未完成(30%)	未完成(30%)	未完成(40%)
固原市	未开工(0%)	未开工(0%)	未开工(0%)	未开工(0%)
原州区	初稿完成(待修改)	初稿完成(待修改)	未完成(60%)	未完成(60%)
西吉县	初稿完成(待修改)	初稿完成(待修改)	未完成(60%)	未完成(60%)
隆德县	初稿完成(待修改)	未开工(0%)	未开工(0%)	未开工(0%)
泾源县	初稿完成(待审核)	初稿完成(待审核)	初稿完成(待审核)	未上交(30%)
彭阳县	初稿完成(待审核)	初稿完成(待调整)	未完成(50%)	未完成(55%)
中卫市	初稿完成(待审核)	初稿完成(待审核)	初稿完成(待审核)	初稿完成(待审核)
中宁县	初稿完成(已二审)	初稿完成(已二审)	初稿完成(已二审)	初稿完成(已二审)
海原县	初稿完成(已一审)	初稿完成(待修改)	初稿完成(待修改)	初稿完成(已一审)
沙坡头区	初稿完成(已一审)	初稿完成(已一审)	初稿完成(已一审)	初稿完成(已一审)

(注:表中数据以百分比的形式作统计,截止时间为2017年11月30日。)

自治区地名普查办对标准地名图录典志编纂进展滞后市县进行约谈

为了高效、高质量地完成地名普查阶段性的各项工作，根据《宁夏回族自治区第二次全国地名普查验收办法实施细则》要求，截至 2017 年 11 月 30 日，我区还有部分市、县(区)没有正式开展标准地名图录典志编纂工作，或进度缓慢。为此，自治区地名普查办于 12 月 11 日对 11 个市、县(区)进行了约谈。

会上，要求各级普查办认真查找问题，落实解决办法，充分组织好专业团队及专家把好编审、校对等环节关，加快编纂进度。被约谈的市、县(区)地名普查办负责人都做了发言，保证回去后向市、县(区)委、政府主要负责人汇报，通过积极联系相关部门，认真落实解决办法，密切配合，按照规定的时间节点和要求，圆满完成各项编纂工作。

银川市

多管齐下，备战图录典志编纂攻坚战

银川市在编纂图录典志工作中，高度重视。为在规定时间内打赢图录典志编纂攻坚战，多管齐下，积极做好各项备战工作。

一是突出“专”，落实编纂人员。把选好执笔人，确定编纂人员，当作图录典志编纂工作的首要任务。银川市二普办明确要求，编纂图录典志必须由专家或专业人才担任执笔人。目前，4 个执笔人基本确定，均为区内相关领域较有影响的专门人才。

二是力求“全”，做好资料收集。为做到详尽占有资料，一方面要求各县、区(市)尽快上报第二次全国地名普查采集到的全部地名词条信息；另一方面，要求执笔人、普查办工作人员广泛查阅各类史书、志书，为标准地名图录典志编纂打好基础。

三是避免“弯”，开展编纂业务培训。在组织各县、区(市)普查办工作人员、参加自治区图录典志编纂培训后，银川市二普办专门组织执笔人和相关工作人员就自治区下发的图录典志编纂规范进行培训，要求相关人员钻研业务，熟悉规范，确保图录典志编纂不走弯路。

四是要求“快”，明确工作进度。对确定执笔人、成立编纂委员会和编辑部、完成编写架构起草、拿出初稿等一一明确了图录典志编纂工作的时间表，要求各环节、各步骤必须争取时间、保证效率，按既定的时间进度完成编纂工作。

永宁县

认真接受民政部现场抽查复验　积极组织地名普查图录典志编纂工作

2017 年 8 月 3 日上午，在自治区民政厅副厅长佘瑞东、永宁县政府副县长王辉的陪同下，民政部区划地名司副巡视员陈克相一行对永宁县第二次全国地名普查工作进行了复验。复验组通过观看宣传片、听取汇报、查看档案资料、查阅地名普查数据库等方式进行了复验。

目前，地名普查工作已进入成果转化阶段，永宁县根据第二次全国地名普查资料，对地名来历、含义、历史沿革再查阅、再挖掘、再斟酌，并积极开展以下工作：一是加强组织领导。成立编委会和编辑部，把图录典志编纂工作列入本县地名普查重要议事日程。二是明确职责分工。地名普查办、编委会发挥好统筹协调作用，研究解决图录典志编纂工作中的重大问题。三是加强队伍建设。选派富有钻研精神、熟悉地名工作且能力强的同志组成编写队伍，善于借助外力，采取多种方式，吸收相关领域专家学者参与编纂工作。四是丰富工作手段。创新编纂方法，运用现代技术进行编纂工作，畅通交流渠道，及时交流情况、分享经验，提升编写人员的业务水平。

标准地名图、录、典、志是地名普查成果转化的重要组成部分，永宁县深化对图录典志编纂工作的认识，在编纂过程中，凝心聚力、真抓实干，为弘扬历史、文化，推进本县地名管理工作作出积极贡献。

石嘴山市

抓督导促落实　及时召开地名普查工作推进会议

石嘴山市为加快推进各县(区)地名普查工作进度，提高普查工作质量，解决普查工作中存在的问题，确保石嘴山市第二次全国地名普查第一阶段验收工作顺利完成，2017 年 1 月 18 日，石嘴山市召开了第二次全国地名普查督导工作会议。自治区地名普查办、石嘴山市及所辖县区地名普查办、技术外包单位负责人以及监理单位参加了会议。

会议由市民政局副局长戴新斌主持，并通报了石嘴山市第二次全国地名普查工作第三阶段督导检查中发现的问题。各县(区)地名普查办就如何加快推进普查工作进度，确保按期完成验收、上报工作，分别做了表态发言，技术外包单位也明确了完成普查任务的具体时限。会上，各县(区)地名普查办一致表态，要以此次会议为契机，加紧落实各项要求，切实解决好普查工作中存在的问题。通过地名普查时间倒排机制、提高工作质量和效率，确保在规定期限内完成普查工作任务。

戴新斌强调，各县(区)要高度重视地名普查工作，调整工作方法，协调配备涉密局域网，增加三合一保密机，提高工作效率；技术外包单位要增加人员，建立工作考勤制度，对发现的问题要及时沟通、解决；按照《宁夏回族自治区第二次全国地名普查验收办法实施细则》的有关要求，要落实好地名普查的全面自查工作。

自治区地名办主任李波指出，这次会议的召开很及时，也很有必要，起到了很好的效果。并提出三点意见：一是各县(区)地名普查办要召开好每周工作例会，认真梳理每周工作要点，做到心中有数。要邀请专家参与每周工作例会，发挥好专家委员会的作用。二是各级普查办要对监理单位、技术外包公司进行监督，落实好工作签到制度，加大同各有关单位的沟通协调力度，充分调动成员单位参与地名普查的积极性。三是监理单位要加大工作力度，必须参加每周工作例会，及时发现和提出解决普查工作中存在问题的办法。

市地名普查领导小组副组长、民政局局长刘兰芳要求，第二次全国地名普查工作是国家开展的一次重大国情调查，各县(区)地名普查办一定要严格按照地名普查操作规程实施细则，找差距、补短板，认真做好各项地名普查工作。要结合地名普查，大力开展地名文化遗产保护和清理整治不规范地名工作，进一步规范石嘴山市地名命名、更名程序，并建立石嘴山市地名文化遗产分级保护名录；要加大地名普查宣传力度，积极做好地名普查成果的转化利用工作。

下一步,石嘴山市地名普查办将加大督导力度,全面检查各项工作的具体落实情况,发挥好沟通、协调作用,确保第二次全国地名普查第一阶段验收工作顺利完成。

大武口区

“双导向”提升地名普查工作质量

大武口区自启动第二次全国地名普查工作以来,以完成普查目标为导向,以抓地名标准化和标准地名图录典志编纂(绘)工作滞后的问题为导向,“双导向”成就“双动力”推动大武口区全力以赴加快工作进度和提升工作质量。截至2017年上半年,大武口区已完成既定地名词条数的采集和录入工作;同时完成地名志初稿编写近2万字;收集地名图集资料到街道(镇)级的行政区划;地名录、地名词典已完成词条数统计、分类工作,正在进行进一步筛选。

开展“一会四议”活动　有效推动地名普查取得新成果

为保证第二次全国地名普查成果质量,提高标准地名图集、标准地名录、标准地名词典和标准地名志编纂(绘)水平。近期,大武口区第二次全国地名普查工作领导小组办公室邀请长期从事大武口区地方志编纂的3位专家,通过召开一个专家评审会的形式,共同对标准地名图、录、典、志(初稿)的4项评审议题组织了专家评审。

评审会上,负责编纂(绘)的单位负责人,就编制情况向专家进行了汇报,专家以自治区编纂(绘)规则为标准,从编纂体例、地名释文、内容编排、地名采词、关键环节等方面充分发挥个人观点,对标准地名图、录、典、志初稿进行了全方位的研究和讨论,并形成了一致认可的修改意见。

为按时完成第二次全国地名普查工作目标,规范普查成果转化工作,大武口区第二次全国地名普查领导小组办公室在2017年10月经过严格的招投标,引进专业的企业承担标准地名图、录、典、志编纂(绘)工作,经过近2个月的工作,完成了初稿的编纂(绘),根据评审会的修改意见和建议,在2017年11月底完成初稿的修改,并及时交付石嘴山市和自治区地名普查领导小组办公室进行审核。

“四个到位”推动地名普查　取得阶段性成果

石嘴山市大武口区自2016年3月开展第二次全国地名普查工作以来，狠抓工作落实，确保了地名普查“四个到位”。一是普查宣传到位。制订地名普查工作宣传方案，具体宣传措施落实到社区、村、小区，并及时拨付经费在各居民区设置宣传栏。在《石嘴山日报》开辟“地名普查”专栏，开设大武口地名普查工作微信群、QQ群，使普查工作家喻户晓、人人皆知，努力营造良好普查氛围。二是责任落实到位。坚持“统一领导、分工协作、分级负责、共同参与”的原则，准确把握地名普查目标任务和具体要求，逐级落实责任制，倒排时间表，按照成员单位职责细化、量化目标任务，真正形成责任到人、任务到岗、横向配合、纵向协调的工作机制。定期召开工作推进会议，加大督促检查和现场指导力度，按照时间节点定期对地名普查工作进行督查、通报，推动该项工作扎实深入开展。三是普查质量到位。认真贯彻落实自治区关于地名普查的各项规定，严守地名普查纪律，始终把数据质量放在工作的第一位。2017年2月初，大武口区组织专家组、地名普查办工作人员，同时邀请市地名普查办和自治区监理单位人员，开展地名普查第一阶段工作自查，经过综合评分，大武口区地名普查第一阶段工作验收条件，并于3月中旬及时向市地名普查办上报申请验收相关资料。四是成果转化到位。对普查数据进行认真整理、深入分析和全面考证，对不规范地名进行标准化处理，形成相应的专题材料或情况报告。根据社会实际需要，加快普查成果开发利用。注重把第二次全国地名普查工作与挖掘大武口区历史、文化渊源相结合，扩大地名文化影响力，让地名工作成为经济建设的“推进器”和“服务器”。

全力以赴做好第二次全国地名普查验收准备工作

2017年5月初，根据《宁夏回族自治区第二次全国地名普查领导小组办公室关于印发〈宁夏回族自治区第二次全国地名普查验收办法实施细则〉的通知》工作要求，大武口区将地名普查相关资料报送自治区第二次全国地名普查领导小组办公室进行全面验收。经过逐条审查，大武口区第二次全国地名普查第一阶段工作顺利通过自治区验收。

自从2016年年初开始，作为自治区第二次全国地名普查试点县（区），大武口区普查办严格按照普查各项指标要求，科学制订普查方案，实施“上下联动、专业支持、专家审核、部门确认”关键的 4 步工作程序，确保地名普查工作能够及时、准确完成地名普查验收第一阶段工作。

关键第一步：乡镇（街道办）、村委会（居委会）部门联动，采取自下而上的方式，全面系统收集地名信息，再根据现场情况补充完善地名数据。

关键第二步：在 2016 年年初，招标聘请专业单位，在现场测量和软件操作方面提供技术支持，确保普查工作有序规范。

关键第三步：聘请长期从事地名工作的老干部和常年研究大武口区地名的老教师组成专家组，对采集的近 4000 条地名信息进行逐项审批，特别是在地名含义和历史沿革方面给予专业化的指导意见。

关键第四步：在初步确定地名数据后，由相关业务部门再次针对准确性和完整性进行确认，确保地名数据的准确性。

接下来，大武口区普查办将继续完善第一阶段普查成果，做好地名普查成果转化相关工作，为迎接各级地名普查办验收做好准备。

利通区

深入挖掘地名文化保护工作

吴忠市历史悠久，历史、文化遗迹众多，具有深厚的历史、文化积淀。利通区地名普查办把深入地名文化挖掘保护工作作为第二次全国地名普查的一项重要内容来抓，充分利用本次地名普查契机，加大力度，在地名文化的挖掘保护工作方面，做了一系列的工作。

地名普查办工作人员前后多日奔赴整个辖区，广泛开展地名文化挖掘调研工作，依靠当地老教师、老干部以及村中长者，对本区的历史地名、近现代重要地名，综合运用文献分析、实地走访、专家论证等多种有效方法进行了挖掘考证，理出一批第一手资料。工作开展以来，共召开座谈会 2 次，实地勘察重要历史地名、近代重要地名 5 处，实地访谈老干部、老教师、老村民等 16 人次，现场采集照片 34 张、视频录像 8 个。

回溯历史，吴忠大地上曾书写过宁夏历史的辉煌；公元前 214 年，这里出现有明确历史记载的、宁夏北部最早的县——富平县，吴忠建城历史由此发端，距今已有 2200 多年历史；这里还是赫赫有名的古灵州所在地，载入史册的唐太宗灵州会盟，闪耀着唐王朝强盛的荣光；历史发展到近现代，这里又是远近闻名的“水旱码头”“天下大集”“天下粮仓”。

中卫市

全面开展第二次全国地名普查阶段验收工作，取得初步成效

为认真落实自治区第二次全国地名普查第一阶段全面核查的有关要求，根据《第二次全国地名普查质量评价体系》《宁夏回族自治区第二次全国地名普查验收办法实施细则》的规定，结合各县（区）形成的自查报告，中卫市地名普查办于 2017 年 3 月上旬组织人员对各县（区）地名普查工作进行了全面核查。目前，全市已入库地名 18820 条，实入库地名词条 21829 条，已完成地名普查任务入库率 115%。核查中对发现的问题进行了及时反馈，各县（区）地名普查办组织作业单位及时进行了整改，形成了整改报告，并向自治区地名普查办提出了申请验收工作。

一是县级开展自查。各县（区）分别组织专家组和监理单位按照《第二次全国地名普查质量评价体系》要求，对第二次全国地名普查组织实施类和普查成果类进行了逐一自查，各自形成了《第二次全国地名普查质量验收报告——组织实施类》《第二次全国地名普查质量验收报告——普查成果类》两份报告，专家组在报告中分别针对组织实施类和普查成果类做了综合性的评价，通过自查全部合格。

二是市级检查验收。市地名普查办根据各县（区）形成的自查报告及申请，邀请有关专家组成了督察组分别对沙坡头区、中宁县、海原县进行了检查验收，并进行综合评价。通过检查验收，认为三县（区）第二次全国地名普查成果符合检查验收标准，成果质量合格，原则上通过县级阶段性验收，并申请自治区地名普查办进行检查验收。

三是指出了存在的不足。通过市级督查，总体来看，三县（区）第二次全国地名普查工作机构健全，责任到位，宣传扎实，技术流程、工作程序和方法符合政策规定。各县（区）普查成果已初步形成，但仍存在一些不足需作业单位进一步完善。

第一，组织管理力量相对薄弱。各县（区）地名普查办虽然制订了工作计划，但不能够按照计划严格推进。同时，作业单位存在派驻的工作人员达不到开展普查要求的最低人数，个别工作人员缺乏相关工作经验和工作责任心。

第二，地名标准化工作进度较慢。由于个别跨界地理实体，地名标准化处理，地名来历、含义及历史沿革，地名文化挖掘等内容需要开展相对专业的认定工作，涉及的专业知识和认定时间周期较长，有些县（区）充分发挥专家委员会的作用不够，导致工作推进相对迟缓，影响了工作进度和质量认证。

第三，成果类工作收集整理不够。成果表中存在一些不够完善的地方，需进一步完善；地名标志登记表中存在一些信息未填写完整，需对照质量评价体系的要求进行填写。

第四，资料建立还不够规范。虽然已形成了大量的工作报告、技术总结、质检报告等文字报告，但内容还需进行修改与充实，还没有完全按照验收标准进行严格分类和整理装订到位。

四是提出了下一步工作安排。第一，加强工作协调指导。市级地名普查办将加强对各县（区）地名普查办的督导，加强沟通协调，及时针对存在的问题和薄弱环节给予指导，多措并举，采取有效的措施解决问题。第二，充分发挥监理单位的作用。市级地名普查办将加强与监理单位的协调配合，强化对各县（区）地名普查工作的指导，在保障普查工作按期完成的基础上，加强成果转化与验收的监理，确保工作高标准完成。第三，进一步完善健全信息资料。市级地名普查办要求作业单位应当进一步准备和完善各类资料，以满足质量评价体系的要求，应尽快利用最新版本的质检软件对数据库进行检查，并对验收资料进行完善和补充。第四，加快地名标准化工作。严格按照《第二次全国地名普查质量评价体系》《宁夏回族自治区地名条例》《宁夏回族自治区第二次全国地名普查验收办法实施细则》要求，对未完善的资料加快信息采集和标准化工作。第五，加快地名成果转化工作。充分利用地名普查成果资料，按照分类、分级、分批的原则，编纂出版标准地名图录典志工具图书及相应电子化图书。深入挖掘地名普查成果，促进地名优秀文化传承、保护和弘扬；完善地名信息化建设，深化地名公共服务，进一步满足社会对地名信息的需求。

召开地名标准化和道路标志设置会议

中卫市民政局对地名标准化和道路标志设置工作进行专题研究。会议强调群众利益无小事，各部门要高度重视，把地名标准化和道路标志设置工作作为城市建设的大事，纳入重要议事日程，立足当前，着眼长远，建立常态化的协调管理机制。

会议要求，要按照“国家标准严格执行，市内标准整齐划一”原则，统一地名命名、更名程序和道路标志设置标准。建立规划与地名命名核定同步的长效机制，从源头上防止“大、洋、怪、重”非标准地名，做到全市地名命名规范。坚持“五同时”，严格落实道路标志设置与道路主体工程“同时规划、同时设计、同时施工、同时验收、同时投入”要求，确保管理规范。要切实加强道路指示牌的整改及管理，各部门各司其职，全面排查存在的问题，采取有力措施，确保工作落地见效。

会后，各有关部门积极落实会议精神。一是抓紧起草制订中卫道路标志牌设置的地方标准；二是立即开展全市范围内的道路指示标志改造、更新和维护工作。三是落实专项经费，将其纳入全市“内畅外联”3 年行动重要内容，统筹解决。

学习贯彻十九大精神 着力做好新时期宁夏行政区划工作

李炎炜

党的十九大将“推动新型工业化、信息化、城镇化、农业现代化同步发展”写入报告，强调“以城市群为主体构建大中小城市和小城镇协调发展的城镇格局”，指明了推进新型城镇化的主要路径，对新时代行政区划工作提出了新要求。

一、近年来宁夏行政区划工作的主要成效

近年来，宁夏回族自治区党委、政府充分发挥行政区划合理配置资源、推动城镇化进程，促进经济社会发展的作用，适应经济社会发展需要，不断优化行政区划布局，逐步建立和完善了行政区划体系，对宁夏的经济和社会发展产生了重大而深远的影响，为宁夏的经济、社会发展起到积极作用。

(一)理顺区划总体框架，完善地级市设置

宁夏属西部欠发达地区，1958 年成立自治区以来，经济社会发展相对滞后，城镇化进程缓慢，行政区划格局长期维持 1 地级市 3 地区的基本框架，直到 1975 年设立了石嘴山地级市，这一格局才有所改变。1978 年后，随着经济快速发展，城镇化进程不断推进，原有行政区划基本框架与经济、社会发展不相适应的矛盾逐步显现。从 1998 年起，先后撤销银南地区、固原地区，设立地级吴忠市和固原市，撤销中卫县，设立地级中卫市，至此，宁夏增设了 3 个地级市，形成了目前 5 个地级市的基本框架，有效地化解了行政区划与经济社会发展之间的主要矛盾。以银川市为中心，石嘴山市与吴忠市、中卫市为两翼，辐射南部固原市的沿黄城市带行政区划格局基本形成，对宁夏的经济、社会发展，产生了重大而深远的影响。撤销银川市城区、新城区和郊区，设立银川市兴庆区、西夏区和金凤区，重新

划分三区行政区域，打破了原有行政区划格局的束缚，为建设大银川奠定了良好的基础。红寺堡区的设立，使全国最大的扶贫移民区在开发移民10余年后终于设立了县级行政区划，给红寺堡的发展带来了新的契机。

（二）顺应经济社会发展，均衡县级行政区划

在建立地级市行政区划基本框架的同时，适时调整县级行政区划，均衡空间布局。1983年，以固原县东部的15个公社为基础设立彭阳县，使当时宁夏最大的固原县人口和面积均减少近1/3。2003年，又将固原市原州区（即原固原县）的大湾乡、蒿店乡、什字路镇3个乡镇约360平方千米地域，约4万人口划归泾源县管辖，原州区地域面积减少至3555平方千米，人口减少到47.7万人。而泾源县行政面积增加到了1110平方千米，人口增加了12.3万人，使原本地域相对闭塞的泾源县有了更大的发展空间。两个山川相连、地域毗邻的县区面积、人口更为接近，管理幅度差距缩小。2008年，将海原县地处中部干旱带且极为贫困的4个乡镇分别划归沙坡头区和中宁、同心两县，将原州区清水河河谷地带的部分乡镇划归海原县。而石嘴山市从2002年起，先后撤销石炭井区，撤并惠农县和石嘴山区为惠农区，撤销陶乐县。石嘴山市从辖3区3县变为辖2区1县，县级行政区划单元从6个减少到3个，有效整合了资源，为资源枯竭型城市注入了新的发展活力。

（三）合理精简行政机构，优化乡镇空间布局

2003年，自治区对全区乡镇行政区划进行了大范围的撤并，乡镇由撤并前的314个合并为188个，撤销126个，占乡镇总数的40.13%，撤并比例是全国最高的省区。这次撤并取得了显著的成效：乡镇平均人口由1.6万人增加到2.2万人，平均面积由167平方千米增加到238平方千米。规模的扩大对城镇统一规划、建设、管理和加快城镇化进程起到了积极的促进作用，调优了产业布局。撤并中将产业相近，具有共同特点的乡镇进行合并，使其发挥区域优势，增加经济发展后劲，减轻了财政和农民负担。乡镇撤并精简了机构，分流了人员，减少了办公费用支出，减轻了财政和农民的负担。每年仅节约的人员、车辆、取暖、接待、办公等财政支出就达6500万元；撤并中坚持德、能、勤、绩、廉综合考核的原则，好中选优地配备乡镇领导班子，形成了梯次配备合理、年龄搭配得当、知识结构优化组合的新格局，体现了精简、统一、效能和服务的职能，提高了乡镇领导班子素质，促进了政府职能转变。通过调整，乡镇内设机构更趋合理，行政管理进一步适应市场经济发展的需要和人民群众的要求，管理和服务水平有了新的提高。集中乡镇撤并后，宁夏根据当地经济、社会发展的实际情况，又进行局部调整，基本形成了幅度适当，布局合理的乡镇区划体系。

截至目前，全区共设银川、石嘴山、吴忠、固原、中卫5个地级市，11个县，2个县级市，9个市辖区，103个镇，90个乡，47个街道办事处。通过调整，全区城镇体系结构和城镇布局进一步优化。2017年，全区城镇化率已经提高到57%以上，对增强中心城市和经济发达镇的集聚辐射带动能力、理顺行政管理体制、推进产城融合发展、强化社会治理和公共服务等，起到了积极支撑和保障作用。

二、新时代对行政区划工作提出的新要求

十九大报告确定的新时代中国特色社会主义的基本方略，对各项工作提出了新的要求，行政区划工作也必须无条件地贯彻和落实这些新要求。

（一）要始终坚持党对一切工作的领导

行政区划是上层建筑，对经济社会发展与社会和谐稳定具有重要影响，各级都要高度重视。《中国共产党地方委员会工作条例》将“研究讨论本地区行政区划调整”纳入党的地方委员会的重要职责，宁夏回族自治区第十二次党代会报告也提出“着力构建区域城乡协调发展新格局”。因此，要把行政区划工作纳入党委工作重要议事日程，加强领导，科学决策，稳妥实施。

（二）要始终坚持以人民为中心

十九大报告把人民对美好生活的向往，作为新时代社会主义现代化建设的奋斗目标。行政区划与人民群众利益息息相关。每项区划调整，从大的方面讲直接影响区域经济社会发展，从小的方面说涉及人民群众的就业、教育、医疗、养老等切身利益。行政区划工作要牢固树立“以人民为中心”的理念，把人民群众是否满意、是否拥护作为根本出发点和落脚点，真正把党的群众路线和以人民为中心的根本要求贯彻到行政区划工作的全过程。

（三）要始终坚持全面依法治国

加快建设社会主义法治国家，全面推进依法治国，首先要求依法行政，政府的各项工作都要在法治的框架下运行。具体到行政区划工作方面，一是要强化

法治意识,将宪法、国务院行政区划管理条例等法律法规和要求不折不扣地贯穿于行政区划的全过程;二是要不断加强区划管理政策法规体系建设,促进行政区划由政策调控向法律调控的转型,做到有法可依,有法必依,违法必究;三是区划调整属于"重大行政决策事项",必须经过充分的酝酿和科学的论证。

(四)要始终坚持新发展理念

创新、协调、绿色、开放、共享的发展理念,是做好新时代行政区划工作的重要遵循和根本要求。创新,就要解放思想、更新观念,敢于打破不适应经济、社会发展要求的体制机制和行政区划束缚。协调,就是要围绕经济、社会发展和新型城镇化,不断优化行政区域空间结构、功能布局和资源配置。绿色,就是要牢固树立绿色发展理念,区划调整要有利于保护生态环境,服务于生态文明建设,牢固树立"绿水青山就是金山银山"的理念。开放,就是要善于借鉴先进经验,区划调整要有利于加强区域合作和开放发展。共享,就是要打造城乡一体化发展的格局,让人民群众享受更多的公共服务和优质资源。

(五)要始终坚持规范实施

党的十九大报告指出:"健全依法决策机制,构建科学决策、执行坚决、监督有力的权力运行机制。"我们一定要积极适应新形势,积极发挥主观能动性,切实增强运用法治思维和法治方式推动行政区划管理工作能力,在总结工作实践的基础上,制定出台符合宁夏实际,便于操作、行之有效的依法科学决策机制。积极探索行政区划调整工作规范、工作流程和专家论证、效果评估等体系,着力解决"重审批、轻实效"的问题,不断推进行政区划审批管理的科学化、规范化和法制化水平。

三、新时代宁夏行政区划调整的初步思考

党的十九大明确提出了"以城市群为主体构建大中小城市和小城镇协调发展的城镇格局",这对新时代行政区划工作提出了新要求。宁夏的行政区划工作在取得重大成效的同时,也还存在一些亟待解决的问题和矛盾,主要是行政区划层级多、管理幅度偏小;行政和社会管理多样化与行政区划的矛盾凸显,各种各样的开发区、工业园区以管委会等政府派出机构的体制,管理一个地区的行政和社会事务已经越来越力不从心,已经成为制约经济、社会发展的瓶颈,对有序的

行政区划形成冲击;行政区划设置和管理模式滞后于人口城镇化发展,现有的以镇管城的体制不能适应城市管理和发展的需要。针对以上存在的问题,提出如下几点思考:

(一)加快推进“省直管县”体制

随着交通、通信设施的日益完善,效能政府、有限政府的逐步建立,充分发挥自治区直管县级财政和县级行政区划单元少的现有体制优势,加快推进和逐步实现“省直管县”条件日趋成熟。在将盐池县和同心县确定为自治区直管县试点县之后,宁夏将继续积极探索“省直管县”行政体制模式,坚持因地制宜、因时制宜;坚持构筑固有的利益均衡机制、协调各方利益;坚持与其他配套改革共同推进;坚持先试验、再调整、稳步推进等原则,不断优化政府行政职能,化解市县间的矛盾冲突,从体制上放权给县,为县域经济的壮大和发展彻底松绑,充分调动县的主动性和积极性。

(二)着力提高中小城市管理水平

为应对城镇化快速发展,县政府所在地人口急剧膨胀而带来的城市管理问题,稳妥推进撤销县政府所在地镇,设立街道办事处等政府派出机构的模式,合理划分城乡范围,将县城建成区或规划区从“镇”中剥离出来,由城市管理机构负责其社会事务管理。将建成区或规划区以外的乡村地域交由县政府驻地镇或并入周边乡镇管理,理顺县城管理体制,提高管理水平和能力。

(二)科学布局新型城镇化政区

针对目前沿黄城市带城镇型政区结构、布局不够合理的现状,按照合理、有序、审慎的原则,逐步优化沿黄、沿清水河城市带重要节点城市的政区设置。有序推进银川都市圈建设,发挥银川首府城市的辐射带动作用,推进银川、石嘴山、吴忠和宁东一体化发展,推进立业发展协作互补、基础设施互联互通、生产要素统筹配置、公共服务共建共享,形成同城效应、整体优势。

完善宁夏城市的空间布局。要按照党的十九大报告提出推进绿色发展的要求,科学布局沿黄地区生产、生活、生态空间,全力打造生态优先、产城融合、人水和谐的沿黄生态经济带。在中部干旱带和南部山区适当增加建制镇,推动小城镇建设,加快这一地区的城镇化进程。